요한계시록의 놀라운 비밀

지은이 정 시 구 박사

요한계시록의 놀라운 비밀

지은이 정 시 구 박사

국학자료원

이 도서의 국립중앙도서관 출판시도서목록(CIP)은 서지정보
유통지원시스템 홈페이지(http://seoji.nl.go.kr)와 국가자료공동목
록시스템(http://www.nl.go.kr/kolisnet)에서 이용하실 수 있습니다.
(CIP제어번호: CIP2013025606)

머리말

요한계시록은 주님의 승리하신 기록이며 그 과정을 그린 설계도이다 (사14:24). 그렇기 때문에 계시록을 읽고 듣기만 해도 미래의 새 비전이요, 복이 된다(1:3). 구약에서의 '새언약'에 대한 약속은 신약의 출현을 두고 하신 말씀이다(신18:15; 11:26; 렘31:31−34; 행3:22; 7:37).

그런데 정작 예수님은 많은 핍박과 박해를 받으시고 십자가에서 죽으심까지 당하셨다. 이제 신약에서 예언한 '새언약'이란 계시록의 말씀이 전부 성취되셔야 할 '새말씀'의 도래를 뜻한다(10:7,11; 11:15; 14:3; 15:3). 재림하신 주님께서는 2천 년 전의 수난처럼 많은 핍박과 박해를 받으실 수도 있다고 말씀하셨다(눅17:25,26; 마24:37−44).

오늘날 이처럼 예고된 박해에 대한 말씀보다도 영광의 주님으로만 오신다고 잘못 가르쳐 왔다. 또한 전문가라고 할지라도 계시록의 내용을 이해하기가 쉽지 않다. 그 이유는 세계 어느 나라이든지 '계시'의 특성상 '비밀'에 대해 상징과 비유로 기록됐기 때문이다. 예언서는 그 자체가 불온 문서이므로 더 가혹한 압제의 빌미를 제공하기 때문에 '비밀의 계시'를 상징과 비유로 기록할 수밖에 없다.

존 칼빈(John Calvin, 1509~1564)조차도 전체 성경 중에 계시록만은 주석을 하지 않을 정도였다. 그러나 주님께서는 하늘의 비밀을 묻는 제자들에게 허락된 자에게만은 구하면 얻을 것이라고 하셨다(마7:7,8; 13:10,11). 또한 때가 이르면 풀어 밝히시며 말씀은 반드시 성취된다고 하셨다(5:1; 10:11; 마13:34:35; 요16:25; 16:12; 3:12; 사46:11; 14:24). 왜냐하면 여호와의 책은 하나도 빠진 것이 없고 하나도 그 짝이 없는 것이 없기 때문이다(사34:16).

또한 하나님을 경외하는 지식(잠1:7)이 없는 백성은 망하게 하신다(호4:6). 지식이 없는 소원所願은 선치 못하게 하시며 여호와를 경외하는 것이 사람으로 생명에 이르게 하신다(잠19:2,23). 따라서 우리들은 인습적인 관념을 버리고 새진리의 말씀을 찾아야 한다(눅5:38; 요8:32).

계시록을 이해하기 위해서는 일곱 인의 비밀, 14만 4천의 장소, 두 증인, 네 번의 할렐루야, 어린양 혼인잔치, 아마겟돈 전쟁, 천년왕국, 곡과 마곡의 전쟁, 흰보좌 심판, 신천신지 등의 의미를 단편적인 관점이 아니라 체계적으로 접근해야 한다.

먼저 계시록의 체계적 구성을 본다면 1장에서부터 18장까지는 주님이 오셔서 사탄을 완전히 굴복시키시는 내용이다(타락, 구원 복귀과정). 18장까지 주님께서 승리하셨기 때문에 19장에서 20장까지는 지상과 천상에서 하나님 나라의 창건에 대한 내용이다(재창조). 마지막으로 21장과 22장은 신천신지의 계시적 내용을 담고 있다.

제1장에서 초대교회의 일곱 교회는 심각한 종교적 위기에 처해 있을 때 주님은 반드시 최후의 승리가 되시며 세세토록 사망과 음부의 열쇠를 가지신 구원자이심으로 묘사됐다(1:18).

2, 3장은 주님의 말씀으로 일곱 교회에 보낸 말씀이다. 이 내용들은 초림 이후 2천 년 기독교 전 역사를 계시한 것으로 장차 오실 주님을 맞이할 준비기간의 비밀을 계시한 것이다.

4장은 2, 3장의 계시적 내용을 보고 회개하지 못하는 인류에게 대환난을 준비하는 서론의 장이다. 하나님께서 친히 현현하셨으므로 24장로와 네 생물이 거룩하신 하나님에게 경배를 올렸다.

5장에서 요한은 인을 뗄 자가 없어 크게 울었으나 그에 합당한 주님이 계신다. 이것은 일곱 인의 대환난은 하나님께서 직접 주관하신 섭리임을 나타낸다(클라우스 베스터만, 1984: 402).

6장은 진노의 큰 날(6:17)이 이르기 전이기 때문에 전체 일곱 인의 비밀에 대한 계시록의 시나리오라고 할 수 있다. 즉 일곱 교회를 상징하는 2천 년의 섭리가 종료될 말세에도 유대민족처럼 준비된 성직자와 지도자들이 교만하여 회개치 않으므로 하나님의 진노가 내려진다.

6:12, 13절은 선민이 받는 일곱 나팔 재앙을 뜻하며 6:14−16절은 짐승(적그리스도)을 심판하기 위한 일곱 대접 재앙을 뜻한다. 일곱째 인을 뗄실 때에 실제적으로 언급된 7년 대환난(인간책임 여하에 따라 70년으로 연장)으로 들어가게 되는데(8:1; 단9:27) 이 후 재앙의 혹독함은 '누가 능히 서리요'라는 표현에서 알 수 있다(6:17; 마24:22).

7장은 하나님의 진노인 일곱째 인을 뗄시기에 앞서 성도들에게 14만 4천의 인침으로 하나님 나라의 소망을 먼저 주셨다.

8장은 일곱째 인을 뗄실 때에 첫째부터 넷째 나팔 재앙까지의 내용이다. 또한 독수리 천사를 통해 3번의 화禍로 깊어져 가는 심판을 경고했다.

9장에서는 다섯째 나팔 재앙인 황충을 통해 말세에 사상적 대혼란을 계시하셨다. 9:13에서의 여섯째 나팔 재앙은 유브라데강에 결박한 네 천사를 풀어주면서 더욱 심각한 대환난을 예견했는데 독수리의 둘째 화禍로 11:13까지 이어진다.

10장에서 15장까지는 7장이 8, 9장의 일곱 나팔 재앙에 앞서 소망을 준 것처럼 16장에서 일곱 대접 재앙을 쏟기에 앞서 새소망과 새언약에 대한 말씀이다. 10장에서는 힘센 천사를 통하여 하나님의 비밀이 복음처럼 성취된다는 새말씀에 대한 소망을 주셨다.

11장 역시 일곱째 나팔의 재앙을 향하는 점진적 과도기를 형성하고 있다. 즉 일곱 대접 재앙이 일어나기 전에 두 증인이 활동을 하지만 짐승의 핍박으로 죽게 된다. 그러나 주님께서 승리하여 만왕의 왕이 되실 때 부활한다(19:1,2). 주님은 세상을 영원히 통치하실 분으로 묘사되었다(11:15,17).

12장은 계시록의 제2부라고 할 정도로 지금까지(1−11장)의 내용과는 두드러진 차이를 보인다. 무저갱에서 올라온 짐승이 세상을 단번에 삼키기 위해 하늘과 땅에서 변화무쌍한 표적을 보인다. 아직 마지막 일곱 나팔 재앙의 전으로 주님과 사탄 간에 치열한 투쟁을 벌인다. 세상은 주님을 알지 못하고 오히려 모질게 핍박함으로 하늘섭리가 연장됨을 인식해야 한다.

13장은 12장의 연장선으로 두 짐승(적그리스도)들의 기세가 더욱 강하다. 두 짐승들은 장막에 거하는 자들을 크게 핍박할 뿐만이 아니라 죽이려 한다(13:6). 진노하신 하나님은 구원섭리를 위해 선민들을 먼저 치신 후에 은혜로 긍휼히 여기신다(사60:10). 즉 독생자 예수님을 십자가에 못을 박게 하시고 세계적 기독교를 찾아 세우셨다. 또한 스데반 집사를 순교로 내어주시고 사도 바울을 찾아 세우신 것과 같은 이치이다(행7:54−60; 8:1; 9:1−9; 22:6−61; 26:12−28).

14장에서의 주님은 시온의 영광으로 다시 한 번 14만 4천의 인침으로 보증하셨다. 이들은 19장에서 있을 어린양 혼인잔치에 청함을 받는 영광을 얻게 될 것이다. 두 짐승(적그리스도)들이 자신들의 종말을 알고도 회개치 않고(16:11) 핍박하는 상황에서도 끝까지 인내하는 하늘의 백성을 위로해 주신 장이다.

15장은 일곱 대접 재앙의 서막장으로(15:7) 하나님은 증거 장막과 새 언약으로 노래하지만 14만 4천은 일곱 천사의 일곱 재앙이 종료돼야만 그 성전에 들어갈 수 있다(8절).

16장에서 드디어 독수리의 셋째 화禍인 일곱째 나팔을 분 이후(11:15)에 일곱 대접 재앙이 쏟아졌다. 이 재앙은 전부 하나님에게 대적한 적그리스도들에 대한 하나님의 진노의 심판이다.

17장은 16장에서 나왔던 큰 음녀 바벨론(적그리스도)에 대한 심판과 그 본질을 말씀하셨다. 음녀가 일곱 머리와 열 뿔을 가진 짐승을 타고 있는 것으로 이들은 적그리스도를 의미한다.

18장 역시 16장에서 나왔던 적그리스도(큰 성 바벨론)의 멸망에 관한 것을 보다 구체적으로 묘사됐다. 즉 세상의 임금들, 적그리스도로 인해 치부한 상인들, 그리고 바다에서 일하는 사람들이 그들의 치부할 수 있는 터전을 잃었다고 애통해 한다.

19장부터는 지금까지 계시록의 판도와는 완전히 다르다. 주님께서 승리하심으로 '네 번의 할렐루야 찬양'과 함께 어린양 혼인잔치의 성취, 그 축복에 청함을 받음으로 참하나님(요17:3; 요일5:20; 렘10:10)의 '첫 열매'(14:4; 약1:18)가 된다.

20장은 19장의 지상 하나님 나라에 이어 천상 하나님의 나라에 관한 말씀이다. 영계 구원(1:18; 벧전3:18-22; 행2:27)을 뜻하는 '곡과 마곡의 전쟁'과 마지막 심판대인 '흰보좌 심판'이 있다(20:7-11; 히9:27).

21장은 신천신지의 영광을 묘사한 것으로 전능하신 참하나님과 참부모님이 하늘장막이요 그 성전이시다(22절). 그런데 아담, 노아, 예수님의 때와 같이 소위 정통이라고 하는 세력은 눈과 귀가 멀어 볼 수 없을지도 모른다. 신천신지는 영적 사망과 고통이 없는 보석과도 같다(21:5; 창1:28).

22장에서의 새 예루살렘은 참하나님과 성령과 신부(참아버님과 참어머님)의 참삼위일체(19:7-9; 22:17)의 보좌에서 나온 생명수의 강은 실체 말씀이며 생명나무는 그 말씀을 먹고 자란 완성한 인간을 뜻하는데 값없이 생명수를 받으러 속히 오라고 하신다. 생명수(새진리의 말씀)를 마셔야 생명나무의 참열매를 맺게 된다.

　끝으로 본서가 완성되기까지 『요한계시록으로 본 재림시대』를 역작하시고 평생을 온전히 목회만을 해 오신 김일환 목사님의 계시록에 대한 가르침에 깊은 감사를 드리고자 한다.

　그리고 필자를 위해 매일같이 정성을 드려주시는 어머님, 자료수집 등 수고해 준 아내 박미향, 그리고 항상 아빠, 엄마의 일에 협조적인 문선, 성훈, 보경에게도 고맙게 생각한다. 또한 그동안 집필에 많은 관심과 성원을 주신 성도님들과 출판을 지원하신 국학자료원 정찬용 원장님, 정구형 대표이사에게도 깊은 감사의 말씀을 드린다.

2013.11.30　정 시 구

jsg9277@hanmail.net

목차

Ⅲ. 일곱 인 · 일곱 나팔 재앙 · 일곱 대접 재앙

I. 서론 :
참하나님의 뜻 어린양 혼인잔치

사도 요한이 계시록을 기록할 당시의 초대교회는 아시아의 일곱 교회에 보내는 편지에서도 알 수 있듯이 신앙 퇴보의 징조가 확연했다. 사도 요한은 계시록을 통하여 당시의 절박한 상황을 묘사하고 독자들에게 심판주로 재림하실 주님을 맞이할 수 있도록 강하게 권면했다. 오늘날에도 사도 요한의 당시처럼 신앙의 퇴보가 확연하고 절박한 때에 계시록이야말로 새로운 전환점을 위한 살아 있는 새말씀이다. 서론에서는 계시록을 이해하는 데 있어서 도움을 주고자 창세기와 요한계시록의 관계, 요한계시록의 시대적 배경, 저자 및 기록연대, 계시록의 해석 유형, 그리고 천년왕국설 등을 알아보고자 한다. 여기서 하나님의 뜻은 어린양 혼인잔치에서 큰 전환점이 된다.

요한계시록의 목적

창세기는 출애굽 사건을 암시하는 말로써 마무리되는데(창50:
13) 모세의 출애굽과 주님의 십자가 죽으심은 하나님의 나라를
위해 타락한 인간의 구원에 있다. 계시록도 장차 오실 주님께
서 어디로 어떻게 오시며 무슨 일로 어떻게 하시면서 타락한
인류를 구원하시는가에 대한 말씀이다.

1. 창세기와 계시록의 비교

창세기와 요한계시록을 비교해 보면, 매우 밀접한 관계가 있다는 것을
알 수 있다. <표 1-1> 창세기와 요한계시록의 비교로 나타낼 수 있다.

<표 1-1> 창세기와 요한계시록의 비교

순번	창세기	요한계시록
1	에덴동산(1:1), 처음 하늘과 처음 땅	하나님의 나라(21:1), 새 하늘과 새 땅
2	생명나무(3:22−24),	생명나무(22:2),

	타락 후 금지된 나무	주님의 승리로 완성한 인간
3	죄, 슬픔, 고통의 시작(3:16)	죄, 슬픔, 고통의 끝남(21:4)
4	첫 사망(2:17)	사망 지배(21:4)
5	첫 아담의 통치: 실패(3:9,10)	주님의 통치: 성공 네 번의 할렐루야 찬양(19장)
6	바벨탑 반역(창11장)	적그리스도의 멸망(제16장)
7	뱀(사탄)이 하나님의 말씀가감 유혹 (3:4~5)	하나님의 나라 신천신지 말씀가감 불필요(22:18,19)
8	여자의 후손이 뱀의 머리를 상하게 함(3:15)	계시록에서의 '여자'는 재림주님을 잉태한 나라(12:2)
9	천지 창조(1:1)	새 하늘과 새 땅(21:5)

2. 계시록의 시대적 배경

1) 정치적 상황

요한계시록이 기록될 당시(서기 81~96) 유럽과 아시아는 지상 최대의
제국이었던 로마에 의해 통치되고 있었다. 초기의 로마는 정복지에 대해
대부분의 문화와 종교를 인정하고 흡수하는 관용을 베풀었다.

그러나 서기 64년 로마의 대화재 사건이 발생할 당시에 로마의 정권을
잡고 있던 네로는 화재의 원인을 로마 정부에 비협조적이던 기독교들에
게 돌린 후에 무참하게 학살을 시도했다.

티베리우스[1]의 뒤를 이은 칼리굴라(Caligula, 37~41)는 재위 4년간 황
실을 매음굴로 만들고 자신의 흉상을 예루살렘 성전 안에 안치하려고까

---

1) 티베리우스(Tiberius)는 로마제국의 제2대 황제(14~37)로 로마제국의 초대 황제 아
   우구스투스(기원전 27~서기 14)의 양아들이다. 황제 즉위 후에는 공화정치의 전통
   을 존중하여 제국통치를 잘 유지했으나 후에 공포정치를 자행했다.

지 했으나 정적에 살해를 당하여 그 뜻은 달성하지 못했다. 그 후 도미티
안(Domitian, 81~96)이 정권을 잡을 당시에 베수비우스 화산 폭발(서기
79년)로 폼페이와 헤르쿨레니움이 파괴되고 또 한 번의 로마 화재 사건
과 괴질(서기 81년)로 인하여 로마의 모습은 폐허와 마찬가지로 변했다.

이러한 혼란에도 불구하고 정치적 욕망이 강했던 도미티안은 자신을
'신神'의 위치에 올려놓은 뒤 로마의 지배 아래에 있는 모든 사람들로부
터 숭배를 받으며 불복하는 자들을 처벌했다. 이러한 상황에서 초대교회
교인들은 가장 혹독한 신앙의 겨울을 맞이하게 됐다.

2) 종교적 상황

초대 교회의 초창기만 해도 기독교와 유대교 사이에는 어느 정도의 교
류는 있었다. 그러나 서기 70년에 유대교는 자신들의 정신적 지주였던
예루살렘성이 로마의 디도Titus에 의해 파괴되면서 기독교와 완전히 결
별을 선언했다.

예루살렘 성전이 파괴된 상황에서 바울신학은 기존의 율법 시행보다
는 '예수님을 믿음으로 의롭다함을 얻는다'는 교리(롬3:22; 갈2:16)를 강
조함으로써 유대교와 회복할 수 없는 거리를 만들었다(김상근, 2007: 16).
결국 당시의 기독교는 적대적 감정으로 유대교를 향하여 '사단의 회'(2:9;
3:9)라고 정죄했다. 이것은 종교뿐만이 아니라 반민족적 감정을 촉발하
게 만들었다.

이러한 외적인 비정상적인 환경에도 불구하고 교회 내부에서는 처음
의 열정은 식어가고 심지어 교회 안에서조차 타락된 생활이 만연하게 됐
다. 사도 요한은 이러한 절박한 상황을 묘사하면서 주님을 영접할 수 있
도록 경고했다.

ㄹ. 저자와 기록 목적

계시록은 사도 요한이 서기 95년경 로마 도미티안 통치 말년에 밧모섬에서 기록한 것으로 추정된다. 사도 요한은 하나님의 말씀과 예수의 증거 때문에 밧모섬에 유배당해 있던 어느 주일날 성령의 감동을 받아 신비로운 경험을 했다. 요한에게 나타나신 예수께서는 본 바를 기록하여 장차 오실 재림 메시아에 관한 하나님의 말씀을 전하라고 분부하셨다(1:1).

따라서 실제적으로 요한계시록의 저자는 하나님 자신이며 요한은 기록자일 뿐이다. 그래서 계시록에는 요한이 '내가 들었다'는 표현이 28번 나오고 '내가 기록했다'는 말이 12번 나온다.

또한 성서학자들은 계시록에 구약의 내용을 암시하는 곳이 400번이나 된다고 했다. 그러나 직접 인용한 것은 단 하나도 없다는 사실이다. 후기 유대교에 많이 인용되었던 것으로 다니엘서의 후반부, 이사야서에서의 24-27장, 스가랴의 환상(1-6장)의 묵시, 에스겔서, 예레미야서 등이다.

요한계시록에서 가장 큰 주안점을 두고 있는 것은 말세론(Eschatology)이다. 말세(창6:13; 요5:22; 눅17:26)를 전개하는 과정에서 그 목표로 삼는 것은 ① 악의 세력에 대한 주님의 최후 승리, ② 하나님 나라의 창건, ③ 구원받은 하나님 백성들의 영원한 상태 등이다.

특히 일곱 교회에 보낸 편지는 모두 미래에 초점을 두었는데 각 교회에 제시된 최후의 약속은 '하리라'(I will)는 말로 끝을 맺고 있다(2:7,10, 17,28; 3:5,12,20). 결론적으로 계시록은 타락한 세상을 완전한 구원을 위해 '반드시 속히 될 일'(The things which must come to pass hereafter)이 말씀돼 있다. 그 말씀의 핵심인 참하나님(요17:3; 요일5:20; 렘10:10)과 참부모님(계19:7-9; 22:17)을 사랑하고 자랑하며 증거하기 위한 기록으로 '참부모님'이라는 용어는 복음 중에 복음이다.

계시록의 해석 유형과 천년설

이스라엘은 출애굽 사건 이후 하나님의 약속하신 대로 가나안에 정착하여 강한 나라를 만들 수 있었다. 그러나 하나님의 뜻을 배반하여 두 왕국으로 나누어진 후 앗시리아에 의해 북이스라엘이 멸망하고(기원전 722) 난 뒤 이어서 바벨론에 의해 남유다가 패망했다(기원전 586). 이후에도 로마제국의 속국이 된 상태에서 예수님의 강림을 맞이했으나 하나님의 독생자를 알아보지 못하고 십자가에서 처형하고 말았다. 그렇기 때문에 주님께서는 계시록을 통하여 "반드시 속히 될 일"(1:1)을 약속해 주셨다.

1. 계시록의 해석 유형

이스라엘의 '계시문학'은 역사상 애굽, 앗시리아, 바벨론, 로마제국 등과 같은 강대국에 끼어 포로의 비극적인 생활과 인간의 힘으로는 도저히 견뎌 낼 수 없는 상황 가운데서 이사야 · 예레미야 · 에스겔 · 다니엘 · 스가랴 · 요엘서 등으로 발달했다.

지금까지 요한계시록의 해석 유형에 있어서 여러 견해들이 있다. 대체로 계시록을 예언서로 보는 견해와 상징적인 교훈서로 보는 두 가지 견해로 나뉜다. 예언서에 해당하는 것으로써 과거파, 역사파(세계사파 혹은 교회사 학파), 극단적 미래파(세대주의), 온건 미래파 등이 있다. 상징적인 교훈서에는 이상주의파(역사철학파)인데 여기에는 영적 해석학파와 신학적 해석학파로 나뉜다(뉴셀프성경 편, 1997:신약 398~399). 전자는 영적 죽음으로 보는데 반해, 후자는 악의 세력이 사실상의 패망을 전제한다.

1) 과거파

과거파에 의하면 계시록은 저자인 사도 요한의 당대의 사건들을 기록한 책으로 로마제국 내의 핍박받는 성도들을 위로하고 소망을 주기 위해 썼다고 본다. 이 견해에 따르면 본서에 기록된 사건과 상징들이 모두 과거에 성취된 것으로 본다. 예를 들어 바벨론과 짐승은 로마제국(혹은 황제)이며, 거짓 선지자는 황제숭배교이며, 여자(12장)는 핍박받은 교회, 여러 심판들은 사도 요한의 생애에 일어났던 자연적 · 정치적 · 종교적 재난이다. 과거파의 입장은 당대의 핍박 속에서 그 당대의 성도들에게 고난에 대한 적극성을 가지게 하는 장점이 있다. 그러나 계시록이 예언(1:3)이라고 하는 점에 과거파의 한계는 분명히 있다.

2) 역사파

역사파는 세계사 혹은 교회사 학파라고도 한다. 이들에 의하면 계시록은 세계사 혹은 교회사 전체를 계시한 것이라고 본다. 이러한 근거는 본서에 역사의 시발점과 종점이 제시해 있으며 그 두 지점 사이에는 어떤 단절도 예상할 수 없다는 점이다.

이것은 본서의 예언을 요한의 때로부터 종말에 이르기까지 계속 전개될 교회사의 파노라마로 이해한다. 즉 역사학파는 계시록의 예언을 주의 초림에서부터 재림까지의 시기에 일어날 사건들의 예언이라는 전제로 연구하며 해석하는 학파이다(고원용, 2011: 27).

역사파에 속한 학자들은 계시록에서 역사적 사건들의 세세한 성취를 찾아내려 한다. 그렇다 보니 저마다 사건들의 세세한 성취 내용이 다를 수 있어 잘못된 종파운동을 초래할 위험성이 있다. 그러나 역사파의 관점을 무조건 배척할 수는 없다. 왜냐하면 인류의 역사는 하나님의 섭리라는 사실을 부정할 수는 없기 때문이다.

3) 극단적 미래파

극단적 미래파는 세대주의(世代主義, Dispensationalism)라고도 한다. 이들은 교회가 구약 예언의 성취가 아니며 구약의 예언이 성취되기까지의 교회는 단지 임시방편에 세워진 것으로 본다.

그들은 계시록 1:19에 근거하여 계시록을 다음과 같이 구분한다. 1장은 요한이 본 바 부활하신 예수님의 환상을 다룬다. 2-3장은 현재의 계시로 보고 교회사 전체를 다룬다(조용기, 2003: 34~69). 그리고 4장 이후 22장 사이의 내용은 현재에 적용할 수 없고 다만 최후에 일어날 것이라고 예언으로 받아들인다. 특히 인印과 나팔과 대접 재앙 등은 주님이 오시기 직전 땅에 거하는 모든 악인에게 내릴 최후의 심판으로 본다.

이 심판은 다니엘 9:27의 70째 이레에 해당하는 '7년 대환난'으로 '야곱의 환난'(렘30:7)과 같다. 또한 하나님의 나라에 대한 환상은 영원한 의인의 나라를 의미한다. 대개 전천년설을 주장하는 이들은 재림 후에 문자적으로 천년왕국을 주장하며 유대인의 구원과 신약교회의 구원을 구별한다(김승곤, 1979: 266).

즉 예수님께서 왕으로 임하셨으나 유대인들이 거부하였으므로 그의 왕국은 '천년왕국'으로 연기되고 임시방편으로 '신약교회'가 세워졌다. 이들은 성경의 영감성은 고수하고 있으면서도 신약교회의 정체성과 정면으로 충돌한다.

4) 온건 미래파

온건 미래파는 극단 미래파(세대주의)와 구별하여 붙인 이름이다. 이 견해는 계시록의 처음 1-3장들을 제외하고는 거의 전부가 주의 재림 직전의 어느 기간 동안 일어날 종말적 사건으로 본다. 이들이 극단적 미래파와 다른 점은 다음과 같이 3가지의 차이가 있다.

① 그리스도의 재림에 앞서 교회의 '은밀한 휴거설'을 반대한다. 즉 하나님의 구원섭리는 교회만의 은밀한 구원을 목표로 하는 것이 아니라는 견해이다.

② 4장 이후를 순전히 유대인들에 국한시키는 것을 반대한다. 다시 말해서 교회와 이스라엘의 구분을 인정하지 않는다. 종말의 대환난은 세상과 교회가 함께 하는 고난을 의미한다.

③ 계시록 2-3장에 나오는 일곱 교회들이 교회사 전체를 각기 가리킨다고 보지는 않는다. 일곱 교회에 관한 기록은 서로 겹쳐 중복적으로 일어날 수도 있다. 이러한 세 가지의 관점은 하나님의 섭리가 전 인류구원이라는 것을 말해주고 있다.

5) 이상주의파

이상주의파는 역사철학파라고도 한다. 이들은 계시록이 어떤 구체적인 사건을 예언하는 것이 아니라는 견해이다. 다시 말해서 계시록의 모든 사건은 하나님의 도덕적 통치원리, 선악간의 투쟁역사, 선의 궁극적 승리 등을 말씀한다.

이상주의파는 계시록이 저작 당시의 정황을 배경으로 삼고 나온 점은 충분히 이해하고 인정한다. 그러나 본서에 제시된 사건이 비현실적인 것이므로 본서의 문자적인 해석을 반대한다. 즉 계시록의 상징(imagery)은 그 당대의 상황에서 취해졌지만 상징으로 제시된 그 모든 내용은 미래 세대에 대해서도 영원한 진리를 가르쳐 준다고 본다.

이상주의 해석법은 본서가 구체적인 사건에 집착하지 않고 오히려 이 세상은 선과 악이 충돌하는 전쟁터지만 종국에 가서는 선이 승리한다는 원리를 제시했다(김홍전a, 2012: 14). 이러한 견해는 독자의 환경과 지적인 수준에 따라 본서를 달리 그리고 잘못되게 해석할 수 있는 가능성이 있다. 이상에서 볼 때 계시록에 대한 다섯 가지의 해석 유형은 각기 나름대로의 특징을 가지고 있으므로 본서에서는 종합적으로 접근하고자 한다.

ㄹ. 기독교 천년설

계시록의 가장 중요한 개념 중에 하나인 천년설(천년왕국설)은 말세에 관한 것으로 다양하게 전개되어 왔다. 사실 사도 요한이 생존했을 당시에만 해도 천년왕국에 대한 견해가 사분오열되지 않았다.

그러나 교회에 대한 박해가 거의 사라지고 로마의 복음화가 어느 정도 이루어지자 말세론, 즉 천년왕국설에 대한 관심이 사라지게 됐다. 그러던 중 2세기 몬타누스Montanus를 중심한 몬타나주의(Montanaism)와 그의 대를 이은 알렉산드리아Alexandria 학파(Augustine, Origen)는 천년왕국의 문자적 해석을 거부하면서 여러 학설이 나왔다.

이후 천년왕국을 상징적으로 혹은 문자적으로 해석하였는데 그 중에 가장 대표적인 것으로 후천년설, 전천년설, 무천년설 등이 있다. 위와 같은 천년설을 고찰한 후에 새로운 신천년설로 하나님의 구원섭리를 고찰하고자 한다.

1) 후천년설

후천년설(Postmillenarianism)은 주님이 천년왕국 이후에 오신다는 학설이다. 즉 천년왕국이 주님보다 앞선다는 주장으로 재림 이전에 인류의 대부분이 복음을 받아들인다는 관점이다. 따라서 여호와를 아는 지식이 세상에 충만하게 되고 복음이 세상을 지배한다는 주장이다(사11:9).

후천년설을 주장하는 학자들은 마태복음 28:18에 언급된 복음 전파를 위해 주님께서 하늘과 땅의 모든 권세를 다 받으셨다는 말씀과 인간 역사 속에 메시아 시대가 올 것이라는 구약의 많은 예언들을 그 이론의 근거로 삼고 있다(사2:2-4; 단2:44).

또한 그들은 천년왕국이 성령의 초자연적인 역사로 실현되거나 아니면 복음 전파가 점진적으로 확산되어 마침내 올 것이라고 생각한다. 그러나 현실적으로 볼 때 세계는 복음의 평화보다 그 반대 현상들이 많이 일어나고 있다. 또한 성경의 해석에 있어서도 모순된 부분이 많다(19:11-21).

후천년설은 무천년설과 유사한 점이 많은데 가장 중요한 차이점은 천년이라는 기간에 대해 후천년설은 천 년을 문자적으로 생각하는데 반해 무천년설은 '천'이라는 숫자를 완전히 상징적으로 해석하여 주님의 초림과 재림 사이를 천년왕국이라고 생각하는 점이다. 후천년설을 그림으로 나타내면 <그림 1-1> 보수주의적 후천년설, <그림 1-2> 자유주의적 후천년설과 같다.

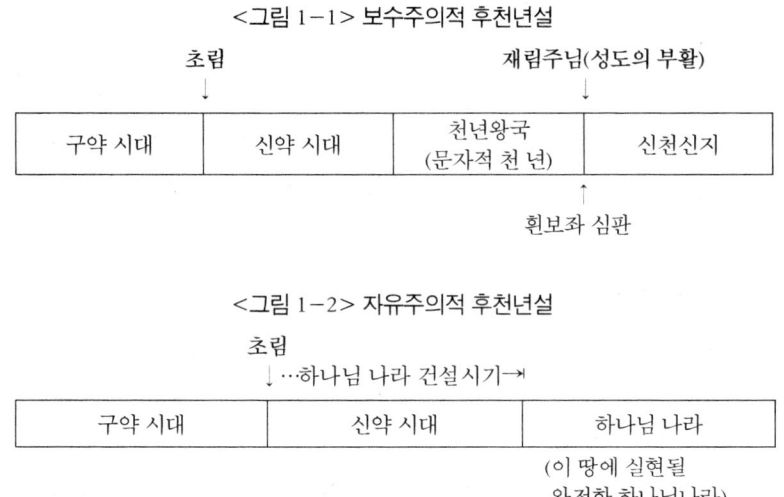

<그림 1-1> 보수주의적 후천년설

구약 시대	신약 시대	천년왕국 (문자적 천 년)	신천신지

초림 ↓   재림주님(성도의 부활) ↓

흰보좌 심판 ↑

<그림 1-2> 자유주의적 후천년설

구약 시대	신약 시대	하나님 나라

초림 ↓ ⋯하나님 나라 건설시기→

(이 땅에 실현될
완전한 하나님나라)

이들은 천년왕국이 종료된 시점에 주님이 오셔서 마지막 흰보좌 심판만으로 새 하늘과 새 땅이 열린다는 것이다. 특히 자유주의적 후천년설은 자연스럽게 하나님의 나라가 완성되는 것으로 인식한다.

후천년설은 최근에 와서 무천년설 및 전천년설에 밀려 거의 관심을 받지 못하고 있다. 어떤 학자들은 후천년설은 더 이상 거론될 가치가 없다고 못을 박기도 한다.

이 후천년설을 주장하는 학자들은 알팅Alting, 코엘만Koelman, 브라켈Brakel 등의 16~17세기 화란의 저명한 신학자들과 브라운Brown, 스트롱Strong, 쉐드Shedd 등이 있다.

2) 전천년설

전천년설(Premillenarianism)은 문자 그대로 주님께서 천년왕국 이전에 재림하신다는 학설이다. 이 학설에 의하면 7년 대환난 이후에 주님이 오시고 부활한 성도들과 함께 천 년 동안 왕 노릇을 하신다. 이들은 주님이 오실 때 죽은 성도들이 부활하고 생존 성도들은 변화하여(살전4:16-18) 공중에서 주님을 영접한다고 본다.

그런 후에 7년 대환난이 종료되면 지상으로 재림하여 이 땅에서 천 년 동안 주님과 더불어 통치한다는 주장이다. 그러므로 성도들은 천국보다 육으로 사는 천년왕국을 더 동경하며 장수하다가 그 세계로 들어가기를 희망한다.

초대교회에서는 이 전천년설을 정통 교리로 받아들였는데 초기 기독교의 교부들인 저스틴Justin, 이레니우스Irenaeus, 터툴리안Tertullian, 히폴리투스Hippolytus 등이 전천년설을 지지했다.

특히 사도 요한의 직계 제자로 알려진 이레니우스(서기 2세기)는 세계의 역사를 하나님의 창조 행위에 비유했다. 그는 세계의 역사가 하나님이 창조하신 6일에 해당하는 6천 년이며 그 후에 재림이 있고 재림 후에 안식일 하루에 해당하는 천 년간을 주님께서 친히 왕 노릇을 하신다고 한다. 이 천 년이 바로 천년왕국에 해당한다고 주장했다.

이러한 주장의 연장선에 있는 일부 신흥교단에서는 이미 천년왕국이 시작됐다고 한다. 그 속에 있는 사람은 천 년 동안 늙지도 않고 죽지도 않고 병들지도 않는다. 이미 주님은 재림한 것이며 소속 교인의 숫자가 14만 4천 명이 차면 하늘에 있는 순교자의 영혼 14만 4천이 이 세상에 내려와 지상에 있는 14만 4천에게 임하여 합체가 됨으로써 천국이 완성된다고 한다(한창덕, 2012: 89~90). 이러한 내용은 실현 가능성이 없다.

성경에는 "천하에 범사가 기한이 있고 모든 목적을 이룰 때가 있나니 날 때가 있고 죽을 때가 있으며 심을 때가 있고 심은 것을 뽑을 때가 있으며"(전3:1,2)라는 말씀처럼 한 번 죽는 것은 하나님의 정한 이치이다(히 9:27). 또한 "다 흙으로 말미암았으므로 다 흙으로 돌아가나니 다 한곳으로 가거니와 인생의 혼(魂靈)은 위로 올라가고 짐승의 혼은 아래 곧 땅으로 내려가는 줄 누가 알랴"(전3:20,21; 12:7)라고 말씀하신 것으로 보아 인간을 비롯한 모든 생물은 육체적으로 영원히 사는 것이 아니다.

전천년설은 성경을 문자적으로 보고 7년 대환난 후에 ① 주님께서 천년왕국을 다스리기 위해 육체로 재림하시리라는 것과, ② 주님의 강림 때 성도들도 육체적으로 부활하여 천년왕국에서 주님과 함께 왕 노릇하리라는 사실을 믿고 있다.

그러나 이러한 전천년설은 다음과 같은 모순점이 발견된다.

① 7년 혹은 70년 대환난 때에 지상에서 사탄의 공세(일제침략, 1·2차 세계대전, 6·25남침전쟁 등)에 대한 답을 주지 못하고 문자적 해석에 얽매여 지상에서의 대환난을 회피하고 억지 믿음만을 강조할 수 있다.

② 변화된 성도가 육신으로 생활하는 시민들과 어떻게 천 년 동안 함께 살며 왕 노릇을 할 수 있는가하는 문제이다.

③ 천년왕국이 끝난 후에 다시 곡과 마곡의 대전쟁과 흰보좌 심판을 한다는 것이다. 그 이유는 무죄 시대에 출생한 사람들이 마귀의 시련을 통과하지 않았기 때문에 그들의 시련을 위한 것이라고 한다.

만일 하나님께서 무죄하게 출생했던 사람들에게 마귀를 또 다시 놓아 타락하게 하신다면 인류의 죄악의 역사를 또 다시 반복하게 된다. 그리고 다시 부활·휴거 및 흰보좌 심판을 한다는 것은 하나님의 완전무결성을 스스로 포기하는 것이며 매우 복잡한 구원관을 제시했다(3회에 걸친 부활).

④ 유대인들은 수난의 메시아보다 영광의 메시아를 대망했기 때문에 초림의 예수님을 인정하지 못했다. 그런데 대환난 중에 기적적으로 보호를 받고 천 년 세계에 들어가서 왕으로 나타나는 주님을 영접한다는 세대주의 전천년설의 학설은 이스라엘과 교회의 영적 동일성을 부인한다(김승곤, 1979: 268~269). 이러한 이유 등으로 전천년설은 현실적으로 수용되기가 쉽지 않다.

전천년설은 초기 기독교 시대 이후로 다양한 분파로 형성하였으나 그 대표적인 것으로 ① 역사적 전천년설, ② 세대주의적 전천년설로 나뉜다. 전자는 주님이 7년 대환난 후에 재림하신다는 것이다. ①의 '역사적'이란 말을 붙인 것은 오랜 역사를 통해 성도들이 믿었던 설이라는 의미이다(슥12:10; 14:16-19; 습3:8,9,19,20; 롬11:26,27). 후자의 '세대주의적'이란 역사를 여러 세대로 나눈다는 뜻으로 7년 대환난 전에 한 번 공중재림을 하고, 7년 대환난 후에는 다시 육신으로 지상재림을 한다. 이후에 천년왕국이 시작되므로 천년왕국 전에 재림이 2번 일어난다. 여기서 우리는 이 두 가지 학설을 <표 1-2> 세대주의적 전천년설과 역사적 전천년설의 비교의 도표화로 서로 비교해 보고자 한다.

<표 1-2> 세대주의적 전천년설과 역사적 전천년설의 비교

구분	세대주의적 전천년설	역사적 전천년설
다른 명칭	7년 대환난 전 공중재림	7년 대환난 후 재림론
재림시기 및 회수	재림이 공중과 지상에서 두 번으로 공중재림은 대환난 전에 일어남. 이때 모든 성도는 휴거하여 고난을 피함. 지상재림은 대환난 후 천년왕국이 시작되기 전에 일어남.	주님의 재림은 한 번인데 이 재림은 대환난이 끝난 후에 있기 때문에 성도들도 대환난을 통과해야 함.

성도들의 부활	성도의 부활은 세 번 있음. 첫째 부활은 모든 성도들의 부활로 대환난 전에 공중재림 때에 있음. 둘째 부활은 천년왕국이 시작되기 전 대환난 때의 순교자들임. 셋째 부활은 모든 자의 부활로 왕국 막바지에 있음. 이들은 둘째 부활인 순교자의 부활은 첫째 부활에 속하는 것이라고도 함.	이들에게 있어 부활은 두 번 있음. 첫째 부활은 성도들의 부활로서 대환난 후에 있는 주님 재림 때에 일어남. 둘째 부활은 천년왕국 말기에 모든 자들이 부활하여 하나님의 심판대 앞에 서는 것을 말함.
대환난시의 성도들의 상태	주님을 따르는 성도들은 죽었든지 살았든지 관계가 없이 대환난 전에 공중재림을 하실 때 휴거로 대환난을 통과하지 않음. 오히려 이들은 그때에 부활해 하늘에서 어린양 혼인잔치에 참여하게 됨.	주님 재림은 한 번으로 대환난 이후에 있기 때문에 성도들은 대환난을 통과함. 하나님께서는 이때 성도들을 위해 환난의 기간을 줄여 주실 것이라고 믿고 있음.
사건의 진행순서	공중재림→성도휴거(어린양 혼인잔치)→7년 대환난→지상재림→천년왕국→신천신지	7년 대환난→재림→성도휴거 · 부활(어린양 혼인잔치)→천년왕국→둘째사망→최후심판→신천신지
문제점	주님과 종말의 사건을 시간적으로 일직선상에 놓고 이해함으로써 두 번의 재림과 두 번의 부활 및 휴거로 이해하기 어렵고 복잡한 사건구조를 형성함.	주님과 성도들의 휴거 및 어린양 혼인잔치가 동시적으로 일어남. 이러한 사건들을 시간적으로 일직선상에 놓고 전후 관계를 이해할 수 없음. 따라서 어린양 혼인잔치를 명확히 설명치 못함.
주장한 학자들	James. M. Gray A. C. Gaebelein R. A. Torrey W. B. Riley I. M. Haldeman Ironside L. S. Chafer	R. Cameron W. J. Erdman R. Bingham H. Frost

전천년설을 그림으로 나타내면 <그림 1-3> 세대주의적 전천년설, <그림 1-4> 역사적 전천년설과 같다.

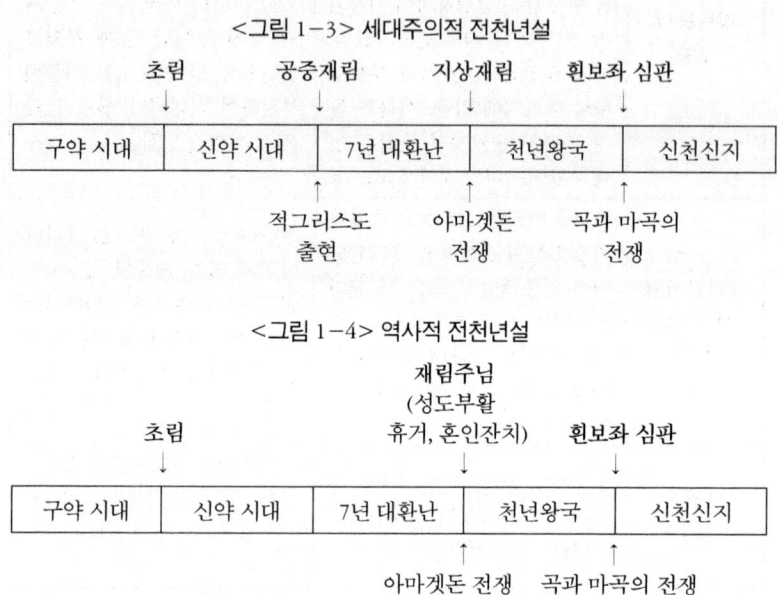

<그림 1-3> 세대주의적 전천년설

초림	공중재림	지상재림	흰보좌 심판

구약 시대	신약 시대	7년 대환난	천년왕국	신천신지

적그리스도   아마겟돈   곡과 마곡의
출현   전쟁   전쟁

<그림 1-4> 역사적 전천년설

재림주님
(성도부활
휴거, 혼인잔치)

초림   흰보좌 심판

구약 시대	신약 시대	7년 대환난	천년왕국	신천신지

아마겟돈 전쟁   곡과 마곡의 전쟁

오늘날 타당성이 떨어지는 전천년설에서 무천년설로 바뀌는 경향이 있는데 각각 보수적 견해로 접근함으로써 서로 상통한 점도 많다. 어느 하나를 절대시하지 않는데 특히 전천년설의 천 년이라는 기간을 확정적인 천 년으로 보는 것을 금하고 있는 실정이다.

3) 무천년설

무천년설(Amillenarianism)은 지상에서 실제로 천년왕국이나 혹은 전 세계적인 평화와 의義의 시기가 도래하지 않는다는 주장이다. 무천년설이라는 것은 어감語感이 성경에 있는 천 년 세계가 없다는 말처럼 들리지만 이는 성경에 있는 천 년 세계가 없다는 것이 아니다. 즉 전천년주의자들이 말하는 것과 같은 천 년 세계가 없다는 뜻이다(김승곤, 1979: 267). 이들은 주님이 오신 이후에 오는 문자적 천년왕국을 부인하고 천 년을 상징적인 숫자로 본다.

무천년 왕국을 최초로 주장한 사람은 초기 기독교 시대의 교부였던 오리겐Origen으로 그는 본 장에 나오는 천 년의 기간은 바로 신약 시대, 즉 주님의 초림과 재림 사이의 모든 기간을 가리킨다. 또한 중세의 유명한 신학자인 어거스틴Augustine도 이 견해를 지지하였는데 그의 천년왕국은 그리스도의 성육신에서 최후의 심판으로 끝나게 되는 복음 시대 전 기간을 의미한다. 그리스도의 통치는 교회가 세속적 도시를 영적으로 지배하는 것이라고 주장했다. 그러나 하나님의 뜻은 이 땅에 실제로 하나님의 나라를 건설하는 것이다(마6:33).

이들에 의하면 본 장에서 기록된 사탄의 결박은 주님의 보혈에 의한 성도들의 구원을 의미한다. 또한 계시록에 기록되어 있는 사탄의 사역에 관한 역사적 진행들(12:10, 13:1-18, 14-17장)은 십자가에 의한 사탄의 패배만을 계속적으로 반복할 뿐이라고 한다.

그러나 계시록을 잘 연구해 보면 19장에서의 주님이 오실 때까지 사탄은 성도들과 그 나라를 핍박하고 박해를 했기 때문에 진노의 심판을 받았다. 용으로 묘사된 사탄은 자기가 땅으로 내어 쫓긴 것을 보고 남자를 낳은 여자를 핍박했다(12:13). 그 뿐만이 아니라 천 년이 차도록 결박되어 있다가 그 옥에서 풀려 남음에도 불구하고 회개는 않고 곡과 마곡으로 상징하는 대전쟁을 일으켰는데 그 수가 바다 모래와 같다고 할 정도였다(20장).

이와 같은 성경의 내용을 볼 때 무천년설에서의 사탄의 모든 사역이

그리스도의 십자가 사건과만 관련된다는 주장은 그 한계성을 보여주고 있다. 무천년설을 그림으로 나타내면 <그림 1-5> 무천년설과 같다.

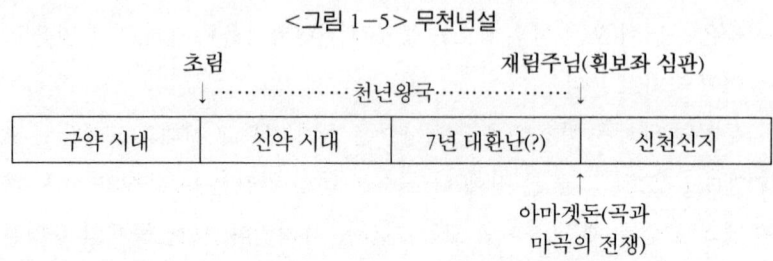

<그림 1-5> 무천년설

한편 무천년설은 종말에 가서 세상이 극도로 타락한다는 점과 하나님을 대적하는 사탄의 세력이 등장하여 영원한 천국과 지옥이 있다고 주장한 점에서는 전천년설과 일치한다. 또한 천 년의 기간이 그리스도의 재림 전에 있다고 주장하는 점에서는 후천년설과 일치하고 있다.

이 무천년설은 지금도 가톨릭 교회와 많은 개신교 학자들이 지지한다. 이들 중에는 칼빈Calvin이나 아브라함 카이퍼A. Kuyper 등의 개혁주의 신학자들이 주류를 이루고 있다(B. B. Warfield, Berkhof, Milligan, Buis).

4) 신천년설

이상과 같이 기존의 종말론적인 기독교의 천년설을 모두 고찰하였으나 각각의 천년설이 현실적으로 설득력이 떨어진다는 것을 발견할 수 있었다. 예를 들어 전천년설은 문자적인 천년왕국이 끝난 후에 다시 곡과 마곡의 전쟁과 흰보좌 심판과 같은 부활이 일어난다고 하여 하나님의 완전성을 스스로 부정하고 세 차례나 되는 부활을 주장한다.

이미 이에 대한 반발로 무천년설이 나왔으나 무천년설도 후천년설처럼 실질적인 천년왕국이나 대환난(7년)을 인정하지 않음으로써 말세에 주님께서 대환난을 통과하시며 영 · 육간에 '싸워 이기신다'(17:14; 19:11)는 말씀에 배치된다. 그리고 마지막 전쟁과 심판에 대해 체계적인 설명을 못한다. 후천년설은 현재 거의 취급되지 않을 뿐만이 아니라 설득력이 없다.

지금까지 기존의 천년설은 공통적으로 재림하시는 주님은 절대로 대환난을 몸소 겪지 않으시거나 대환난이 종료된 후에 오신다고 함으로써 장차 오실 주님은 이 세상에서 일어나는 대환난과는 아무런 관련이 없는 분으로 묘사했다.

그러나 실제적으로 성경의 노아, 아브라함, 모세, 예수님을 비롯한 모든 중심인물들은 모두 대환난을 통과 했으며 재림의 때에도 그렇게 예언돼 있다(6:2; 17:14; 19:11; 마24:22). 말세에 성도들의 가장 큰 목적은 주님의 어린양의 혼인 잔치에도 청함(19:9)을 입어 영원한 하늘의 제사장이 되는 것이다.

필자는 이런 내용을 중심으로 새로운 「신천년설」(Neomillenarianism)로 정리를 하고자 한다. 주님의 영원한 왕국에 들어가는 자들은 3:10에서의 '시험의 때'를 이기고 나온 성도들이다. 그 시기에 대해서는 마태복음 24:15, 16에서 "너희가 선지자 다니엘이 말한 바 멸망의 가증한 것이 거룩한 곳에 선 것을 보거든(읽는 자는 깨달을 진저) 그때에 유대에 있는 자들은 산으로 도망할 지어다"라고 말씀하셨다.

여기서 다니엘서는 9장 27절의 말씀으로 바로 7년 대환난을 뜻한다. 이런 대환난이 마치기 위해서는, 다니엘 12:11에서의 성전에 들어선 '미운 물건'(서기 630년에 마호메트에게 하나님의 성전이 빼앗긴 사건)이 이후 1290일이 지나야 청산된다고 했다. 즉 1290일은 1290년이 되므로(민 14:34) 결국 1920년(630+1290년)에 주님이 오신다는 것이다.

주님이 오실 때에는 "노아 때에 된 것과 같이 인자의 때에도 그러하리라"(눅17:26)와 같이 말세인 7년 대환난은 인간의 불신으로 70년으로 갈 수도 있다(민14:34). 이 때문에 1920년대 이후 냉전 체제가 무너질 때까지 70년 동안 세계적으로 사상적·종교적 대립이 극한 상황이 되었으며, 특히 1965년은 큰 뜻을 가진 해가 된다(단12:12).

이러한 70년 대환난을 승리하실 분은 오직 재림하시는 주님이시고 결국은 하나님의 나라를 이 땅에 세우시고 세세토록 왕 노릇을 하신다(11:15,17; 22:5, 마6:33; 단7:27; 2:35). 이때의 하나님의 나라는 다니엘 9:24의 70이레를 마친 후가 된다. 이와 같은 신천년설의 내용을 다음과 같이 정리할 수 있다.

첫째, 7년 대환난이 인간들의 불신으로 말미암아 70년 대환난으로 연장될 수 있다(3:10; 17:10; 마24:15; 단9:27; 민14:34).

둘째, 초림 이후 70년 대환난의 종말이 오기 전, 첫 번째 부활에 해당하는 기독교 교회 시대 2천 년은 재림주님을 맞이하기 위한 기간이다.[2] 사실상 초림 이후 재림하시는 기간에 해당하는 기독교 교회 시대 2천 년은 천년왕국의 상징성을 가지고 있는데 기독교의 지도자가 그 책임을 다 하지 못했다(3:4). 재림주님이 오신 이후의 천 년은 영원한 실체적 천년왕국을 상징한다.

셋째, 주님은 다니엘 12:11에 근거하여 1920년에 재림하시고 70년 대환난에서 승리하신다. 그 첫 번째의 승리적 표징이 동서독의 통일이다. 1920년에서 꼭 70년이 지난 정확히 1989년 11월 9일에 동독 시민들이 베를린 장벽을 깨고 무너뜨렸다. 공식적으로는 동서독 정부가 미국, 영국, 구소련, 프랑스와 회담을 거쳐 1년 만에 통일이 이루어졌다(염돈재, 2010:

---

2) 아브라함 이후 초림 때까지의 2천 년의 기간이 있었다. 이와 같이 재림하실 때에도 초림과 같이 2천 년 정도의 기간이 지나면 말세가 된다(단12:11).

14). 또한 1991년 4월 19~20일에 한국과 구소련은 제주도에서 노태우-고르바초프 간에 정상회담이 이루어졌으며 김일성은 1994년 7월 8일(만 82세) 갑작스럽게 사망했다(임현백, 2010: 20).

이러한 적그리스도 국가에 대한 승리적 기반 위에 비로소 하나님 나라의 승리를 뜻하는 '네 번의 할렐루야'(신원, 3대 축복, 하나님 참보좌, 하나님의 통치)와 '어린양 혼인잔치'의 말씀이 성취됨으로 지상의 하나님 나라가 건설된다(19:1-9). 어린양 혼인잔치는 참하나님(요17:3; 요일5:20)께서 6천 년간을 기다리시고 오셨던 소망 중에 소망이셨다(전7:28).

넷째, 하나님의 나라가 지상에서 승리한 이후 20장에 등장하는 '곡과 마곡의 전쟁'(20:7-10)은 영계의 모든 영靈들에게도 구원의 기회를 의미하는 천상의 하나님의 나라이다(1:18; 마18:18; 벧전3:18,19). 즉 곡과 마곡의 전쟁은 이미 19장에서의 지상에서 하나님의 보좌와 통치(19:6)가 선포되었기 때문에 자동적으로 영적인 하나님의 나라도 창건된다(마18:18). 그렇다고 무조건적 영계의 구원은 아니며 영계에서의 전 영인들도 혁명이 일어난다. 지상에서 승리하신 주님께서는 지상에서만의 승리뿐만이 아니라 영계의 모든 영들을 휘몰아치시고 지상에 재림협조 부활을 진두지휘하시는데 이것이 곡과 마곡의 전쟁(20:7-10)이다.

다섯째, '흰보좌 심판'(20:11-15)은 성도를 포함한 모든 사람들이 영계에 들어갈 때에 받을 마지막 심판대이다(히9:27). 그러므로 어린양 혼인잔치에 청함을 입은 후에 죽는 날은 출생하는 것보다 나은 것이라는 말씀이 성취된다(전7:1). 흰보좌 심판은 성도들을 포함해서 죽은 자들까지도 '자기의 행위에 따라' 생명록에 기록되어 있는지를 확인을 받아야 하는 최종적 심판이다(히9:27). 신천년설을 그림으로 나타내면, <그림 1-6> 신천년설과 같다.

<**그림 1-6**> **신천년설**

신원 할렐루야(19:1)
3대 축복(19:3, 창1:28)
하나님 참보좌(19:4)
하나님의 나라 통치(19:6)
어린양 혼인잔치(19:7)

		재림주님 1920년	
초림			
↓ 박해 · 천년왕국···	↓ 박해 · 승리·········	↓ <신천신지>	
BC445 ↑ **구약 시대** **4천 년**	**↑ <69이레>···** **신약 시대** (단9:25,26훼파 홍수엄몰 황폐)	**<1이레>** **70년 대환난** (3:10, 마24:15, 계20:3; 단9:27; 12:11; 민14:34)	**영원한** **하나님의 나라** (19:1-6; 21:1-5; 22:5; 11:15,17)

↑ 적그리스도 출현
(일제침략, 볼셰비키 혁명
제1 · 2차 세계대전, 공산화,
라오디게아형 적그리스도)

↑ 아마겟돈 전쟁
영계구원:곡과 마곡의 전쟁
(벧전3:18-22)
영계입성:흰보좌 심판
(히9:27; 마18:18)

이러한 하나님의 나라에 대한 신천년설의 신뢰성을 더욱 높이기 위해 70년 대환난 중에 있는 세 번에 걸친 「화禍」(8:13)를 중심으로 좀 더 실체적인 역사를 고찰해보고자 한다.

첫째 화(8:7-9:12)는, 1920년에 출발한 70년 대환난으로 볼 때에 전 35년의 기간에 해당된다. 이때에 일제침략, 1 · 2차 세계대전, 6 · 25한국전쟁, 세계의 공산화 등이 진행됐다.

사실상 1920년은 제1차 세계대전 직후로 미국 윌슨 대통령의 제창으로 국제연맹을 출범시킨 뜻이 깊은 해였다. 국제 평화 유지와 협력 촉진을 목적으로 설립된 최초의 국제평화기구였으나 자국의 이익을 우선하다보니 실패하고 말았다.

이러한 세계적인 격동기에 6 · 25한국전쟁은 하늘 편과 사탄 편이 싸운 이념적 국제전으로서 기존의 수많은 세계 전쟁사와 비교해 볼 때 매우 특별하다. 이 전쟁은 하늘 편도 사탄 편도 물러날 수 없는 한 판 승부를 벌임으로써 결국 38선에서 교착상태에 빠졌다. 이에 1951년 7월 10일 UN군과 공산 진영은 개성에서 만나 휴전 협상을 본격화했다. 한국은 절체절명의 위기를 맞았다. UN군이 철수한 뒤 전쟁으로 잿더미가 된 한국은 독자적으로 북한이 다시 침략해 오면 이를 방어할 수 없기 때문이다. 이미 미국은 필리핀, 호주, 뉴질랜드와 '태평양안전보장조약'(ANZUS)을 맺고 일본과도 방위조약을 체결한 상태였다.

이승만 대통령은 휴전 전에 한미상호방위조약이 체결될 기미가 보이지 않자 2만 7,000여 명의 반공포로를 석방(1953.6.8)하여 휴전협정을 파탄위기에 봉착케 했다. 이에 당황한 미 정부는 상호방위조약 체결과 한국에 대한 지원을 협의하기 위해 월트·로버트슨 극동담당 차관보를 급파했다. 이러한 우여곡절로 한미상호방위조약이 체결됐다(1953.10.1). 이듬해에 한·미가 '군사 및 경제원조에 관한 합의의사록'이 교환되어 정식으로 발효됐다(1954.11.17). 미국은 1955년 한 해만 7억 불의 군사·경제 원조를 했으며 10개 예비사단을 추가 신설 지원과 군함 79척, 전투기 100대를 제공했다. 실로 놀라운 하나님의 역사라고 볼 수 있다(군사편찬연구소 조성훈 선임연구원 제공, 2013.8.7).

그런데 당시의 교회는 분열의 외길을 걸었다. 6·25동란 두 달 전에 경남지방을 무대로 교회 재건의 문제로 고신파와 장로교 총회가 난투극으로 경찰이 출동했다(1950.4.1). 그로부터 6·25전쟁이 발발한 두 달 뒤에 전국토가 유린당한 참혹한 아비규환 속에 부산으로 쫓겨나서까지 한국 장로교회는 고려 신학교파를 정죄하여 한국 교단을 이끄는 두 조직은 깨끗이 갈라졌다.

쫓겨난 고려파(高神)는 기왕에 기성 교회를 신사참배 문제로 배교자의 낙인을 찍었던 이들은 장로교 총회를 향하여 무서운 화살을 퍼부었다. 그것은 동기가 근본적으로 비극적이었다. 고려파에서는 국회의원 22명의 명의로 한국의 장로교회는 용공容共단체라고 하는 가공할 만한 독언毒言을 던졌다. 기독교가 하나가 돼도 국난을 극복하기 어려운 판국에 한국을 대표하는 교회의 전체가 분열이 됨으로써 설상가상으로 엄청난 시련이 아닐 수 없었다.

기독교 장로회와 예수교 장로회의 분립도 이때 갈대로 가고 말았다. 이 것은 경건敬虔 때문이 아니라 신학, 좀 더 정확히 말해서 자유주의 신학 방법론 때문에 갈라진 분열의 경우이다. 여기에 조선 신학교파의 분립이 불가피했다. 이때에 감리교회의 불상사도 경건과 신학보다는 교권, 다시 말해서 인사문제와 정치문제로 분열되어 일어났다(민경배, 1985: 464~468). 그야말로 땅의 사방에서 바람이 불었다(7:1). 지금까지 한국 교회가 양적으로는 크게 부흥한 것은 사실이지만 진정으로 교회가 먼저 세상을 걱정하는 모습을 보여야 할 것이다.

둘째 화(9:13~11:14)는, 70년 대환난의 중반기로 그 환난의 실상과 섭리를 볼 때 첫째 화와 셋째 화와 어느 정도 중첩이 되는 부분이다. 둘째 화는 여섯째 나팔 재앙으로 세계적인 전쟁을 의미한 것으로 영 · 육간의 피해가 엄청나다.

셋째 화(11:15~16:21)는, 70년 대환난의 후 35년에 대한 재앙으로 주로 악주권에 대한 심판을 중심으로 전개된다. 즉 '성령 거역죄'에 대한 심판이라고 보면 틀림이 없다(마12:31,32). 느부갓네살의 견고하고 하늘에 닿는 큰 나무는 결국은 무너지고 일곱 때가 지나면 하늘 편으로 소생한다고 했다(단4:23).

따라서 70년의 대환난이 종료되는 시점인 18장이 끝난 후 19:1~6에서의 네 번의 할렐루야 찬양과 함께 어린양 혼인잔치의 축복을 하게 된다. 세 번의 화를 중심하고 표로써 정리하면, <표 1-3> 화禍를 중심한 70년 대환난의 섭리적 내용과 같다.

<표 1-3> 화(禍)를 중심한 70년 대환난의 섭리적 내용

화(禍) (8:13)	첫째 화 (8:7-9:12)	둘째 화 (9:13-11:14)	셋째 화 (11:15-16:21)
재앙	1~5번째 나팔 재앙	6번째 나팔 재앙	7번째 나팔 (1~7 대접 재앙)
내용	① 피 섞인 우박과 불로 땅과 수목의 1/3이 태워짐. ② 바다 1/3이 피로 변하고 바다 생명의 1/3이 죽고 배들의 1/3이 깨짐. ③ 큰 별이 떨어져 물들의 1/3이 쑥이 되고 사람이 죽음. ④ 해·달·별의 1/3이 침을 받아 빛 잃음. ⑤ 황충 재앙(적그리스도 사상적 혁명 태동)	큰 강 유브라데에 결박된 네 천사를 풀어 줌. 사람 1/3을 죽임. 수억 군대, 말들의 입에서 불·연기·유황으로 인하여 사람 1/3 죽임. 말들의 힘은 입과 꼬리에 있음. 꼬리에는 뱀 같고 머리가 있음. 우상숭배, 음행, 도적질, 살인, 복술을 행함.	7번째 나팔을 불 때 주님의 나라가 세세토록 왕 노릇을 한다고 알림. 하나님의 진노의 때가 임하여 일곱 대접 재앙(독한헌데, 바다생물 사망, 강과 물이 피됨, 불로 사람 태움, 어둠, 강물 마름, 맹렬한 진노의 포도잔)이 시작됨.
70년대 환난 실상	7년 대환난 전 3년 반⇒ <u>70년 대환난 전 35년</u> 일제침략, 1·2次 世界大戰 6·25 남침 한국전쟁 등	7년 대환난 후 3년 반⇒ <u>70년 대환난 후 35년</u> 무신론 공산주의 세계적화, 빈 라덴·주체사상 등 영적빈곤	
심판과 승리	1920~1954년 세계공산화 태동⇒ <u>전쟁 중 한국기독교 대분열</u> 한미상호방위조약(1954)	1955~1989년 *베를린 장벽 붕괴(1989.11) *구소련의 해체(1991.12) *김일성 사망(1994.7.8) ⇒ 네 번 할렐루야(신원, 3대 축복, 하나님 참보좌, 통치) 어린양 혼인잔치(19:1-9)	

이와 같은 내용에서 알 수 있는 것은 대환난이 1920년에서 시작하여(단 12:11) 70년 대환난이 종료되는 1989년까지 세계적으로 적그리스도의

활동이 가장 심각했다. 이후 냉전 체제가 확연하게 무너지지만 새로운 형태의 적그리스도들이 나타났다.

1989년에 12년을 더한 2001년에 빈 라덴과 알카에다에 의해 9·11 테러로 미국의 세계무역센터 110층의 쌍둥이 빌딩이 붕괴돼 5천여 명이 사망·실종됐다. 다시 2001년에서 12년이 지난 2013년은 큰 변화가 일어날 시기이다. 2013년에는 정치적으로 미국의 오바마 대통령, 중국의 시진핑 주석, 일본의 아베 총리, 한국의 박근혜 대통령, 북한의 3세 김정은 등이 새롭게 출발한 정권으로 국제간에 큰 틀을 구성해야 할 중요한 시점이다. 이런 때에 하늘의 섭리적 방향을 깨닫고 가야할 성도들의 책임이 더욱 크다.

다행히 박근혜 정부 출범 이후 2013년 8·15 광복절과 함께 우여곡절 끝에 개성공단 정상화 합의를 하였다. 천안함 폭침(2010.3.26)에 따라 취해진 5·24조치를 기준으로 하면 3년 3개월 만이다. 그러나 여전히 북한은 이산가족 상봉을 연기하는 등의 불안한 정세를 보이고 있다.

II. 주님 재림의 약속과 일곱 교회

요한계시록은 사도 요한이 기록을 한 것이지만 예수님의 계시이며 하나님이 직접 주신 말씀이다(1:1). 계시록 22장까지의 대부분의 말씀은 장차 오실 주님에 대한 것이기 때문에 신구약 66권의 말씀이 성취되는 결정판이다. 타락한 인간은 사탄의 지배하에 있기 때문에 어떤 힘으로도 사탄을 굴복시킬 수 없어 전쟁의 소용돌이에 휘말려들었다. 노아 홍수 때에 방주에서 노아와 함께 하여 구원을 받은 것처럼 장차 오실 주님을 영접할 수 있어야 한다. 2, 3장에서 주님께서 일곱 교회에 하신 말씀은 그 순서대로 적용하면 2천 년 교회사에 정확하게 일치한다.

| 제1장 |
주님 재림의 약속

1장은 성경 전체의 대주제인 재림하시는 주님에 관한 환상과 재림의 약속을 기록한 말씀이다. 하나님은 유일하고 영원불변한 절대자이시므로 하나님의 뜻(창조목적) 또한 절대적이지 아닐 수 없다(사46:11; 14:24). 그 뜻은 인간 스스로가 자신에게 부여된 일정의 책임을 완수할 때만이 이루어진다(창2:17). 즉 하나님이 아담에게 선악과를 따먹는 날에는 정녕 죽으리라고 경고한 말씀이 있다. 아담과 해와는 하나님의 경고를 듣지 않고 죽을 수도 있지만, 그 경고를 받아들이어 죽지 않을 수도 있었다. 우리들의 신앙과 삶도 이와 같다고 볼 수 있다.

1. 하나님의 계시 (1:1-3)

[1] 예수 그리스도의 계시라 이는 하나님이 그에게 주사 반드시 속히 될 일을 그 종들에게 보이시려고 그 천사를 그 종 요한에게 보내어 지시하신 것이라 [2] 요한은 하나님의 말씀과 예수 그리스도의 증거 곧 자기의 본 것을 다 증거하였느니라 [3] 이 예언의 말씀을 읽는 자들과 듣는 자들과 그

가운데 기록한 것을 지키는 자들이 복이 있나니 때가 가까움이라

1절에서의 요한계시록은 하나님과 그리스도의 계시이며 인류구원이 목적이라고 분명히 밝히셨다. 하나님께서는 영적 세계(불가시적 세계)와 물질세계(가시적 세계, 히8:5) 모두를 창조하신 창조주이시다(창1:1-31; 롬1:20). 그리고 하나님과 주님은 삼위일체로 계신다. 피조물을 대표하는 인간에게 절대로 다른 신들을 믿거나 경배하는 것을 금지한다(출20: 1-5; 롬8:19-22). 성경에서는 하나님이 아닌 다른 신들은 하나님이 지으신 불가시적인 세계에 존재하지만 인위적으로 만든 우상에 지나지 않는다(엡2:2).

그리스도(Christ, 구세주, 예수)는 메시아(Messiah, 원래는 아람어 메쉬카Meshicha에서 온 말)를 헬라어로 번역한 것이다. 메시아란 뜻은 '여호와께로 기름부음을 받은 자(왕)'이며 곧 그리스도를 뜻한다. 사도 바울은 예수라는 말보다는 그리스도(메시아)라는 말을 더 많이 썼다. 복음서에 예수님은 제자 교육의 결론 단계에 가서 비로소 자신이 그리스도이심을 말씀하셨다.

예수님께서는 베드로가 예수님을 그리스도라고 고백했을 때 무척 기뻐하셨다. 베드로에게 복이 있다고 말씀하시면서 메시아로 고백할 수 있었던 것은 인간 베드로에게 비롯된 것이 아니라 하나님으로부터 말미암은 것이라고 하셨다(마16:16-19).

본 절에서 계시록의 말씀은 '반드시 속히 될 일'이라고 표현됐다. 이 말씀의 뜻은 하나님께서 그 뜻을 인간에 보이시고 하나님의 구원섭리에 대한 확신을 갖게 하신다. 계시(헬, 아포카립시스)는 '감춰진 뜻을 드러내 보인다'라는 뜻이다. 즉 계시는 하나님께서 감춰진 섭리적 뜻을 보여주시는 새말씀이다(강병도, 1987: 311). 계시록은 여러 개의 환상과 예언으

로 되어 있지만 철저하게 하나님의 '말씀'이라는 하나의 연결고리로 되어 있다.

본 절에서의 천사天使라는 말은 구약에서 108회, 신약에서 165회 언급 되어 있다고 한다. 천사는 히브리어로 말라크, 헬라어로 앙겔로스인데 둘 다 하나님의 사자(Messenger)를 의미한다. 이외에도 천사들을 지칭하는 말 로는 하나님의 아들들(욥1:6; 2:1), 권능 있는 자들(시27:1; 89:6), 거룩 한 자들(시89:5,7; 단4:13), 천군들(눅2:13) 등이 있다.

구약에서는 간혹 선지자나 제사장과 같은 사람을 가리켜 하나님의 사 자들로 묘사한 예도 있다(히1:13; 말2:7). 그러나 대부분은 천사들을 가리 켜 하나님의 사자들로 묘사한다. 성경에서 천사는 그들에 대한 명칭만큼 이나 사역도 다양한 것으로 언급되는데 그 중에 대표적인 것을 일곱 가 지로 정리할 수 있다(홍혁기, 2012: 396~401).

① 하나님의 구속 계획에 포함된 어떤 일에 대한 예고(창18:9; 삿13: 2-24; 눅1:11-20; 2:9-14) 및 하나님의 진노와 심판에 대한 경고(단 8:19; 계1-12장) 등을 세상에 전하는 사역을 한다.

② 하나님의 백성을 인도하며 하나님의 법도와 예언을 전한다(17:7; 창24:7,40; 출14:19; 민20:26; 행7:38,53; 갈3:19 등).

③ 하나님의 백성들을 보호하며 지켜주는 일을 한다(창22:9-12; 32: 1이하; 수5:14; 왕하6:17; 시91:11; 단3:28; 6:22; 10:31; 11:1). 이러한 임 무를 맡은 천사들은 종종 그 원수들에 대항하여 투쟁을 하기도 한다(출 12:23,27; 왕하19:35; 마26:53).

④ 하나님의 택하신 백성을 도와주고(창21:17 이하; 왕상19:5-7; 마 28:2; 막1:13; 눅22:43; 행5:19 등), 하나님의 심판을 보좌하기도 한다(19: 1-3, 17이하; 창18:16-19; 마24:31; 눅9:26; 12:8,19; 행12:23).

⑤ 천사가 이상과 같은 일들을 수행하기 위하여 종종 지진, 번개, 바

람, 비, 폭풍 등의 위력을 동원하기도 한다(7:1,2; 8:5). 즉 여섯째 천사의 나팔 재앙에서 유브라데에 묶인 네 천사를 놓아주라 하매 대환난을 일으키는 장면이 나온다(9:14-21).

⑥ 천사의 사역 중 가장 중요한 일 중의 하나는 하나님을 찬양하는 일이다(5:11; 눅2:12-14; 시103:20,21).

⑦ 모든 천사들은 부리는 영으로서 구원 얻을 백성들을 위하여 섬기라고 보내심을 받았다고 한다(히1:14).

원칙적으로 천사보다 구원 얻은 성도들의 신분이 우월하다. 천사는 하나님의 종에 불과하지만 어린양 혼인잔치에 청함을 입고(19:9) 구원받을 인간은 하나님의 자녀이기 때문이다. 그러나 신약 시대에도 종종 천사숭배에 빠지는 이단의 세력들이 있었다(골2:18).

인간만이 하나님의 형상을 따라 지음을 받은 유일한 존재이다(창1:27). 천사가 인간보다 나아지게 된 것은 아담과 해와의 타락 때문이다. 타락하기 전의 아담과 해와는 하나님의 몸이다. 고린도전서 3:16에 '너희 몸이 성전된 것을 알지 못하느냐?'고 하셨듯이 사람의 몸은 하나님이 거하시는 집이다. 이제 주님이 오셔서 구속과 축복의 은총으로 말미암아 모든 성도는 천사보다 높은 신분으로 회복될 수 있다(히2:5-18).

결론적으로 천사는 하나님을 경배하고 섬기며 그분의 뜻을 수행하고 인간에게 전하고 인간을 보호하고 하나님의 메신저 역할을 할 뿐 그 이상도 그 이하도 아니다. 하나님과 사탄과 귀신이 여전히 활동을 하듯이, 천사 또한 지금도 여전히 활동하고 있다는 사실을 알아야한다.

하나님께서 아담을 짓기 전에 천사를 지으셨기 때문에 오늘날 종교라는 것은 천사 세계권을 지상에 만들어 놓으신 것이다. 그 종교 세계권 내에서는 아담을 만들어 내셔야 한다. 그것이 유대교였는데 신랑을 소개하는 종교이다. 그것이 메시아사상이며 구주사상救主思想으로 하나님은 타락한 인간을 구원하기 위해 종교를 세우셨다. 이들 종교 중에 선한 천사들이 인간의 심령과 정신을 고양하기 위해 탄생한 것이 고등종교이다. 그러나 타락한 천사장 종교는 근본이 명확하지도 않고 '하나님의 비밀'(10:7)과 말세(6:12−17; 19:17−21)가 무엇인지도 모른다. 단지 외적인 수행 개념만을 중심으로 지도할 뿐이다.

2절에서 기록한 자는 사도 요한으로 자기가 본 것을 「다」(모든 것) 중거했다는 말씀은 하나님의 뜻을 가감 없이 있는 그대로 증거했다.

3절에서의 '이 예언의 말씀'이란 좁게는 요한계시록을 말하지만 넓게는 66권 성경 전체를 말씀한다. 1:1에서는 요한계시록을 '계시'라고 하였는데 여기서는 '이 예언의 말씀'이라고 한다. 사도 요한이 이렇게 두 단어를 구분해서 사용하는 것은 계시와 예언이 같아 보여도 실상은 전혀 다른 성격을 지니고 있기 때문이다. 한 마디로 말해 요한계시록은 이 두 가지, 즉 계시와 예언의 성격을 동시에 갖고 있는 아주 특별한 책이다. 성경에는 계시의 대표적인 책으로 이사야서, 다니엘서, 스가랴서, 그리고 에스겔서 등이 있다. 예언도 결국에는 장래에 대한 일들에 관한 것이지만 하나님의 보다 구체적인 의지이시다.

하나님께서는 요한계시록을 읽는 자, 듣는 자들, 그리고 그 가운데 기록한 것을 지키는 자들이 복이 있다고 하셨다. 여기서 모 교단에서는 '읽는 자'를 10:7의 계시책을 받았다는 자신만이라고 한다. 성경을 묵상하거나 읽는 일은 누구나 혼자서도 가능하다(시1:1−3; 수1:8). 또한 한 사람이 읽을 때에 듣는 사람은 복수가 될 수도 있다. 이것을 과대해석을 할 필요는 없다. 과거에는 교회 공간을 성직자들의 권력을 강화시키는 쪽으로 발전하여 제단을 높게 했다. 그러나 20세기에 들어와서는 교회 공간을 역투시도 기법을 사용하여 제단을 실제보다 더 가깝게 보이고자 한다. 이것은 하나님과 인간의 관계가 새롭게 정립된 것을 반영한다. 하나님이 가라사대 말세에는 자녀는 물론이요 남종이나 여종이나 모든 육체에게 성령을 물 붓듯이 부어주신다(행2:17,18)고 약속하셨다.

계시록에는 시편 1편과 마태복음 5:1-12에 팔복八福과 같이 칠복七福이 기록돼 있다. 그 가운데 첫째 복이 본문 1:3의 복이다. 계시록에 나오는 칠복을 보면,

① 예언의 말씀을 읽고 듣고 지키는 자들(1:3)

② 주 안에서 죽은 자들(14:13)

③ 깨어 자기 옷을 지켜 벌거벗고 다니지 않은 자들(16:15)

④ 어린양 혼인잔치에 청함을 입은 자(19:9)

⑤ 첫째 부활에 참여하는 자들(20:6)

⑥ 이 책의 예언의 말씀을 지키는 자(22:7)

⑦ 그 두루마기를 빠는 자(22:14)

등이다. 이처럼 계시록은 환난과 최후 심판과 같은 두려운 것만 말씀하는 것이 아니고 8복이나 복음서와 같이 인간에게 복을 주려 한다. 왜 계시록의 말씀을 읽고 듣고 지키는 자가 복이 되는가? 노아 홍수의 날이 가까워지던 그 시대 사람들은 부富도 권세도 명예도 필요가 없다. 이와 같이 주님의 재림이 임박한 오늘의 행복은 하나님의 말씀인 이 예언을 지켜 주님을 맞이할 준비를 하는 것뿐이기 때문이다.

ㄹ. 하나님의 일곱 영(1:4)

4·요한은 아시아에 있는 일곱 교회에 편지하노니 이제도 계시고 전에도
계시고 장차 오실 이와 그 보좌 앞에 일곱 영과

여기에서 언급된 일곱 교회는 에게해와 지중해에 근접한 소아시아의 서편에 자리를 잡고 있었던 교회들이다. 물론 당시에도 다른 교회도 있었지만 여기에서 언급된 일곱 교회는 세상의 모든 교회를 대표하며 초림에서 재림 시대까지의 일곱 시대를 상징한다는 것을 알 수 있다. 교회는 하나의 건물이 아니라 예배당, 또는 교회당이라고 하는 것이 옳다. 신약성경의 교회를 뜻하는 헬라어 '에클레시아'라는 말은 성령에 의하여 소집된 회중, 곧 하나님의 백성을 의미한다(행 19:32,39,40).

따라서 신약성경에서의 교회는 살아 계신 하나님께서 메시아이신 주님을 중심으로 행하신 위대한 일, 즉 죄로 멸망할 인간을 구원하신 일을 증거하는 일을 한다. 또한 성령으로 말미암아 이루어지는 성도들과 하나님과의 친교, 성도와 성도 간의 친교를 하는 곳이다. 교회는 주님이 머리가 되시고 근본이시며(골 1:18), 신자들은 그의 몸을 이루는 지체(고전 12:12-27)이다.

주님을 믿고 주로 고백하며 예배하며 친교를 하는 사람이 있는 곳은 그곳이 어디든, 사람이 많고 적든, 가정이든 감옥이든 교회라는 신비가 존재하는 곳이다(고전 1:2; 몬 1:2; 마 18:20). 그러므로 보다 더 완전한 의미의 교회는 눈에 보이는 실체가 아니라 보이지 않는 초자연적·영적인 실체이다.

참장막(히 8:2)은 어떤 건물이 아니라 "주 하나님 전능하신 이와 및 어린양이 그 성전"(21:22; 고전 5:17)이시다. 그러므로 우리들도 주님께서 거하실 수 있는 성전이 되기 위해 참사람으로 거듭나야 한다.

본 절에서 일곱이란 수는 하늘의 수 3에다 땅의 수 4를 더한 것으로 완전을 뜻한다. 3이라는 숫자는 성부, 성자, 성령의 삼위를 의미하며 더 나아가 이들이 거하시는 장소, 즉 하늘을 나타내는 숫자이다. 그래서 일반적으로 3을 '하늘의 수'라고 한다.

3이 영적 세계를 의미하는 숫자라면 숫자 4는 창조세계를 의미하는 숫자이다. 즉 4방위, 4계절, 창조세계의 4가지 원소, 에덴동산에서 발원한 4지류, 4생물, 4은총(지혜, 권세, 풍요, 용맹) 등등의 숫자는 지상의 수로 '땅의 수'이다.

하늘의 수인 3과 땅의 수인 4로부터 파생한 숫자가 바로 숫자 7과 숫자 12인 것이다. 7수는 '이 세상에서의 완전수'로 일곱 교회에게만 국한되는 것이 아니고 모든 성도와 전 인류에 대한 말씀이다. 3과 4의 더하기가 이 세상의 완전수라면 3과 4의 곱인 12는 머지않아 도래할 하나님 나라의 완전수이다.

오늘날 우주의 기원과 진화를 설명하는 현대 물리학의 표준모형에 따르면 물질에서도 12개의 구성입자와 힘을 전달하는 4개 매개입자로 이루어져 있다. 그리고 모든 소립자에 질량을 부여하는 17번째 입자가 있는데 바로 '신의 입자'로 불리는 힉스입자이다. 힉스입자는 137억 년 전 우주가 태어난 순간인 '빅뱅' 때 모든 입자에 질량을 부여하고 사라진 존재로 알려져 '신의 입자'로 불린다(『세계일보』 2013.10.9; 이강영, 2011: 245~270; 이종필, 2008: 30).

우리가 사는 이 세상이 3과 4의 합인 7수로 표시하는 것은 가시적 물질만 존재하는 유물론적 세계가 아니라는 것이다. 즉 하나님의 나라는 눈에 보이는 땅의 세계와 보이지 않는 하늘의 세계가 상호간에 상통하고 감응하는 구조적이고 근원적인 원리가 존재질서의 조화와 균형을 이루고 있다. 하나님에 대해서는 '이제도 계시고'(현재) '전에도 계시고'(과거) '장차 오실 이'(미래)라고 했는데 이것은 하나님의 영원성을 나타낸다(4:8).

일곱 영은 하나님의 일곱 영이시다(5:6; 4:5; 슥3:9). 일곱 영은 하나님의 보좌 앞에 있음으로서 그의 사명을 위해 항상 준비하고 있는 성령의 완전성을 뜻한다. 이사야 11:2에는 성령의 성격을 7가지로 묘사하고 있다. 즉 ① 여호와의 신, ② 곧 지혜와, ③ 총명의 신이요, ④ 모략과, ⑤ 재능의 신이요, ⑥ 지식과, ⑦ 여호와를 경외하는 신 등의 7가지로 나타낸다.

3. 충성된 증인(1:5, 6)

> [5]또 충성된 증인으로 죽은 자들 가운데서 먼저 나시고 땅의 임금들의 머리가 되신 예수 그리스도로 말미암아 은혜와 평강이 너희에게 있기를 원하노라 우리를 사랑하사 그의 피로 우리 죄에서 우리를 해방하시고 [6]그 아버지 하나님을 위하여 우리를 나라와 제사장으로 삼으신 그에게 영광과 능력이 세세(世世)토록 있기를 원하노라 아멘

5절에서 '충성된 증인'으로서의 주님은 세상의 임금이시다. 또한 주님은 교회의 머리이시며(골1:18) 하나님의 첫 열매이므로 성도는 접붙임을 받아야 한다(고전15:23; 요15:5; 고전3:16). 하나님께서는 '주님의 피'(언약의 피, 5:9; 7:14; 12:11; 19:13; 히9:11−22; 막14:24; 눅22:20; 마26:28)로 화목제물로 삼으시고 그의 의로움을 드러내셨다(롬3:25). 또한 그 피로 말미암아 우리들을 조상에서 유전한 망령된 행실에서 첫 열매로 되게 하시려고 진리의 말씀으로 우리를 낳으셨다(1:18; 약1:18; 벧전1:18,19; 히9:13,14; 롬5:8). 이는 혈통으로나 육정으로나 사람의 뜻으로 나지 아니하고 오직 하나님께로부터 난 자들이다(요1:13).

언약이란 하나님과 인간 사이에 맺은 계약이다(출24:7). 그러나 모세를 통한 언약은 이스라엘의 불순종으로 파기됐다. 그래서 새언약은 믿음으로 말미암은 언약으로 석판이 아니라 마음에 새겨져야 한다(렘31:31−34). 새언약은 예수님의 피로 말미암아 종의 몸에서 해방을 받는 언약의

피, 구속의 피, 용서의 피, 생명의 피로 신약의 말씀이 됐다(벧전1:18,19; 눅23:34; 엡2:14).

그러나 예수님은 "내가 포도나무에서 난 것을 이제부터 내 아버지의 나라에서 새것으로 함께 마시는 날까지 마시지 아니하리라"고 천명하셨다(마26:29). 이 말씀은 당시에 수난을 당하시는 예수님께서 앞으로 육적 이스라엘은 물론이거니와 영적 이스라엘에 엄습할 멸망의 가증한 것이 들어와 황폐케 하는 대환난을 함께 승리해야 한다는 큰 고난의 길을 잘 아시기 때문이다(17:14; 19:11; 마24:15; 단9:27).

본래 예수님은 후아담(고전15:45)으로 오셨기 때문에 하나님의 창조 목적(창1:28)을 완성하셔야 하는데 유대민족의 불신으로 십자가에서 죽으심을 당했다(5:6; 고전2:8; 눅19:41-44; 행7:51-53). 이러한 비극은 아담 이후 4천 년간 준비하신 하나님의 섭리를 망치게 한 육적 이스라엘은 저주를 받을 수밖에 없었다(눅21:20-24; 마21:43; 롬11:11).

6절에서의 유대민족이 아담처럼 불신으로 예수님을 십자가에 못을 박았으므로 영적 이스라엘인 14만 4천을 상징하는 선민과 나라를 세우시고 새언약으로 제사장으로 삼아주시며(7:4; 14:1; 5:10; 출19:6; 사66:21; 렘31:31-34), 주님은 이들에게 땅에서 왕 노릇을 하게 해 주시는 대제사장이시다(11:15,17; 20:6; 벧전2:9).

ㄴ. 주님의 재림 방법(1:ㄱ)

7.볼지어다 구름을 타고 오시리라 각인의 눈이 그를 보겠고 그를 찌른 자들도 볼 터이요 땅에 있는 모든 족속이 그를 인하여 애곡하리니 그러하리라 아멘

1) 여자의 후손과 새로운 해

7절은 재림의 방법에 대한 내용이다. 구약은 메시아에 대한 약속으로 가득하다. 구원자 메시아에 대한 암시는 아담의 타락 후 창세기 3장에서 처음 등장한다. 하나님은 여자의 후손이 뱀의 머리를 상하게 한다고 하셨다(창3:15). 여기서 '여자'란 계시록에서 재림하시는 주님을 잉태한 나라를 뜻한다(12:2). 그리고 뱀은 범죄한 천사로 천사장 루시엘이다(벧후 2:4; 유1:6,7; 사14:12; 창3:7; 3:25; 욥31:33; 요8:44; 12:31; 마3:7; 23:33; 고후4:4; 롬8:19).

또한 하나님은 구약 마지막에서 "내 이름을 경외하는 너희에게는 공의로운 해가 떠올라서 치료하는 광선을 비추리니"(말4:2)라고 약속을 하셨다. 이 말씀은 해가 총담같이 검어지고 온 달이 피가 된 후(신약시대 종료)에 새말씀으로 동방에서 주님이 오셔서 14만 4천의 인침을 뜻한다(6:12; 7:2-4; 14:1).

이 두 개의 약속 사이에 있는 구약의 말씀들은 오실 구원자에 대한 예언으로 채워져 있는데 333번 이상 오실 메시아가 분명히 언급됐다. 그 예언들 중에는 100개 이상은 예수님의 첫 번째 강림으로 성취됐다(존 맥아더, 2010: 34).

2) 구름의 뜻: 14만 4천 성도

주님의 재림 방법으로, 문자 그대로 구름을 타고 오시면(마24:30,31; 살전4:17) 모시고 받들지 않을 사람이 없을 것이다. 성경에서의 하늘은 죄없는 선주권의 세계이다(마6:9; 요3:13). 만약 주님이 문자 그대로 공중에서 구름을 타고 영광스럽게 오신다면 주님을 찌를 자들마저도 회개할 수 있다. 또한 모든 족속들이 애곡할 일은 더더욱 없다. 성경에서 구름은 증인들을 표상한 것이다(히12:1; 사19:1). 주님이 구름을 타고 오신다고 한 이유는 적그리스도의 미혹을 막고 어려운 신앙 노정의 성도를 격려하기 위함이다(마24:30).

찌른 자들은 재림의 역사를 방해한 자들을 비유한 것이다(마13:34). 누가복음 17:25에서 주님은 재림 시에 먼저 고난과 이 세대에 버림을 받으신다고 하셨다(막8:34; 눅14:27). 스가랴는 예수님이 매를 맞고 그분의 양이 흩어지며 제자들로부터도 버림받게 될 것을 예언했다(슥13:7; 12:7; 마26:31; 막14:50).

또한 재림은 천사와 아들(주님)도 모르고 오직 아버지만이 아시며(마24:34) 그 날은 밤에 도적같이 임하신다(3:3; 16:15; 마24:42-44; 막13:31-37; 눅21:34; 벧후3:10; 살전5:1-3). 그러나 여호와 하나님께서는 자기의 비밀을 음밀히 알리셨다(아3:7). 그렇기 때문에 노아, 롯, 모세, 예수 때도 그 징조를 보이셨다. 다만 도둑같이 임하심은 어둠에 속한 자들의 형편이기 때문이므로 깨어 기도하는 자만이 알 수 있다(살전5:4-6; 요12:36).

그러므로 구름은 재림주님을 고대하며 깨어 기도하던 준비된 14만 4천을 상징하는 거룩한 하나님편의 성도들의 무리를 뜻한다(7:2-4; 14:1). 하나님께서는 구름 속에서 가로되 "이는 내 사랑하는 아들이요 기뻐하는 자니 너희는 저의 말을 들어라"고 하셨다(마17:5). 즉, 준비되고 성서로운 14만 4천을 상징하는 성도가 아니고서는 하나님의 말씀을 헤아리며 주님을 알아볼 수 없다는 뜻이다(마24:30; 눅21:27).

3) 무덤 속의 부활

말세에는 무덤에서 시체가 일어난다(마27:52; 살전4:16)는 것은 무슨 뜻인가? 결론적으로 말해서 문자 그대로 육적인 부활이 아니다. 2천 년이 지난 오늘날까지 무덤에서 나온 영들의 행적기록이 없다. 무덤이란 낙원에서 영계를 보면 어두운 무덤과도 같은 영계를 뜻한다(부활에 대한 좀 더 자세한 것은 20장에서 설명함).

장차 오실 주님의 재림의 방법을 명확하게 알아보기 위해서는 초림 때를 잘 살펴보아야 한다. 예수님의 탄생 시에 승천한 엘리야가 먼저 오리라는 말씀이 있다(말4:5). 세례 요한 자신은 예수님이 하나님의 아들임을 이미 증거를 했다(요1:29-35).

엘리야는 초림 때에 불수레와 불말을 타고 오지 않았지만(왕하2:11) 예수님도 이미 세례 요한이 엘리야라고 말씀하셨으며(마11:14; 17:10; 눅1:17) 옥중의 세례 요한도 예수님에 대한 무지를 고백했다(마3:17). 이러한 이유로 예수님께서는 당신이 오시기 전에 보내주시기로 약속한 엘리야는 세례 요한이라고 말씀하셨으므로 엘리야는 세례 요한을 통하여 육신을 쓰고 왔다.

이러함에도 불구하고 초림에 대한 예언은 밤중에 구름을 타고 오신다는 것이었다(단7:13; 막14:62; 마26:64). 그러나 예수님은 마리아로부터 육신을 쓰시고 오셨기 때문에 오늘날까지도 대부분의 유대인들은 예수님의 육신 탄생을 적그리스도로 부인했다(요1:7-8).

결론은 예수님께서 육신을 쓰시고 오셨기 때문에 인자의 재림 때에도 세상의 믿음을 보겠느냐고 한탄하셨다(눅18:8; 17:25). 영광 가운데 재림이라면 땅의 모든 사람이 통곡이 없으며(마24:30,31) 어둠에 속한 사람도 주님을 영접할 수 있다. 따라서 주님도 초림 때처럼 육신을 쓰시고 재림하시는 것이 틀림이 없다는 점이다(행1:11). 그 때는 노아의 방주처럼 지상에서의 대환난의 때에 승리를 하신다(신천년설, 17:14; 단21:11; 4:23).

초림 때에도 유대인들은 기다렸던 예수님을 알아보지 못하여 불신하고 배척함으로써 애곡할 수밖에 없었다(롬11:11). 그들은 우상을 섬기거나 짐승의 표를 받지는 않았다고 할지라도 주님을 두 눈으로 똑똑히 보면서도 무지하여 대적하고 찔렀다.

그러므로 양의 무리를 이끄는 성직자의 책임이 얼마나 큰 것인가를 알게 된다(약3:1; 사56:11). 재림시의 이스라엘은 단순히 육적 나라가 아니라 이방인들의 영적 이스라엘을 뜻한다(7:4-8). 그 당시에 유대민족은 주님을 메시아로 인정한 족속은 없었으며 지금도 마찬가지이다.

5. 영원하신 하나님 (1:8)

> 8.주 하나님이 가라사대 나는 알파와 오메가라 이제도 있고 전에도 있었고 장차 올 자요 전능한 자라 하시더라

8절에는 전지전능하신 하나님의 영원성과 무소부재하심을 나타낸다(22:13; 합1:12; 시90:2; 139:8). 하나님께서는 21:2에 기록된 새 예루살렘을 이루시고 아담을 통해서 이루시고자 했던 창조의 뜻(창1:28)을 기필코 이루시게 된다.

그러므로 하나님께서는 장차 오실 주님이 저희(일곱 머리와 열 뿔의 짐승)와 싸울 때에 함께 하신다. 재림주님이 영광의 주로 오시지만 사탄과 싸워 이기시고 예수님을 시험하던 사탄을 완전히 굴복3)시키신다(17:14;

---

3) 예수님께서 마귀의 시험을 이기신 것은 분명하다. 그러나 마귀는 예수님 앞에서 무

마4:11).

　그런데 하나님은 심판하지 아니하신다고 말씀하셨다. 즉 창세기 9:11에 무지개로 그 약속을 하셨으며 요한복음 5:22에 "아버지께서 아무도 심판하지 아니하시고 심판을 다 아들에게 맡기셨으니"라고 하셨다.

　정작 주님께서는 "사람이 내 말을 듣고 지키지 아니 할지라도 내가 저를 심판하지 아니 하노라 내가 온 것은 세상을 심판하려 함이 아니요 세상을 구원하려 함이노라"(요12:47)고 하셨다. 그러나 "나를 저버리고 내 말을 받지 아니하는 자를 심판할 이가 있으니 곧 나의 한 그 말이 마지막 날에 저를 심판하리라"(요12:48)고 하셨다. 이 말씀의 의미는 인간 스스로가 하나님의 계명을 어기고 타락을 하였는바 사람이 주님의 말씀을 마음으로 믿어 의에 이르고 입으로 시인하여 구원을 얻어(롬10:10) 하나님의 백성이 되어야 한다는 뜻이다.

6. 요한의 환경 (1:ㅁ-ㄹㅁ)

1) 요한의 고난 (1:9)

> [9]나 요한은 너희 형제요 예수의 환난과 나라와 참음에 동참하는 자라 하나님의 말씀과 예수의 증거를 인하여 밧모라 하는 섬에 있었더니

　위 말씀은 사도 요한이 밧모섬에 유배를 당해 있을 당시의 환경을 잘 설명해 주고 있다. 그는 '예수의 환난과 참음에 동참한 자'로 묘사함으로

름을 꿇고 용서를 빌고 회개하지 않고 '마귀는 예수를 떠나고'라고 되어 있다. 이것은 마귀가 주님에게 재차 도전함으로 다시 가룟 유다에 들어가 주님을 팔게 하였다 (요13:2).

써 그 당시에 핍박의 상황을 잘 전해주고 있다. 당시의 로마 황제는 도미티안(Domitian, 81~96)으로 자신의 형상을 로마제국의 방방곡곡에 만들어 놓고 기독교인들에게 황제숭배를 강요했던 최초의 사람이다. 또 자신을 '우리 주 하나님'이라고 부르도록 하고 거절하는 기독교인들을 살해했다. 그는 로마 시대 역사상 최악의 기독교 박해자였다.

바로 이때에 사도 요한이 황제숭배를 거절했다는 이유로 에게해 바다에 있는 밧모섬에 유배되었다. 밧모섬은 소아시아 서편 밀레도에서 남서쪽으로 약 56km 지점에 위치한다. 이 섬은 전체 길이가 남북으로 16km, 폭은 동서로 10km 그리고 면적이 약 40㎢로 우리나라의 영종도에 해당하는 크기이다. 이 섬은 외롭고 황량한 섬으로써 영어의 씨c자처럼 생겼고 나무는 없고 식물마저도 대단히 귀하고 거친 바위나 언덕으로 된 불모지였다.4)

이러한 핍박 때문에 당시의 기독교인들은 지하에 흩어져 카타콤과 같은 곳에서 비밀리에 예배를 드렸다. 자신의 신분을 알릴 때에는 물고기(헬, 이쿠투스)라는 말을 썼는데 이것은 이 글자가 '예수 그리스도는 하나님의 아들 구세주'란 말의 첫 자와 일치한다.

2) 요한의 사명(1:10, 11)

10.주의 날에 내가 성령에 감동하여 내 뒤에서 나는 나팔소리 같은 큰 음성을 들으니 11.가로되 너 보는 것을 책에 써서 에베소 서머나 버가모 두아디라 사데 빌라델비아 라오디게아 일곱 교회에 보내라 하시거늘

---

4) 현재 밧모섬에는 약 2천 6백 명의 주민이 살고 있는데, '에게해의 예루살렘'으로 불리는 거룩한 섬이다. 밧모섬은 그리스에 속해 있는 섬으로 아테네에서 250km 떨어져 있다.

10절에서의 '주의 날'은 주님께서 요한에게 사명을 주신 날을 의미한다. 이에 앞서 요한은 성령으로 감동되었으며 나팔소리 같은 큰 음성을 들었는데 이 나팔소리는 하나님께서 특별한 선언과 메시지를 뜻한다.

11절에서 요한은 예수님으로부터 '보는 것을 책에 써서' 일곱 교회에 '보내라'라는 명령을 받았다. 요한은 환상 중에 계시를 받고(10:4) 그 받은 내용을 기록했다.

3) 요한이 본 주님 환상 (1:12 - 20)

12.몸을 돌이켜 나더러 말한 음성을 알아보려고 하여 돌이킬 때에 일곱 금촛대를 보았는데 13.촛대 사이에 인자(人子) 같은 이가 발에 끌리는 옷을 입고 가슴에 금띠를 띠고 14.그 머리와 털의 희기가 흰 양털 같고 눈 같으며 그의 눈은 불꽃같고 15.그의 발은 풀무에 단련한 빛난 주석 같고 그의 음성은 많은 물소리와 같으며 16.그 오른손에 일곱 별이 있고 그 입에서 좌우에 날선 검이 나오고 그 얼굴은 해가 힘 있게 비취는 것 같더라 17.내가 볼 때에 그 발 앞에 엎드러져 죽은 자 같이 되매 그가 오른손을 내게 얹고 가라사대 두려워 말라 나는 처음이요 나중이니 18.곧 산 자라 내가 전에 죽었었노라 볼지어다 이제 세세토록 살아있어 사망과 음부(陰府)의 열쇠를 가졌노니 19.그러므로 네 본 것과 이제 있는 일과 장차 될 일을 기록하라 20.네 본 것은 내 오른손에 일곱 별의 비밀과 일곱 금 촛대라 일곱 별은 일곱 교회의 사자요 일곱 촛대는 일곱 교회니라

12절에서 예수님이 요한에게 명령을 하실 때에 일곱 금촛대 사이에서 말씀하셨다. 금촛대는 구약 시대에 성전을 비추기 위해 금 한 덩이를 두껍게 하여 만들었다. 요한이 본 일곱 금촛대는 세상을 비추는 교회(1:20)이므로 주님은 세상의 빛이 되는 곳에 계심을 뜻한다. 저 높은 하늘 공중에 계시는 것이 아니라 세상의 빛이 될 수 있는 우리의 삶과 함께 하는 곳

에 계신다. 또한 세상의 빛이 되는 교회에 다니는 성도의 마음은 하나님의 성전이 되고 신령으로 거듭나야 한다(마5:48).

13절에서부터 요한이 본 예수님의 환상이 나오는데 이것은 매우 놀라운 사건이다. 왜냐하면 요한이 본 주님의 환상은 부활한 이후 그 누구도 보지 못했던 그리스도의 모습이기 때문이다. 지금까지 주님에 대한 환상을 본 사람은 변화산상에서 베드로를 중심한 제자들이 전부였다(마17:1-8).

주님의 옷은 발에 끌리는 옷으로 로브robe로 이스라엘의 제사장이며 판사였던 아론의 것과 유사했다. 이 옷은 권위의 상징이다(시104:1,2). '가슴에 금띠를 띠었다'함은 금이 그리스도의 완전성과 흠이 없는 의義를 표상한다. 주님을 14-16절에서 일곱 가지로 묘사하고 있다.

① 그 머리의 털의 희기가 흰 양털 같고 눈 같으며(14절): 6:2에서 주님은 흰 말을 탄 자로 표현되듯이 성경에서 흰 색깔은 항상 권위, 영광, 순결성을 상징한다(단7:9).

② 그의 눈은 불꽃같고(14절): 눈이 불꽃같다는 표현은 어둠(악)을 밝혀내는 예리한 공의의 눈을 표현했다(2:18; 단10:6; 시139:23,24; 히4:13). 공의로 행하시며 구원을 베푸시는 신은 여호와 하나님 외에 없다(사45:21).

③ 그의 발은 풀무에 단련된 빛난 주석(원문에는 구리를 뜻함, 15절): 주님의 발은 세상의 모든 죄악을 심판하실 말씀을 갖고 계신다(2:18). 구약 시대에 성막과 성전에는 구리를 많이 사용하였는데 그 이유는 모두 심판과 관련한다. 번제단과 물두멍이 구리로 되어 있는데 물두멍은 제사장들이 하나님을 섬기면서 성소에 들어 갈 때마다 수족을 씻는 것으로 성막에서 사용됐다(출30:17-21). 이미 정결함을 받은 사람들과 구원을 받은 사람들이 하나님께 더 가까이 나아가기 위해서는 더욱 성결함을 받는 의미를 나타낸다. 오늘날 지도자들의 모습이 이와 같아야 한다.

④ 그의 음성은 맑은 물소리 같으며(15절): 주님의 음성은 말씀으로 창조주의 음성과 같다. 다시 오실 때에도 이와 같이 새말씀으로 세상을 심판하신다는 것을 나타낸다. 이사야 9:6에 메시아의 탄생과 통치에 대하여 "이는 한 아기가 우리에게 났고 한 아들을 우리에게 주신 바 되었는데 그 어깨에는 정사를 메었고 그 이름은 기묘자라, 모사라, 전능하신 하나님이라, 평강의 왕이라 할 것임이라"고 말씀하셨다.

⑤ 그 오른손에 일곱 별이 있고(16절): 일곱 별은 일곱 교회의 사자를 뜻한다(1:20). 오른손은 힘과 영광을 나타내는데 세상의 모든 교회의 사자(목회자)가 주님의 손 안에 있다는 것을 상징한다. 사도신경에 보면 하나님의 우편에 주님이 앉아 계심으로써 그 영광을 상징한다. 이 말씀을 보면 주님과 교회의 목회자가 얼마나 가까운 사이인가를 알 수 있다. 그저 직업적인 목회를 한다면 수많은 교회를 타락시키고 수많은 영혼을 파멸의 길로 인도할 수 있다(사56:11).

⑥ 그 입에서 좌우에 날선 검이 나오고(16절): 날선 검이란 살아 있고 능력있는 하나님의 말씀이다(2:12; 히4:12). 19:15에서도 검은 "그의 입에서 이한 검이 나오니 그것으로 만국을 치겠고"하여 새말씀으로 세상의 어둠을 밝히시는 것이다.

⑦ 그 얼굴은 해가 힘있게 비취는 것 같더라(16절): 예수님은 베드로와 야고보와 그 형제 요한을 데리시고 따로 높은 산에 올라 제자들 앞에서 변형變形되셨다. 그 때에 얼굴이 해 같이 빛나며 옷이 빛과 같이 희어졌으며 모세와 엘리야가 예수님과 함께 말씀하셨다(마17:1-3). 바울도 다메섹 도상에서 해 같은 주님의 얼굴을 보았다(행26:13). 구약에서도 해 같은 얼굴은 다니엘이 힛데겔강에서 본 환상이며(단10:8) 이사야가 성전에서 만군의 여호와를 본 환상(사6:5)이다.

17절에서의 사도 요한은 이와 같은 주님의 거룩하고 눈부신 모습을 보고 엎드러져 죽은 자와 같이 됐다. 요한은 이미 나이가 80세를 지나 90세에 가까운 노인이 갑자기 영광스러운 예수님의 모습을 보자 놀라지 않을 수 없었다. 그러나 주님은 오른손으로 그에게 얹으시며 두려워 말라며 안심시키시고 세 가지의 말씀을 주셨다.

① 나는 처음이요 나중이니(17절): 주님의 영원하신 신성을 의미한다. 1:8에서도 이와 같은 의미의 말씀을 하셨지만, 22:13에서도 이와 같은 맥락으로 확인하셨다. 주님은 어제나 오늘이나 영원토록 동일하시다(히13:8). 하나님은 '나는 스스로 있는 자'(출3:14)에서 아들의 모습으로 나타나셨다(창1:27; 요1:14; 8:58; 겔1:25-28; 단7:9,10,22).

② 곧 산 자라 내가 전에 죽었노라 볼지어다 이제 세세토록 살아 있어(18절): 이 말씀이 뜻하는 것은 예수님의 육신이 십자가에 돌아가셨지만 영적으로는 영원성을 표현한다. 이와 같이 성경에서는 예수님은 어디까지나 인간적인 면을 명시한다.

즉 로마서 5:19에는 "한 사람(아담)의 순종치 아니함으로 많은 사람이 죄인된 것 같이 한 사람(예수님)의 순종하심으로 많은 사람이 의인이 되리라"고 기록되었다. 또한 고린도전서 15:21에는 "사망이 사람(아담)으로 말미암았으니 죽은 자의 부활도 사람(주님)으로 말미암는도다"라고 묘사되었다.

사도행전 17:31에서도 "이는 정하신 사람으로 하여금 천하를 공의로 심판한 날을 작정하시고"라고 하였다. 누가복음 17:26에는 "노아 때에 된 것 같이 인자의 때에도 그러하리라"는 말씀처럼 인간의 고난을 예고하셨다. 주님은 부활 후에도 영계에서 지상에 계실 때와 마찬가지로 하나님에게 기도를 하고 계신다(롬8:34).

즉 로마서 5:19에는 "한 사람(아담)의 순종치 아니함으로 많은 사람이 죄인된 것 같이 한 사람(예수님)의 순종하심으로 많은 사람이 의인이 되리라"고 기록됐다. 또한 고린도전서 15:21에는 "사망이 사람(아담)으로 말미암았으니 죽은 자의 부활도 사람(예수님)으로 말미암는도다"라고 묘사됐다.

그리고 사도행전 17:31에는 "이는 정하신 사람으로 하여금 천하를 공의로 심판한 날을 작정하시고"라고 했고, 누가복음 17:26에는 "노아 때에 된 것 같이 인자의 때에도 그러하리라"고 말씀하신 바와 같이 고난을 예고하셨다. 그러므로 예수님은 부활 후에도 영계에서 지상에 계실 때와 마찬가지로 하나님에게 기도를 하고 계신다(롬8:34).

③ 사망과 음부의 열쇠를 가졌노니(18절): '한 번 죽는 것은 사람에게 정하신 것'(히9:27)으로 비록 예수님의 육신은 십자가에 죽으셨으나 재림하실 것을 분명히 말씀하셨다(22:7,12,20; 마16:27). 예수님은 구약 시대의 믿음의 조상인 아브라함 이후 2천 년이 지난 후에 강림하셨다. 주님도 이와 같이 때가 차면 초림 때처럼 육신을 쓰시고 오셔서「사망과 음부陰府」의 두려움을 해결해 주시기 위해 인류의 구세주로 오신다.

성경에는 주님을 믿으면 멸망치 않고 영생을 얻는다는 말이 수없이 나온다. 하나님께서 주님을 이 땅에 보내시는 이유는 주님을 믿는 자마다 멸망치 않게 하려 하심이다(요3:16).

멸망이란 문자 그대로 없어지는 것을 의미하는 것이 아니다. 제7안식교와 여호와 증인에서는 멸망을 소멸로 해석하여 악인(불신자)의 영혼이 멸절(없어짐)된다고 주장한다. 그러나 성경엔 멸망한다는 것은 없어지는 것을 의미하진 않고 철저한 고통의 형벌이다. 주님을 모르는 자와 믿기를 거절하는 자에겐 형벌이 있으리라고 분명히 선언한다(살후1:8; 렘10:25). 또한 하나님을 찾지도 구하지도 않는 자에게 멸망이 임한다(습1:6).

주님께서는 "몸은 죽여도 영혼은 능히 죽이지 못하는 자(인간)들을 두려워하지 말고 오직 몸과 영혼을 능히 지옥에 멸하시는 자를 두려워하라"(마10:28)고 강력하게 경고를 하셨다. 즉 멸망이란 육신의 죽음이 아니라 영혼의 지옥형벌을 의미한다.

인류는 아담의 죄 가운데 태어나 죄 가운데 살다가 죄로 말미암아 죽게 됐다(롬5:12). 육신의 죽음 이후에는 반드시 심판이 있다(히9:27). 만약 멸망하는 것이 소멸되어 없어진다면 세상에서 죄를 짓고 죽는다고 해도 죽는 순간 잠깐의 고통만 경험하면 끝나 버리는 삶이므로 두려울 것이 없다. 이렇게 된다면 세상에서 구태여 바르게 살려고 애쓸 필요가 없다(고전 15:32-34).

성경에서 선포하는 멸망은 없어지는 것이 아니라 영원히 존재하되 형벌 받는 상태에 처해지는 것이다(막9:47-49; 눅16:22-31). 요한복음 3:16의 멸망도 영원한 형벌을 의미한다. 성경에서 이러한 상태에 대하여 구더기도 죽지 않는 곳(막9:47-49), 음부(1:18; 눅16:23), 지옥 불못(20:15; 19:20), 바깥 어두운 곳에서 슬피 울며 이를 가는 것(마22:13), 영벌(마25:46) 등으로 표현했다.

결론적으로 멸망은 지옥형벌을 의미한다. 현대에서 지옥 얘기를 하면 교양이 없고 세련되지 못한 원색적인 이야기라고 싫어한다. 그것은 바르지 못한 태도이다. 성경에 의하면 지옥의 탈옥은 정말 불가능하다(눅16:19-31). 그러나 주님의 권능으로만 옥에도 말씀을 전해 구원을 얻는다는 말씀이다(1:18; 벧전3:19; 벧후3:9; 행2:24-27).

사람이 죽은 후의 상태에 대해서 아무 관심도 갖지 않는 것은 불행한 일이다. 주님이 오신 후에 최후의 심판이 있게 된다(19:17-21; 20:7-15). 일곱 천사의 일곱 재앙이 마칠 때까지는 순교자들까지도 제단 아래에서 잠시 동안 쉬되 그 수가 차기까지 기다린다(6:9-11; 15:8).

하나님께서는 성도들을 사망의 고통과 음부에 영혼을 버리지 않으신다(행2:24-27). 주님께서 강림하실 때 그들은 부활하여(고전15:23) 그 후에 완전한 영생복락의 새 하늘과 새 땅으로 들어가게 된다(21, 22장). 음부는 하나님을 대적하고 성령을 거역한 자들이 가는 곳이다(마12:31,32).

주님의 강림으로 이루어질 최후의 심판 때는 불신자들도 부활을 하는데 지상에 재림 협조를 하여 구원을 받을 때까지는 불못과도 같은 형벌의 고통을 당하는 것이다(20:10-15; 21:8, 마11:14; 17:10). 사람이 세상에 살아있을 때 무엇을 믿고 어떻게 살았는가에 따라 사후의 상태를 결정짓는다는 것은 참으로 중요하다(홍혁기, 2012: 109~113). 따라서 인간의 죽음은 끝이 아니라 영생이든지 영벌이든지 간에 둘 중에 하나가 선택되는 시점이다. 이러한 사실을 분명히 아는 사람이야말로 복되고 지혜로운 사람이다.

19절의 말씀은 다시 한 번 요한의 사명을 확인한 것으로 계시록을 풀어가는 열쇠이다. 하나님께서 과거·현재·미래에도 계시는 영원성으로 계시는 것처럼(1:4) 계시록도 과거·현재·미래의 3등분으로 기록할 것을 명령하셨다.

첫째 '네 본 것'은 이미 요한이 지금까지 기록한 제1장의 말씀이다. 즉 하나님의 계시, 주님의 지상재림, 일곱 금촛대의 비밀, 주님의 모습, 주님의 손에 있는 일곱 별의 비밀 등이다.

둘째 '이제 있는 일'로 2장과 3장의 일곱 교회를 가리키고 있는 것이지만 2천 년 기독교 역사에 대한 하나님의 섭리적 계시로 매우 중요한 장이다. 교회에 침입한 니골라당의 교훈, 우상을 섬기고 행음한 이세벨의 교훈, 사데에 그 옷을 더럽히지 않은 몇 명, 빌라델비아의 사단의 회에서 몇 명을 주의 발 앞에 절하게 하는 일, 누구든지 문을 열면 주님이 찾을 것이라는 것 등을 통하여 하나님의 구원을 명확하게 계시하셨다.

하나님의 약속을 지켜 이긴 자에게는 생명나무의 과실을 먹게 하심(2:7), 사망의 해를 받지 아니함(2:11), 감추었던 만나와 흰 돌과 그들 위에 새 이름을 기록하심(2:17), 만국을 다스리는 권세와 새벽별을 주심(2:16-28), 흰 옷을 입으며 그 이름을 생명책에 흐리지 아니하며 내 아버지 앞과 그 천사장 앞에서 시인하심(3:5), 시험의 때를 면케 하며 하나님의 성전기둥이 되게 하고 새 이름을 그 이마 위에 기록하심(3:12), 내 보좌에 함께 앉게 하심(3:21) 등이다. 이러한 승리는 재림하신 주님만이 모든 비밀을 밝히시며 다시 예언하신다(10:11).

셋째는 '장차 될 일'로 일곱 인을 떼면서 시작되는 일곱 나팔 재앙과 일곱 대접 재앙으로 이어지는 하나님의 구원섭리에 관한 것이다. 즉 일곱 천사의 일곱 재앙이 끝난 후 신천신지에 대한 모든 내용이 된다. 사도 요한의 입장에서 보면 4장에서 22장까지의 내용은 아직 전혀 이 땅 위에서 본 적이 없는 하나님의 새 하늘과 새 땅(新天新地)이다.

20절에서 일곱 촛대는 일곱 교회로 상징하는 것으로 어둠을 밝혀 만민을 하나님의 빛 가운데로 인도(요12:36)해야 할 사명을 뜻한다. 일곱 별을 '비밀'이라고 하고 '일곱 교회의 사자'라고 했다. 일곱 인의 비밀과 일곱째 나팔의 비밀(10:7), 짐승의 비밀(17:5,7) 등으로 선지자를 빙자한 비유들이다(호12:10).

오늘날 성도들의 자세는 "진리를 알지니 진리가 너희를 자유케 하리라"(요8:32)는 말씀처럼 진리로 하나님과의 관계를 회복하여 흰보좌 심판을 통과할 때에 '참열매'로 승리하는 삶이 돼야 한다(19:9; 20:11-15; 7:3; 14:1-4; 야1:18; 창1:28).

| 제2장 |

일곱 교회에 보낸 편지 (I)

2장에서는 에베소, 서머나, 버가모, 두아디라 교회가 나온다. 일곱 교회에 말씀을 하실 때에는 언제나 여섯 가지 틀인 목적 설정, 주님의 모습, 칭찬, 책망, 권면 · 경고, 약속의 말씀을 주셨다. 일곱 교회에 대한 말씀은 장차 오실 주님에 관한 '7년 대환난'에 관한 비밀의 계시이다. 일곱 교회는 그 순서대로 지난 2천 년 교회 시대를 예언적으로 적용되고 있으며 우리들의 신앙생활에도 지침서로 삼아야 할 것이다.

<그림 2-1> 소아시아의 일곱 교회

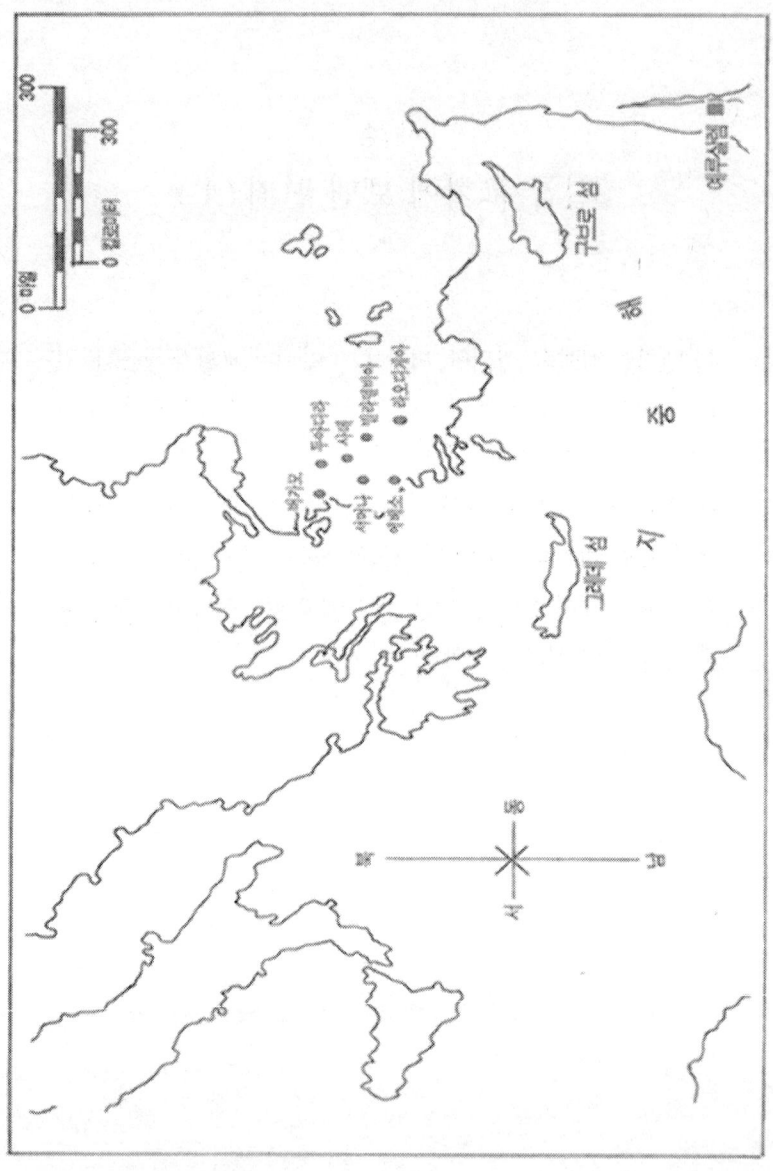

1. 에베소 교회 (2:1-7)

1) 대상

에베소는 소아시아의 항구도시로 금융의 중심지로 당대의 문화를 이끌었다. 종교적으로 에베소는 아데미(다이아나)라는 다산多産의 벌(bee) 여신을 숭배하는 중심지였다(행19:23-41). 그 여신상의 신전의 규모는 대리석으로 된 기둥이 120개나 될 정도로 컸는데 기원전 4세기경에는 세계에서 제일 큰 헬라의 신전으로 세계 7대 불가사의 중에 하나로 뽑힌다. 수천 명의 남녀 사제들이 신전에 종사하였으며 그 여사제 가운데 많은 사람들이 제식祭式에 매음으로 헌신했다.

더욱이 이곳은 서기 29년 티베리우스 황제 이후 로마와 로마의 지배자인 황제를 경배하기 위한 신전이 세워져 그들 황제 예배의 중심지가 됐다. 그런 이유로 이곳은 로마 주권 아래에 있는 여러 민족들이 자신들의 문화와 종교를 소개하는 장소였다.

이러한 환경 가운데에도 에베소 교회는 바울의 가장 성공적인 목회지의 하나로 바울의 3차 전도 여행 때에 세워졌다(서기 53~58). 바울은 이곳에 3년이란 오랜 세월 동안 목회를 했으며 전도 여행 중에도 자주 방문했던 곳이다(행19:1-23; 20:31).

바울 외에 아볼로와 디모데가 목회를 했으며 사도 요한이 말년에 사역한 중심지였다. 그러므로 다른 교회보다 훌륭한 목회자를 모시고 풍부한 성경적 지식을 배울 수 있었다. 주님의 복음이 어떤 세력 앞에서도 굴하지 않고 점차 성장해 끝내 승리하게 된다는 복음의 능력(고전1:18)을 확인한 시험장이었다. 그 결과 이곳은 예루살렘과 안디옥에 이어 제3의 기독교 중심지가 됐다. 일설에 의하면 요한은 예수의 어머니 마리아를 이

곳에 모셔 생활하다가 장사를 지냈다고 한다.

2) 주님의 모습(2:1)

> [1.]에베소 교회의 사자에게 편지하기를 오른손에 일곱 별을 붙잡고 일곱
> 금촛대 사이에 다니시는 이가 가라사대

주님은 '오른손에 일곱 별을 붙잡고 일곱 금촛대 사이에 다니시는 이'
로 자신을 에베소 교회에 알리셨다. 에베소 교회는 성장하는 동안 사업
과 인간중심으로 변질되어 외형적인 성장만 바라보고 주님께서 권능의
오른손으로 붙잡고 계신다는 사실을 잊어버렸다(1:13,16). 장차 오실 주
님께서도 항상 성도들을 당신의 주권 아래에 두시고 어떤 세력에도 파멸
되지 않도록 보호하신다(요10:28). 또한 당신의 이름으로 모인 곳에 항상
함께 계신다.

3) 칭찬(2:2, 3)

> [2.]내가 네 행위와 수고와 네 인내를 알고 또 악한 자들을 용납지 아니한
> 것과 자칭 사도라 하되 아닌 자들을 시험하여 그 거짓된 것을 네가 드러
> 낸 것과 [3.]또 네가 참고 내 이름을 위하여 견디고 게으리지 아니한 것을
> 아노라

2절에서의 주님은 에베소 교회의 성도들이 '수고'와 '인내'를 안다고
칭찬을 하셨다. 여기서 수고(헬, 코포스)는 단순한 노력의 정도가 아니
라 전력을 투구하는 성실함을 말한다(롬16:12; 고전15:10). 또한 인내
(헬, 휘포모네)란 불리한 환경에 대한 수동적인 대처가 아니라 끝내 그

환경을 변화시키는 참음과 기다림을 말한다(약1:3). 사실 그들은 그리스도를 위한 고난에 담대하게 대처하였으므로 성도들에 향한 사랑에 대하여 칭찬도 있었다(엡1:15).

둘째로, 에베소 교회에 유입된 악한 자와 거짓 선지자들에 대한 구체적인 실례는 없지만 이들에 대한 분별력 있는 통찰력과 신앙의 변질을 방지하기 위해 취한 단호함을 칭찬하셨다.

3절에서의 셋째로, 에베소 교인들이 주님을 위해 인내로 게으르지 아니한 것을 칭찬하셨다. 그들에게는 비록 황제숭배를 강요하는 로마의 탄압과 예수님의 성육신成肉身하심을 부인하는 무리들이 도전해 왔지만 이에 굴복하지 않았다. 주님께서는 오늘날 살아가는 우리들에게도 이러한 수고를 요구하신다.

6절에는 니골라당이 나오는데 그 기원은 몇 가지 설이 있지만 주로 인용되는 것은 예루살렘 교회의 니골라 집사를 따르는 무리라는 설이다(행6:5). 니골라는 처음에는 금욕주의였으나 제자의 그릇된 행위로 니골라 3세 때에 이르러서는 육체의 해방을 부르짖었다.

니골라당의 가르침은 첫째, 은혜와 복음의 시대이기 때문에 더 이상 율법과 관례에 얽매일 필요가 없다고 한다. 이것은 기독교의 자유와 불신 세계의 방종을 구분하지 못하였다.

둘째로, 니골라는 교회 안에 헬라 철학을 받아들여 사람의 영은 절대로 죄가 없고 순결하여 육신이 아무리 먹고 마시고 방탕하고 음란하여 쾌락을 추구해도 영혼에는 아무런 상관이 없다고 한다. 그러나 육신은 근본적으로 영원히 악하다는 것이다.

셋째, 예수님 안에 있는 자는 항상 예수님이 보살펴 주시기 때문에 어디서 무엇을 하든지 죄가 되지 않는다. 그 당시에는 이런 니골라당을 쫓아서 예수를 믿고 난 후에도 음란 방탕하여 타락한 교회가 많았다. 뿐만 아니라 이들은 교회를 조직화하여 교회 안에 계급제도를 만들었다. 이와 같이 니골라당은 교회 밖에 있는 불신자들보다도 더 교회를 어지럽히는 악한 자들로서 그 당시의 기독교인들이 제일 경계해야 했던 대상이었다.

4) 책망(2:4)

> ^{4.}그러나 너를 책망할 것이 있나니 너의 처음 사랑을 버렸느니라

주님은 칭찬을 하신 후에 '처음 사랑을 너희가 버렸도다'라고 날카롭게 에베소 교회를 책망하셨다. 여기서 처음 사랑이란 에베소 교인들이 서로를 위해 가졌던 본래의 기독교 사랑(행20:30; 엡1:15)을 뜻한다. 동시에 새신부와 새신랑과의 불타는 사랑과 같은 주님에 대한 내적인 헌신을 의미한다(렘2:2-13). 그런데 주님과 맺은 아무리 헌신적인 사랑이라고 해도 적극적인 봉사 중에도 잃어버릴 수 있다. 교회가 너무 많은 사업을 벌여 바쁘게 되고 봉사와 희생에 따른 수고를 인내하다 보니 그만 주님을 잃고 나면 남는 것은 형식과 의무뿐이었다.

5) 권면과 경고(2:5)

> ^{5.}그러므로 어디서 떨어진 것을 생각하고 회개하여 처음 행위를 가지라
> 만일 그리하지 아니하고 회개치 아니하면 내가 네게 임하여 네 촛대를
> 그 자리에서 옮기리라

주님께서는 에베소 교회의 단점을 지적하신 후 곧바로 어디서 떨어진 것인지를 생각하고 회개하여 처음 행위를 가지라는 말씀으로 문제 해결의 방법을 제시하셨다.

첫째, '생각하라'는 것이다. 현재의 상황과 과거의 뜨거웠던 사랑과 헌신과 열정을 비교하라는 말씀이다. 예수님께서는 표적과 이적기사가 아니면 믿지 않는 것을 힐책하셨다(요4:48).

둘째, '회개하라'는 것이다. 이것은 하나님 앞에 겸손하며 잘못이 전적으로 자기에게 있음을 고백하고 슬퍼하는 것이다. 이 회개는 즉각적이고 한 번에 이루어지는 결단이다(삼상26:21; 눅15:18-24)

셋째, '처음 행위를 가지라'는 것이다. 회개의 참된 증거는 변화된 행동이요 삶이다(눅15:20; 마3:8). 그들이 만약 돌이키지 않는다면 주의 재림 때에 촛대를 옮기실 것이라고 경고하셨다.

6) 약속(2:6, 7)

> 6.오직 네게 이것이 있으니 네가 니골라당의 행위를 미워하는도다 나도 이것을 미워하노라 7.귀 있는 자는 성령이 교회에 하시는 말씀을 들을지어다 이기는 그에게는 내가 하나님의 낙원에 있는 생명나무의 과실을 주어먹게 하리라

주님은 에베소 교회가 처음 사랑을 되찾으면 두 가지 복을 주겠다고 약속하셨다. 첫째로, 낙원을 주겠다고 약속하셨다. 이 낙원은 아담과 해와가 살던 그 에덴동산과는 비교될 수 없는 곳인 하나님의 나라이다. 둘째로, 생명과를 주겠다는 약속인데 타락한 인간에게는 생명나무 앞으로 나아가는 것이 최고의 소망이다.

따라서 구약 시대 인간들의 소망(잠13:12)이나 신약 시대의 인간들의 소망(22:14)도 한결같이 생명나무 앞으로 나아가는 것이었다. 잠언서 11:30에 "의인의 열매는 생명나무라 지혜로운 자는 사람을 얻느니라"라는 말씀에서도 구약 시대 인간들의 소망으로 있는 생명나무는 곧 주님을 지

칭하는 것이다(벧전1:3,4). 주님은 자신을 천국이라고 하셨다(마13:24).

천국은 작은 씨가 뿌려져 큰 나무가 될 때에 새들이 와서 깃들이는 것이며 여자가 가루 서 말 속에 갖다 넣어 전부 부풀게 한 누룩과 같은 것이라고 하셨다(마13:31-33). 곧 하나님의 씨는 말씀이며 사람의 마음은 밭과 같은 것이다(고전3:9; 요1:1-4; 눅8:10,11).

그런데 에베소 교회는 회개치 않았고 그 결과 서기 262년에 다이아나 신전과 에베소 전 시가는 폐허가 됐다. 이 후에도 에베소는 처음의 영광을 회복하지 못하고 지금은 갈대가 무성한 늪지대로 남아 있을 뿐이다.

7) 상징: 초대교회

에베소 교회는 예언적으로 볼 때, 예수님의 공생애 기간을 포함한 약 100년까지 정도의 초대교회 시대를 상징한다. 에베소라는 단어를 영어로 뜻을 풀이해 보면 사랑이 없고 형식과 의식만 남은 상태이다(To relex or let go).

실제적으로 서기 33년부터 시작된 그리스도의 교회, 즉 예수님께서 승천하신 후 성령의 불이 활활 타오르던 그 교회들은 점점 처음 사랑을 잃어버렸다. 그리하여 사도 요한이 편지를 쓴 뒤의 서기 100년에 이르렀을 때는 완전히 형식적 교회가 되어 버렸다. 사랑이 식은 교회가 회개하고 돌아오지 않으면 그에 대한 답은 반드시 채찍으로 돌아온다. 다음에 나오는 서머나 교회는 박해를 받는 교회 시대를 상징한다는 뜻이다.

2. 서머나 교회 (2:8-11)

1) 대상

에베소 북쪽 80km 지점에 있는 서머나는 인구 20여 만의 아름답고 훌륭한 해안 도시였다. 호머Homer의 출생지로 알려진 이곳은 바다가 육지 안으로 들어와 아름다운 호수로 연상케 한다. 서머나는 로마와 인도와 페르샤로 가는 교통의 중심지였기 때문에 무역, 과학, 의술이 발달하여 부유한 도시였다.

이곳에는 제우스를 섬기는 제단이 있었으며 로마제국이 형성되면서부터는 황제숭배의 중심지가 됐다. 그 결과 서머나는 자유도시로서의 특권을 누릴 수 있었다. 당시 로마제국의 편제에 들어가면 황제숭배를 거부하는 기독교인들에게는 50%의 이자利子를 매기고 순응하는 일반 시민들에게는 1%의 이자만을 매겼다. 2~3세기에는 기독교에 헌신한다는 것은 정부의 권위에 부인한다는 의미이다. 그 뿐만이 아니라 육체적으로 잔인한 폭력을 가했는데 그 기간이 무려 300년이 넘었으니 신앙 하나로 견뎌내기는 너무 큰 아픔이었다(래리 허타도, 2010: 1,046).

서머나에는 종교의 집산지로써 유대인들이 많이 살고 있었다. 그들은 서머나 도시의 발전을 위해 1만 데나리온(1데나리온은 일반노동자의 일당)을 헌납할 정도로 밀착해 있었으나 서머나에 있는 기독교를 박해하는데는 선봉에 섰다. 로마제국을 충동질하여 황제숭배를 거부한다는 이유로 기독교인들을 처형할 동기를 제공했다.

2) 주님의 모습(2:8)

> 8.서머나 교회의 사자에게 편지하기를 처음이요 나중이요 죽었다가 살
> 아나신 이가 가라사대 9.내가 네 환난과 궁핍을 아노니 실상은 네가 부요
> 한 자니라 자칭 유대인이라 하는 자들의 훼방도 아노니 실상은 유대인
> 이 아니요 사단의 회라

주님은 서머나 교회에 대하여 '처음이요 나중'이라는 말은 1:17,18을
다시 말씀한 것으로 동족으로부터 모진 핍박을 받고 있지만 그들이 섬
기는 분이야말로 역사의 주인이시고 창조주이심을 각인시켰다. 또한 '죽
었다가 살아나신'이란 표현은 투옥과 사형을 앞둔 이들에게 부활의 아
침을 소망하게 하여 확신을 갖게 한다.

9절에서 '사단의 회會'는 3:9에도 나오는데 그 뜻은 자신들을 '여호와의
총회'(민16:3; 20:4; 31:16)라고 자부하던 유대인들을 비꼬아 한 말이다.
또한 유대인들이 사탄의 사주를 받아 복음과 교회를 핍박한 사실을 강조
한 말이다(요8:44). 유대인들은 자신들이 하나님과 언약을 맺은 아브라
함의 후손임을 자처하면서 로마제국과 밀착하여 기독교인들을 거짓으
로 고발하고 사형장으로 끌어냈다(행13:50; 14:2, 5, 19; 17:5).

사탄이라는 명칭에 대하여 신약성경에서는 33번, 마귀라는 명칭은 32
번 나온다. 구약에서는 사탄이라는 명칭으로만 나온다. 1장에서 천사가
실제로 존재하듯이 사탄도 실제로 존재하는 것이다.

(1) 구약성경에서의 사탄

구약성경에 나타난 사탄의 존재는 비난자(accuser), 훼방꾼(obstructer)
이다. 사탄의 위치는 원래 천사장(흔히 루시엘)이었으나 하나님의 말씀

을 어기고 해와를 유혹함으로써 타락한 존재이다(창3:1-13). 그로 인하여 천사장이었던 사탄은 하늘에서 쫓겨난 저주받은 존재였다.

사탄은 노아 시대에 사람들에게 부패성을 심어놓았고(창6:10-12), 보디발의 아내를 충동해서 요셉을 유혹하게 했다(창39:7). 하나님께서 죄가 없다고 인정한 욥에게서 하나님의 허락을 얻어내어 욥을 큰 곤경에 빠뜨릴 정도로 간교하고 집요하다. 다윗을 충동해서 사람을 이간하고 서로 범죄를 하게 할 정도이다(욥1,2장; 슥3:1,2; 역상21:1).

(2) 신약성경에서의 사탄

신약성경에서 사탄은 더욱 구체적으로 그 정체를 드러낸다. 하나님의 아들이 사람으로 오셔서 모습을 드러내셨듯이 사탄도 분명하고 확실하게 실체를 드러낸다. 신약성경에 나오는 사탄은 시험하는 자(마4:3; 살전3:5), 악한 자(마13:19; 요일5:18), 참소하는 자(12:10), 원수(마13:39; 눅10:19), 마귀(벧전5:8), 마귀의 왕(마9:34; 12:24; 막3:22; 눅11:15), 세상통치자(요11:31; 16:11), 공중권세 잡은 자(엡2:2), 어둠의 세상 주관자(엡6:12), 벨리알(거짓군주, 고후6:15), 바알세불(마귀두목, 마10:25; 23:24, 27; 막3:22; 눅11:15,18,19), 붉은 용(12:9), 온 천하를 꾀는 자(12:9) 등으로 모두 사탄들의 다른 명칭들이다.

신약에서 묘사된 사탄이 하는 일을 보면 사람들 속에 들어가 악한 행위와 정욕을 가지게 한다(눅23:3,31; 요13:27; 행5:3; 고전7:5). 또한 하나님의 말씀을 듣지 못하고 깨닫지 못하고 믿지 못하고 순종하지 못하도록 사람의 마음을 가로막고 훼방한다(마13:19; 막4:15; 계2:9; 3:9).

그 뿐만이 아니라 알곡(참성도)이 아닌 가라지(거짓성도)가 되게 하고(마13:25,26), 복음전도를 방해하고(살전2:18), 하나님과 빛(주님)의 원수이며(행26:18), 그럼에도 빛의 사자로 위장하며(고후11:18), 거짓말하는 사람의 아비(근원)이며, 처음부터 살인한 자며(요8:44), 세상에 죽음을 가져왔으며(히2:14), 육체의 고통을 일으킨다(눅13:16; 고전5:5; 딤전1:20). 이와 같은 일로 인하여 끊임없이 하나님과 주님을 대적하고 그의 성도를 대적하는 일을 목적으로 삼고 있다(12:3-9).

사탄의 특성은 교만과 거짓으로써 그는 감히 하나님을 라이벌로 여길 만큼 하나님의 자리를 탐내며 영계에서 전쟁을 일으켜 쫓겨났다. 그러나 그들은 회개를 하지 않고 여전히 사람들로부터 하나님 대신 자신이 영광을 받으려고 속여 우상숭배를 조장하며 우상의 배후에서 역사를 하고 있다(13:1-18).

사탄의 궁극적인 목적은 하나님의 나라를 파괴시켜 실패하게 하여 지상과 천상을 지배하는 데 있다는 것을 분명히 인식하고 있어야 할 것이다.

(3) 사탄의 한계

사탄은 모든 인류가 자기와 함께 운명을 같이하는데 있으며 사탄의 추종자들(귀신들, 우상숭배자들, 거짓 교사, 거짓 선지자, 불신자 등)과 함께 한 사람이라도 자신과 함께 운명을 같이 하기 위하여 물귀신처럼 물고 늘어지는 특성이 있다(막13:22).

성경에 묘사된 사탄의 권세는 꾀는 대단하여 불가능한 일이 없어 보인다. 그러므로 우주 질서를 교란하고 하나님을 대적하여 하나님의 보좌를 욕심내기조차 했던 것이다.

그러나 사탄이 아무리 발버둥을 쳐도 하나님의 권세 아래에서 벗어날 수가 없다. 하나님은 오히려 사탄의 맹렬하고 사악한 활동을 통해서 그것을 하나님의 뜻을 이루는 도구와 방편으로 삼으신다(17:17). 따라서 하나님의 권세와 활동은 제한되는 것이 없지만 사탄의 권세와 활동은 제한 될 수밖에 없다(욥 1,2장).

궁극적으로 사탄은 하나님의 도구에 불과하다. 사탄의 활동을 통해서 하나님께서는 죄악이 관영한 이 세상을 징계도 하시고 심판도 하시고 신자들의 신앙의 진위를 시험하기도 하시며 단련시키기도 하시며 하나님의 뜻을 이루어 나가신다. 이처럼 신구약 성경 전체에서 사탄이 존재한다는 것은 명확하다. 사탄의 특성과 목적을 잘 안다면 사탄의 유혹과 공격을 물리치는 일에 그만큼 유리한 점이 많다(홍혁기, 2012: 403~405). 우리들은 일상생활에서 사탄이 어떻게 행동하며 그 목적이 무엇인지를 분명히 깨달아야 한다. 사탄은 분명히 존재하고 그들은 전체의 공공성을 파괴하며 성도를 파멸로 몰아간다.

3) 칭찬(2:9)

9내가 네 환난과 궁핍을 아나니 실상은 네가 부요한 자니라 자칭 유대인 이라 하는 자들의 훼방도 아노니 실상은 유대인이 아니요 사단의 회라

9절에서의 주님께서 환난과 핍박을 당하는 서머나 교회에 대하여 '네가 부요한 자니라'고 하신 말씀은 곧 영적으로 부요한 자를 의미한다. 당시 서머나 도시는 황제숭배의 중심지로 누구든지 황제를 신으로 숭배하지 않으면 죽임을 당했다.

특히 유대인들은 유일신 여호와 하나님을 믿었기 때문에 많이 처형을 당했는데 유대인들은 '저들도 유일신을 믿는다'고 훼방하여 기독교인들을 사형장으로 끌고 들어갔다. 그리하여 동족의 고발로 서머나 교인들을 많이 처형하게 됐는데 주님께서는 유대인이 그렇게 한 것이 아니고 그

배후에는 마귀 사탄이 조종한 것이라고 하셨다(10절).

이 마귀는 사실상 그 실체가 로마제국은 물론이요, 그 앞잡이 노릇을 한 기독교인들을 박해했던 유대인도 포함된다. 그 당시의 로마의 '옥'이란 심문과 고문을 위한 장소라기보다는 사형 대기장으로서의 역할을 담당했다. 그러므로 '옥에 던진다'는 것은 죽게 만든다는 완벽한 표현이다. 주님은 서머나 교인들이 이러한 죽음을 눈앞에 두고서도 유대인들의 훼방을 받았으나 그것도 이겨냈다고 칭찬을 하셨다.

4) 책망

서머나 교회와 빌라델비아 교회만은 주님의 책망이 없다. 전자는 큰 환난을 당하는 교회였으며 후자는 전도로 부흥한 교회였다.

5) 권면과 경고(2:10)

[10]네가 장차 받을 고난을 두려워 말라 볼지어다 마귀가 장차 너희 가운데서 옆 사람을 옥에 던져 시험을 받게 하리니 너희가 십일 동안 환난을 받으리라 네가 죽도록 충성하라

주님께서는 이미 서머나 교회의 순교를 예고하셨다. 왜냐하면 '죽도록 충성하라'는 말은 '신실한 자로 굳게 서라', '생명이 빼앗기는 순간에 이른다 하더라도 충성하라'는 말씀이 있기 때문이다(빌2:8). '시험을 받게 하리니'는 구약에서의 욥에 대한 시험처럼 서머나 교회의 당신께 대한 충성의 현주소를 알아보기 위해서였다. 주님께서 모든 것을 다 보장해 놓으심으로 우리도 죽든지 살든지 충성을 하기만 하면 우리를 지켜주신다.

서머나 교회에 대해 '열흘 동안 환난을 받으리라'의 뜻은 문자적 열흘

이 아닌 일정한 환난기를 상징하는 것으로 로마제국의 10대代에 이르는 황제들이 교회를 잔인하게 핍박한 사실과 일치한다(11:7−9; 12:3). 우리는 서머나 교회가 다음과 같이 열 명의 황제로부터 핍박과 박해를 받은 내용을 잘 기억해야 할 것이다(강병도, 1987a: 318~319; 조용기, 2003: 37~41).

첫 번째 박해자는 서기 37~68년까지 로마를 다스렸던 유명한 '네로 황제'이다. 그는 서기 67년에 예수님의 수제자이며 초대교회의 기둥인 사도 베드로를 잡아서 십자가에 거꾸로 매달았으며 서기 68년에는 사도 바울도 잡혀서 원형 극장에서 죽였다.

두 번째 박해자는 서기 81~96년까지 16년간 핍박한 자칭 '주피터신 神'이라는 도미티안 황제이다. 그는 자기를 신이라고 섬기게 하며 경배하라고 했다. 사도 요한은 이때에 잡혀 기름 가마에 던져졌으나 타 죽지 않고 밧모섬에 유배시켜 요한계시록을 기록하게 됐다.

세 번째 박해자는 서기 98~117년까지 20년간 신앙을 불법화하고 핍박한 트라잔 황제이다. 이때에 베드로 수제자인 이그나티우스가 사자에게 찢겨 순교를 당했다.

네 번째 박해자는 서기 161~180년까지 왕위에 있던 오렐리우스 황제이다. 그는 옛 로마의 부활을 부르짖으며 기독교를 박해했다. 이 시기에 폴리캅과 순교자의 대명사로 불리는 저스틴이 순교를 당했다.

다섯 번째 박해자는 서기 202~211년까지 제위에 있던 셉티머스 세브러스 황제로 신앙금지 칙령을 내리고 아프리카 지역의 위대한 신학자 오리겐의 부친을 처형시켰다.

여섯 번째 박해자는 서기 235~237년까지 제위에 있던 맥시므스 황제로 기독교인들을 무더기로 처형하여 50~60명씩을 합장시킨 잔인한 폭군이었다.

일곱째 박해자는 데시우스 황제로 서기 249~253년까지 전국에서 조직적으로 기독교의 뿌리를 뽑아버리겠다고 무섭게 핍박했다. 그야말로 최악의 박해를 하였으나 다행히 하나님께서 그의 영혼을 일찍 거두어 가셨다.

여덟 번째 박해자는 서기 257~260년까지 핍박한 발레시안 황제로 이때에 칼타고의 감독이며 당대 최고의 저술가인 시프리안이 순교를 당하였다.

아홉 번째 박해자는 서기 270~275년까지의 오렐리안 황제였다. 그는 기독교인에게 모진 고문과 학대로 유명하다.

마지막 열 번째 박해자는 서기 303~312년까지의 디오클레시안 황제였다. 그는 모든 성경을 압수하여 교회와 함께 불을 태웠다. 조직적으로 철저하게 기독교를 박해하여 로마에서는 더 이상 기독교인을 찾아 볼 수 없었다. 이에 만족한 그는 '기독교 박멸 성공 기념비'를 세웠지만 그가 죽고 난 뒤 25년 만에 로마는 기독교를 공인하게 되었다. 디오클레티아누스의 황제 퇴위 후, 콘스탄티누스 황제(재위 306~337)는 로마 제국의 혼란을 수습하고 로마 제국을 재통일시켰으며, 로마제국의 수도를 콘스탄티노폴리스로 옮겼다. 그리고 밀라노 칙령으로 그리스도교 신앙을 공인(313년)한 황제로서도 유명하다(출처: 두산백과).

기독교는 결코 망하지 않았으며 서머나 교회에서 예언한 '10일 동안 환난을 받으리라'는 말씀이 성취되었으며 기독교 천년왕국을 만드는 초석이 됐다(20:3-6). 여기서도 알 수 있는 바와 같이 하나님의 구원섭리는 먼저 사탄에게 제물로 내어주고 다시 회복해 주시는 탕감법칙이 적용됐다.

6) 약속 (2:10, 11)

10b.그리하면 내가 생명의 면류관을 네게 주리라 11.귀 있는 자는 성령이
교회들에게 하시는 말씀을 들을 지어다 이기는 자는 둘째 사망의 해를
받지 아니하리라

충성에 대한 주님의 요구에 흡족하게 응답한 자들에게 '생명의 면류관'
곧 '생명'과 '면류관'을 제공하신다. 또한 주님께 충성한 자들은 하나님의
영원한 백성이 되기 때문에 둘째 사망을 맛보지 않을 것이다(20:14; 21:8).

7) 상징: 로마제국 박해

서머나 교회는 서기 초대교회 이후부터 400년까지 있었던 로마제국
박해 시대를 상징한다. 콘스탄티누스 황제가 기독교를 공인한 것이 서기
313년의 밀라노 칙령이었고, 테오도시우스 1세가 기독교를 국교國教로
정한 것이 서기 392년이었다. 테오도시우스 황제는 스스로 황제와 하늘
의 제사장, 즉 교황을 겸했다. 그의 기독교 국교화는 황제의 정치적 목적
이 컸다. 당시 로마 군대가 강력했던 것은 믿음이 굳건한 기독교도들이
군대의 다수를 이뤘기 때문이다.

이들은 전투력이 뛰어났고 상명하복이 철저했으며 교황을 섬겼다. 로
마 황제가 교황을 겸하게 된 주된 배경이다. 이후 동·서 로마제국이 분
리되고 종교와 국교가 분리되면서 교황이 독자적 세력을 갖게 되면서 중
세에 들어와 교황이 막강한 권력을 갖게 되었다. 교황의 공식적인 호칭
은 '교황성하教皇聖下', '거룩한 아버지'와 같은 것이다(호르스트 푸어만,
2013: 31).

그러나 서머나 교회 시대가 교회사적으로 볼 때도 기독교 역사상 가

장 극심한 핍박과 환난으로 기록되므로 '로마제국 박해 시대'를 표상하고 있다. 서머나 교회의 순교로 버거모 교회 시대를 맞이했으나 여전히 우상을 버리지 못했다.

3. 버가모 교회(2:12-17)

1) 대상

내륙 도시 버가모는 서머나 북쪽 약 104km되는 비옥한 카이쿠스Caicus 강 연변에 위치했다. 버가모는 당시 소아시아의 수도였으며 정치권력, 이방신숭배, 그리고 학문의 중심지로써 화려한 도시였다.

버가모에서 유명한 신은 에스쿨라피우스Aesculapius라고 불리는 뱀의 형상으로 된 약의 신이다. 버가모인들은 신전에 살아있는 독사를 갖다놓고 그것에 절을 했다. 이곳은 제우스 신전도 있지만 황제숭배가 심해 모든 시민은 일 년에 한 번은 의무적으로 황제의 신 앞에 분향을 해야 했다.

또한 버가모는 바벨론 종교의 본거지로 창세기 10:8-14를 보면 니므롯 왕이 구舊 바벨론을 세웠던 곳이다. 그 당시 니므롯이 큰 사냥꾼으로서 백성들을 다스리자 노아 홍수 이후로 모든 사람들이 그가 곧 메시아인 줄 알았다. 그러나 그가 비극적으로 죽자 그의 아내 세미라미스가 그를 이용하여 종교를 만들었다.

세미라미스는 자기 남편인 니므롯을 아들처럼 자기가 품에 안고 있는 모습을 그림으로 그렸다. 그리고 자기를 성모聖母인 것처럼 나타내어 자기를 통하여 구세주가 나온 것처럼 종교를 만들고 제도화한 것이다.

이후 바벨론 종교는 로마로 진출하였으며 로마제국은 이 종교를 섬기며 육성했다. 그 이유는 당시 많은 백성들이 이 종교를 섬겼기 때문에 정치적으로 이용할 목적도 있었기 때문이다. 로마 백성들이 이 종교를 통해서 모마 황제를 숭배하고 분향했던 것이다. 로마는 황제숭배를 통해 제국의 단일화를 획책했는데 1년에 한 번은 황제 신상 앞에 분향하고 '가이사Caesar는 주主라'는 선서를 하고 증서를 받아가게 했다.

이러한 내용을 갖고 있는 버가모에 대해 주님은 '사단의 위位'가 있는 곳이라고 책망할 만큼 불건전하여 하나님을 떠난 곳이라고 하셨다. 하나님이 떠난 후의 풍요는 오히려 더 절망적이다(눅15:15–21).

한편 교회 내에서도 물질적 사상적 풍요를 누리고 있던 세상의 영향을 받아 합리주의 내지는 적당주의 사상이 팽배했으며 그것을 기회로 '니골라당'과 같은 이단들이 활개를 치게 됐다.

2) 주님의 모습(2:12)

¹²·버가모 교회의 사자에게 편지하기를 좌우에 날선 검을 가진 이가 가라사대

주님은 자신을 '좌우에 날선 검을 가진 이'라고 계시하셨다. 이는 1:16의 내용을 다시 말씀한 것으로 공의와 권위와 강력함을 지닌 말씀 심판의 모습을 강조하셨다.

사실 당시의 교회가 로마의 국교로 인정됐지만 바벨론 종교의 영향을 많이 받았다. 즉 예수님보다 성모 마리아를 더 위하고 마리아를 통하여만 예수님께 나갈 수 있다는 비성경적 교리를 가지고 있었기 때문에 주님은 말씀의 검을 가지고 오셨다. 제도적으로 볼 때 성모가 성자를 안고 있는 상태는 사실은 바벨론 종교와 혼합했다는 점을 완전히 부정할 수 없다.

3) 칭찬 (2:13)

> ¹³네가 어디 사는 것을 내가 아노니 거기는 사단의 위가 있는 데라 네가 내 이름을 굳게 잡아서 내 충성된 증인 안디바가 너희 가운데 곧 사단의 거하는 곳에서 죽임을 당할 때에도 나를 믿는 믿음을 저버리지 아니하였도다

버가모는 인내하는 교회의 대표적 모형이다. 버가모 교인들은 '사단의 위位가 있는 데' 산다고 함으로써 이방신과 황제숭배의 중심에 있다. 당시에 그들은 사탄의 득세에도 불구하고 주님을 떠나지 않았다.

여기서 '굳게 잡아서'라는 말은 어느 한 부분만 잡은 것이 아니라 한 치의 빈틈도 없이 전인격으로 주님을 잡았다(마14:3; 18:29). 그 대표적인 예로 별로 알려진 바 없는 순교자 안디바가 있다. 주님은 그를 '내 충성된 증인'이라는 이름을 주셨다. 여기서 증인(헬, 마르투스)이란 순교자의 의미를 지니고 있다.

4) 책망 (2:14, 15)

> ¹⁴그러나 네게 두어 가지 책망할 것이 있나니 거기 네게 발람의 교훈을 지키는 자들이 있도다 발람이 발락을 가르쳐 이스라엘 앞에 올무를 놓아 우상의 제물을 먹게 하였고 또 행음하게 하였느니라 ¹⁵이와 같이 네게도 니골라당의 교훈을 지키는 자들이 있도다

버가모 교회는 주님이 '내 충성된 증인'이라고 칭찬을 받을 정도였다. 그러나 바벨론 종교와 혼합되어 영적인 음행을 하며 니골라당의 교훈을 쫓아 세상과 타협하고 향락을 즐김으로써 책망을 받게 됐다.

주님은 버가모 교회를 향하여 '너희가 발람의 교훈을 받는다'고 책망하

섰다. 발람의 교훈이란 옛날 이스라엘 백성들이 출애굽하여 가나안 땅으로 들어갈 때, 모압 왕 발락이 선지자 발람을 불러서 이스라엘을 저주하라고 부탁한다(민22:1-6).

선지자 발람은 유명한 점술가이자 예언자로서 하나님의 신이 함께 한 자였다(민24:1,2). 그러나 발람은 돈에 눈이 어두워 모압 왕 발락과 모사하기를 '음란으로 유혹하면 저들을 멸할 수 있다'고 했다.

이 말을 들은 모압 왕은 아름다운 여인을 데려다가 음란한 춤으로 이스라엘 남자들을 유혹했다. 이 유혹에 빠진 이스라엘 남자들은 모압 여자들과 음행하고 우상에게 절을 하여 하나님의 심판을 받아 하루에 2, 3천 명이 죽었다. 그러므로 '발람의 교회'는 당시의 버가모 교회를 상징하는 기독교가 바벨론 종교와 합하여 영적인 음행을 범했다는 뜻이다.

5) 권면과 경고(2:16)

> [16.]그러므로 회개하라 그리하지 아니하면 내가 네게 속히 임하여 내 입의 검으로 그들과 싸우리라

주님은 버가모 교회를 향하여 회개하라고 하셨다. 그렇지 않으면 내가 네게 속히 임하여 내 입의 검으로 그들과 싸우리라고 권면하셨다. 하나님께서는 초대교회의 수많은 피의 희생으로 산 버가모 교회가 사탄의 사슬에 이끌려 깊은 수렁덩이 빠져가는 것을 지켜볼 수 없었다.

6) 약속(2:17)

> [17.]귀 있는 자는 성령이 교회에게 하시는 말씀을 들을지어다 이기는 그에게는 내가 감추었던 만나를 주고 또 흰 돌을 줄 터인데 그 돌 위에 새 이

름을 기록한 것이 있나니 받는 자 밖에는 그 이름을 알 사람이 없느니라

주님은 승리하는 자에게 세 가지를 약속하셨다. 첫째는 하늘의 만나이며, 둘째는 흰 돌이다. 만나란 하늘의 떡을 말한다(출16:11-15). '감추었던 만나'(17절)는 모세가 언약궤에 감추었던 만나를 회상케 하지만 새언약의 말씀이다(14:3; 15:3; 출16:33,34; 히9:14).

유대 묵시 문학서들(바룩2서29:8; 마카비아2:4-6; 시빌의 신탁서7:149)에서는 바벨론 침공 때(기원전 586) 예레미야 선지자는 감추어졌던 만나가 메시아가 오시는 시기에 맞추어 다시 높은 곳에서부터 내린다고 하였다.

여하튼 이방신들의 타락한 연회를 거절하고 신앙의 절개를 지킨 자들에게는 첫째로, 주님께서 그 나라에 영원한 생명의 대잔치를 베풀고 거기서 만나를 주실 약속을 하셨다. 요한복음 6:47-58에도 주님이 바로 하늘에서 내려온 산 떡이라고 하셨는데 주님만이 영생의 길이요 승리할 수 있는 길임을 뜻한다.

둘째로, 흰 돌이란 고대 법정의 관습을 말하는 것으로 당시 배심원들이 무죄판결을 내렸을 때는 흰 돌을, 유죄판결을 내렸을 때는 검은 돌을 항아리에서 꺼냈다. 모세 때는 석판에 법을 새겼으나(출31:18) 새언약(눅22:20)이 성취되는 재림 시대에는 마음에 법을 새긴다(히8:7-13). 약속을 지키면 주님을 상징하는 흰 돌(벧전2:4; 단7:35)을 주신다고 하셨다. 버가모 교회시대 다음에 올 기독교 왕국 시대를 예언하신 것이다. 자기 행위에 따라 심판을 받으며(20:12) 주님이 하신 그 말씀이 심판을 한다(요12:48).

셋째로, 흰 돌 위에 새 이름을 기록한 것이 있나니 받는 자 밖에는 그 이름을 알 사람이 없다고 하셨다. 즉, 고난의 길은 알아주는 사람이 없

으나 거룩한 성 예루살렘이 완성되는 날에 그 영광이 만천하에 드러난
다(21:14).

7) 상징: 교구장제 시대

버가모 교회는 서기 401~800년의 기간 동안의 교구장제 기독교 교회
시대를 상징한다. 이 기간은 기독교가 로마제국의 국교로 공인된 후 서기
800년 카알 대제(742?~814, 카롤링거 왕조 프랑크 왕국의 2대 국왕)가
즉위할 때까지 교구장教區長에 의해 영도되었던 교구장제 400년의 기독
교 교회 시대를 말한다.

사실 콘스탄티누스 황제가 기독교를 공인은 했지만 교회와 정치를 혼
합시킴으로 기독교를 정치적으로 이용했다. 버가모란 말의 의미는 영어
로 Marriage, 즉 결혼이라는 의미인데 그 의미대로의 현상이 일어났다.

더욱이 다마스커스 감독은 교회와 바벨론 종교를 혼합해 서로 결혼 시
켜놓았다. 결국 기독교와 정치의 결혼, 기독교와 이단 종교와의 결혼은 로
마제국을 통일하고 더욱 국권을 강화시키고자 하는 술책에 이용됐다.

당시 교구장제 기독교 교회 시대 400년 기간의 교회는 '세미라미스'를
'성모 마리아'로 이름만 바꾸었을 뿐이다. 즉 국교로 인정받은 교회가 바
벨론 종교의 여신인 세미라미스에게 절하는 것과 같이 영적 간음과 발람
교훈으로 범죄를 하였다. 이러함에도 불구하고 안디바와 같은 순교자의
제물로 말미암아 '기독교 왕국 시대'를 상징하는 두아디라 교회 시대를 맞
이했다.

4. 두아디라 교회(2:18-29)

1) 대상

두아디라는 버가모로부터 동쪽으로 약 72km 내륙에 위치한 상업상의 요충지요 공업도시였다. 이곳은 버가모와 사데를 연결하는 대로상에 있으며 이 길은 동남으로는 빌라델비아, 라오디게아까지 이르며 서쪽으로는 서머나, 비잔틴에 이르렀다.

특히 로마의 아시아도의 수도인 버가모의 관문 역할을 했던 이곳은 비록 소도시였지만 양모, 세마포, 의류, 염료, 피혁제품, 제혁업 및 훌륭한 청동제품을 취급했다. 이러한 상업과 관련하여 무역조합 및 노동조합이 널리 형성됐다.

사도행전 16:14에 유럽 최초의 개종자 루디아가 이곳 두아디라 교회에서 나왔는데 그녀는 '터어키 레드'라는 자주빛 물감을 들인 옷장수였는데 신앙의 정절을 지킨다는 것은 염색 동업 조합원을 탈퇴해야 하는 엄청난 결단이었다.

2) 주님의 모습(2:18)

> 18.두아디라 교회의 사자에게 편지하기를 그 눈이 불꽃같고 그 발이 빛난 주석과 같은 하나님의 아들이 가라사대

주님은 자신을 1:14, 15에서 계시된 장면과 동일한 표현으로써 주님의 통찰력과 결렬한 심판을 강조하셨다. 교회가 세상의 권세까지 잡았지만 늘 제사에만 치중하고 순수한 신앙이 타락되고 바벨론 종교와 혼합하여 영적인 음행을 일삼았다. 따라서 하나님께서는 이러한 음행을 일삼는 두

아디라 교회에 대하여 불꽃같은 눈으로 살피시며 주석 같은 발로 심판하시기 위해 오신다.

3) 칭찬(2:19)

> ^{19.}내가 네 사업과 사랑과 믿음과 섬김과 인내를 아노니 네 나중 행위가 처음 것보다 많도다

주님은 두아디라 교회의 '사업'과 '사랑'과 '섬김'과 '인내'를 아신다. 여기서 '사업'(헬, 엘가)이란 모든 제반 행동을 뜻하는 말로 본 절에서 연이어 나오는 사랑, 믿음, 섬김, 인내를 통틀어 말한다.

첫째, '사랑'(헬, 아가페)이란 모든 기독교인들의 삶의 규범으로 교회 공동체에서 없어서는 안 될 요소이다(고전12:31 - 13:3).

둘째, '믿음'이란 그 당시 불신과 이단의 험한 파도 속에서도 굳건히 살 수 있었던 힘이다. 기독교인의 모든 행동은 이 믿음의 기초 위에 이루어진다(롬1:17).

셋째, '섬김'은 사랑의 구체적인 표현으로써 남을 나보다 낮게 여기는 행위이며 동시에 남의 필요를 채워 주는 성실함이다(고전16:15).

넷째, '인내'는 어떤 박해 중에서도 소망을 잃지 않았던 강건함이다(약 1:2 - 4).

이처럼 그들은 주님에 대한 충성을 한 순간도 저버리지 않고 끝까지 모든 환난을 견디어 내고 "네 나중 행위가 처음 것보다 많도다"라는 칭찬을 받게 됐다.

4) 책망(2:20)

^{20.}그러나 내가 책망할 일이 있노라 자칭 선지자라 하는 여자 이세벨을 네가 용납함이니 그가 네 종들을 가르쳐 주어 행음하게 하고 우상의 제물을 먹게 하는도다

20절에서의 주님은 두아디라 교회를 칭찬을 하신 반면에 가혹하게 책망도 하셨다. 그 이유는 당시 두아디라 교회가 거짓 선지자 이세벨을 용납하여 음란한 우상을 쫓고 있었기 때문이다. 초대교회 당시에는 예언의 은사를 지닌 자들을 대단히 우대하여 선지자를 자주 지도자로 추대했다.

그런데 초대교회 당시의 여자 중에 안나(눅2:36), 아가보라(행21:9) 등은 참된 은사를 받았다. 그들은 교훈의 형식을 빌어 하나님으로부터 받은 계시를 교회에 전하거나 예언하기도 했다(행11:27,28). 그런데 참 선지자와 거짓 선지자를 분류하는 것이 가능했으나(2:2) 밝힐 수 없을 때가 더욱 많았다.

두아디라 교회를 어지럽히는 이세벨이라는 여인도 상당한 발언권을 가지고 있었다. 소수의 사람만이 그 여자의 경건성을 빙자한 술수를 간파했을 뿐(24절) 대부분의 사람들은 그녀를 반대하지 않고 비판 없이 받아들였다.

그러나 이 여자의 정체는 이세벨이라는 이름에서 간파할 수 있다. 이세벨은 원래 시돈 왕 엣바알의 딸로서 이스라엘 왕 아합의 아내가 되어 우상숭배와 부도덕의 화신이었다(왕상16:31).

그녀는 이스라엘에 시집을 오면서 바알 신을 수입해 들여와 전 이스라엘에 그것을 숭배하도록 하였으며 바알 신을 전문적으로 섬기는 선지자 450인을 적극 후원했다(왕상18:13,19). 뿐만 아니라 그녀는 나봇을 죽이고 그의 포도밭을 수탈하는 비도적적인 악행도 자행했다(왕상21장). 그녀는 전 이스라엘 백성에게 영적 간음(우상숭배)을 유도한 사탄의 대리자였다.

5) 권면과 경고(2:21 - 25)

> [21]또 내가 그에게 회개할 기회를 주었으되 그 음행을 회개하고자 아니하는도다 [22]볼지어다 내가 그를 침상에 던질 터이요 또 그로 더불어 간음하는 자들도 만일 그의 행위를 회개치 아니하면 큰 환난 가운데 던지고 [23]또 내가 사망으로 그의 자녀를 죽이리니 모든 교회가 나는 사람의 뜻과 마음을 살피는 자인 줄 알지라 내가 너희 각 사람의 행위대로 갚아 주리라 [24]두아디라에 남아있어 이 교훈을 받지 아니하고 소위 사단의 깊은 것을 알지 못하는 너희에게 말하노니 다른 짐으로 너희에게 지울 것이 없노라 [25]다만 너희에게 있는 것을 내가 올 때까지 굳게 잡으라

21절에서의 하나님께서는 이세벨과 그 동조자들에게 회개의 기회를 주셨다. 그러나 그들은 회개하지 않고 고집을 부렸다.

22절에서의 '침상'은 주님께서 산상설교 후에 많은 불치병을 치료해 주실 때 침상에 누운 중풍병자를 고쳐주셨다(마9:6). 음행을 회개치 않으면 그들이 즐기는 침상은 죄악과 고통의 침상이 된다. 소아시아에서 발견된 여러 조각문을 보면 음행으로 벌을 받아 성병이 든 사실이 적지 않다고 한다.

23절에서의 그들이 회개치 않으면 그들의 자녀들조차도 죽음을 면치 못하리라고 하셨다. 하나님은 심판받을 바벨론에 대해 "한날에 홀연히 자녀를 잃으며 과부가 되는 이 두 일이 네게 임할 것이라"(사47:9)고 하셨다. 그러므로 두아디라 교회를 향해 무당적인 신앙을 버리고 말씀에

굳게 서라고 권면을 하셨다. 세상과 적당히 타협해 하나님을 거역하고 자신의 안위를 위해 이익을 취하는 자들의 최후는 멸망밖에 없다(약1:15).

24절에서의 '사단의 깊은 것'은 본래 '하나님의 깊은 것'(고전2:10)을 찾는다고 하는 영지주의(靈知主義, Gnosticism) 사상을 공격하는 말씀이다. 이세벨 집단은 영지주의 영향을 받아 자생하면서 자신들만이 '하나님의 깊은 것'을 안다고 했다. 따라서 이세벨 집단을 '사단의 깊은 것'이라고 험담했다. 그런데 이세벨은 사단과 대결하는데 있어 가장 효과적인 방법은 행음으로 그 본거지 안으로 들어가는 일이라고 주장했다. 이처럼 이세벨의 가르침은 집요했기 때문에 소수의 사람만이 그 진위를 간파할 수 있었다.

우리의 가치관과 삶의 방식은 세상 것과는 다른 하늘나라의 것이어야한다(롬12:2). 성령은 모든 것 곧 하나님의 깊은 것이라도 통달하신다(고전2:10). 계시록에서의 비밀은 주님이 오셔서 모두 성취될 것이다(1:20; 2:24; 17:5; 10:7; 요5:39; 디후3:16; 사34:16).

6) 약속 (2:26 - 29)

26.이기는 자와 끝까지 내 일을 지키는 그에게 만국을 다스리는 권세를 주리니 27.그가 철장을 가지고 저희를 다스려 질그릇 깨뜨리는 것과 같이 하리라 나도 내 아버지께 받은 것이 그러하니라 28.내가 또 그에게 새벽별을 주리라 29.귀 있는 자는 성령이 교회들에게 하시는 말씀을 들을지어다

만일 이런 유혹을 이기면 만국을 다스리는 권세를 주시고 새벽별을 주시겠다고 약속하셨다. 계시록 22:16에서 새벽별은 주님을 의미하는데 순수한 신앙을 가지면 주님의 세계에 동참할 수 있는 특권을 주신다.

7) 상징: 기독교 왕국 시대

두아디라 교회는 801~920년 동안 120년간의 기독교 왕국 시대基督教 王國時代를 상징한다. 서기 800년 카알 대제(742?~814)가 즉위한 후로부 터 후일 그의 왕통王統이 끊어지고 선거왕제選擧王制로 되었다. 이때가 헨 리 1세가 독일 왕위에 오른 919년이다. 그러므로 그동안 120년간에 걸쳐 기독교 왕국 시대가 되었다.

두아디라 교회가 어떻게 설립되었는지에 대하여 별로 알려진 것이 없 다. 그러나 인구 9천 명 정도의 소도시에 약 3천 명 가량의 신자를 확보하 는 놀라운 부흥을 했다. 그러나 성전이 하나님의 뜻 가운데 서지 못하게 되어 동서로마로 400년간 분립 시대를 맞았다. '두아디라'라는 말의 뜻 은 'Mass'(미사) 즉 '계속적인 제사'를 뜻함과 같이 형식주의에 빠져 영적 인 음행에서 벗어나지 못했다.

이러한 현상은 이스라엘 통일왕국 시대에 솔로몬왕(기원전 1000~기 원전 931; 다윗, 밧세바 아들)이 바로의 딸 외에 많은 이방인의 여인을 포 함하여 후비 700명과 첩이 300명을 합한 1천 명의 왕비로 삼아서 하나 님의 진노를 산 것과 같다(열왕11:1−13; 대하8:11). 이상의 계시록 2장 에서 나온 네 교회의 편지 내용을 정리하면, <표 2−1> 교회에 보내는 편지 분석표와 같다.

<표 2−1> 교회에 보내는 편지 분석표

교회	에베소 (2:1−7)	서머나 (2:8−11)	버가모 (2:12−17)	두아디라 (2:18−29)
주님 모습	하나님 일곱 별 · 일곱 금촛대 주님(1)	부활하신 주님(8)	좌우에 날선 검 (말씀) 주님 (12, 16)	불꽃눈 · 빛난 주석발의 주님(18)

칭찬	수고, 인내, 진실, 근면(2, 3)	인내(9)	사단위에도 충성(13)	사업, 사랑, 믿음, 섬김(19)
책망	처음 사랑 잃음(4)	없음	거짓교훈, 행음, 우상(14)	이세벨행음, 우상(20)
권면	① 기억하라 ② 회개하라 ③ 처음 행위 가져라(5)	죽도록 충성하라(10)	회개하라(16)	① 회개하라 ② 굳게 잡으라, 침상던짐 (21-25)
경고	촛대를 옮기리라(5)	없음	사상전쟁(16)	큰 환난, 행위대로, 자녀를 죽임 (22-23)
약속	하나님의 낙원에 있는 생명나무의 과실을 먹게 하리라(7)	둘째 사망의 해를 받지 아니 하리라(11)	① 감추었던 만나를 주고 ② 흰 돌을 줄 터인데 ③ 그 돌 위에 새 이름을 기록(17)	① 만국을 다스 리는 권세 줌 ② 또 그에게 새벽별 주심 (26-28)
동시성 시대	초대교회 (기원~100년)	로마제국 박해 시대 (101~400년)	교구장제 기독교 교회 시대 (401~800년)	기독교 왕국 시대 120년 (801~920년)
내용	첫사랑이 식은 교회 시대로 예언.	로마황제 10대 동안 가장 극심 한 핍박과 환난 시대 예언.	정치와 타협, 바벨론 이방신 과 간음함.	인구 9천 명 정 도 소도시에 약 3천 명의 신자 확보.

| 제3장 |

일곱 교회에 보낸 편지 (Ⅱ)

3장에서 나오는 사데, 빌라델비아, 라오디게아는 기독교 왕국 시대 이후 천 년에 걸친 중세 암흑기의 교회의 모습, 주님을 맞이하기 위한 불같은 성령의 운동, 그리고 하나님을 대적하는 무신론 공산주의와 인본주의가 출현한 현대를 계시했다. 즉 사데 교회는 동서왕조 분립 시대와 교황포로 및 귀환 시대를 중심으로 기독교 암흑기를, 빌라델비아 교회는 메시아 재강림 준비 시대에 속하는 성령운동과 '7년 대환난'을, 라오디게아 교회는 영적 죽음과 적그리스도 등의 출현으로 현대를 상징한다.

1. 사데 교회 (3:1-6)

1) 대상

사데는 루디아 왕국(지금의 터키)의 수도로 두아디라 남쪽 약 48km, 서부 서머나에서는 85km 떨어진 지점에 위치하며 무역의 요충지인 동시에 전략상의 중요한 지역이었다.

이 도시의 지형은 성채城砦와 아데미 신전 및 묘지로 유명했다. 성채는 약 240m의 높이로 거의 수직으로 된 암벽 때문에 난공불락의 성이었다. 그러나 양모산업으로 번창했던 사데는 두 번에 걸친 함락(기원전 6세기의 고레스, 기원전 4세기의 헬라의 안티오쿠스)과 정복자들의 우민 정책으로 그 강성함은 사라져 가고 전 도시가 무기력해졌다.

사데 교회 안에서는 니골라당의 미혹이나 발람의 교훈 및 이세벨의 악행은 없었으나 그 사회에 팽배해 있는 무기력한 분위기에 동화된 성도들이 많이 있었다. 그들은 복음을 접한 지 얼마 되지 않아 신앙적으로는 미숙했지만 성장에 대한 몸부림이나 진리에 대한 갈망이 부족하여 영적으로 이미 생명력을 잃었다. 오히려 복음은 환경적으로 불리하고 죽음의 위협이 교회에 불어 닥칠 때 무서운 속도로 확산된다(고후4:7-15).

2) 주님의 모습(3:1)

[1a.]사데 교회의 사자에게 편지하기를 하나님의 일곱 영과 일곱 별을 가진 이가 가라사대

주님께서는 자신을 '하나님의 일곱 영과 일곱 별을 가진 이'로 나타내셨는데 이것은 1:4,16,20에서 이미 언급한 표현들인데 먼저 하나님의 일곱 영이란 성령을 지칭한다. 하나님의 일곱 별이란 일곱 교회를 보호 보존하기 위해 존재하는 일곱 천사를 의미한다(1:20). 주님은 그 당시 무기력한 사데 교회를 권면하면서도 소수의 충성된 사람들(3:4)을 보존하시고 격려하시기 위해 당신의 존재를 계시하시고 동시에 당신의 영과 사자를 보내셨다.

3) 칭찬(3:4)

> 4.그러나 사데에 그 옷을 더럽히지 아니한 자 몇 명이 네게 있어 흰 옷을
> 입고 나와 함께 다니리니 그들은 합당한 자인 연고라

사데 교회의 무기력한 모습의 가운데에서도 '그 옷을 더럽히지 아니한 자'를 칭찬하셨다. 이 말씀은 기독교의 역할이 무의미한 가운데 마르틴 루터와 같은 종교개혁가가 있다는 것을 예시한다(19:8; 22:14). 사실 마르틴 루터의 종교개혁이 있기 전에 '그 옷을 더럽히지 아니한 자 몇 명'이 더 있었다.

이 개혁 중에 제일 먼저 일어난 것이 '알비젠시스 운동'이다. 이 운동은 1170년에 프랑스 남부에서 일어나서 신약 성경을 교회에 배포하고 당시의 교회 의식을 배격한 운동을 말한다. 그 당시 교회는 일반 성도들에게 성경을 읽지 못하게 하고 교회에 한 권만을 비치해 두었는데 그나마도 쇠고랑으로 강단에 묶어 놓았기 때문에 아무도 볼 수 없었다. 이 운동이 일어나자 교황 이노센트 3세가 1208년에 군사를 보내 알비젠시스 운동가들을 전멸시켰으며 그들을 따르는 성도들도 수없이 죽였다.

두 번째로, 그 옷을 더럽히지 아니한 자는 1170년에 시작된 '왈덴스 운동'이다. 리용에서 장사를 하던 피터 왈도를 중심으로 모두가 장사꾼으로 가장하여 행상을 하면서 성경 공급 운동을 일으켰으나 이 운동도 결국 핍박을 받아 중도 하차를 했다.

세 번째로, 그 옷을 더럽히지 아니한 자는 '요한 위클리프 운동'이다. 그는 영국 사람으로 라틴어 성경을 번역하여 성경 보급 운동을 일으켰다. 또한 그의 제자이며 보헤미아 대학의 학장이었던 요한 후스는 1369년 종교개혁을 주창하며 순수한 신앙으로 돌아가자고 주장하다가 1416년 교황에게 잡혀 파문을 당하고 프라그에서 화형을 당했다.

프라그 화형 광장에서 그의 얼굴에는 마귀상을 붙이고 장작더미에 불을 질렀는데 그는 온몸이 타서 살이 타는 냄새가 나는데도 목숨이 끊어지는 순간까지 찬송가를 불렀다고 한다. 이러한 모습을 보고 수많은 사람들이 눈물을 흘리며 감격하여 개혁 운동에 참가했다고 한다.

네 번째로, 1450년 이탈리아 제롬 사보나로라 신부가 기도하다가 성령의 충만함을 받았다고 한다. 그가 프로렌스 시에 가서 설교를 할 때에 수많은 사람들이 구름떼처럼 모여들었다. 그는 순수한 신앙을 되찾고 제사의식에서 벗어나라고 설교하다가 교황에게 잡혀서 파문을 당하고 프로렌스 광장에서 공개적으로 목 베임을 당했다.

이처럼 당시의 교회들이 그 음행으로부터 회개하지 않을 때 그 옷을 더럽히지 아니한 자들이 나타났는데 마지막으로 마르틴 루터였다. 그는 일깨워 그 남은 바 죽게 된 것을 바르고 굳게 하려 했다.

4) 책망(3:1)

1b.내가 네 행위를 아노니 네가 살았다 하는 이름은 가졌으나 죽은 자로다

주님은 사데 교회를 향하여 '죽은 자라'고 책망하셨다. 과거에는 아주 번창한 교회였으나 점점 열정이 사라지고 믿음이 식어져서 옛날의 기억만을 남긴 채 지금은 텅텅 비어 있는 죽은 교회였다. 주님은 '죽은 자는 죽은 자들로 장사하라'(마8:21,22)고 하셨다.

단순히 외형적인 신앙(예배, 성도, 건물)에 집착하여 하나님을 속이지 말고 날마다 종말의식을 가지고 새로운 각오와 내면의 개혁을 통하여 하나님이 원하시는 창조본연의 가치 기준에 이르러야 한다(요11:25; 행6:3-8; 11:24; 엡4:13).

5) 권면과 경고(3:2, 3)

> [2]너는 일깨워 그 남은 바 죽게 된 것을 굳게 하라 내 하나님 앞에 네 행위의 온전한 것을 찾지 못하였노니 [3]그러므로 네가 어떻게 받았으며 어떻게 들었는지 생각하고 지키어 회개하라 만일 일깨지 아니하면 내가 도적같이 이르리니 어느 시에 내가 임할는지 네가 알지 못하리라

2절에서의 주님은 사데 교회의 믿음을 일깨우는 방법에 대해 '생각하고 회개하여 일깨어야' 한다고 말씀하셨다.

3절에서의 '도적같이 이르심'은 초림 때에 유대인들은 주님을 알아보지 못했듯이 재림 때에도 깨어 있지 않으면 안 된다는 말씀이다(16:15; 마24:43; 살전5:2; 벧후3:10).

즉, "형제들아 너희는 어둠에 있지 아니하매 그 날이 도적같이 너희에게 임하지 못하리니 너희는 빛의 아들이요 낮의 아들이라 우리가 밤이나 어두움에 속하지 아니하리니 그러므로 우리는 다른 이들과 같이 자지 말고 오직 깨어 근신할지라"(살전5:4-6)는 말씀처럼 깨어 기도하는 자에게는 도적같이 주님이 오시지 않는다.

6) 약속(3:5, 6)

> [5]이기는 자는 이와 같이 흰 옷을 입을 것이요 내가 그 이름을 생명책에서 반드시 흐리지 아니하고 그 이름을 내 아버지 앞과 그 천사들 앞에서 시인하리라 [6]귀 있는 자는 성령이 교회들에게 하시는 말씀을 들을지어다

주님께서는 일깨워 되살아나는 사람들에게는 흰 옷을 입혀주며, 생명책에 그 이름을 기록하여 영생을 약속하셨다. 이 말씀은 그 이름을 내 아

버지 앞과 그 천사들 앞에서 시인하리라는 뜻이다.

여기서 '시인하다'(헬, 호몰로게스)는 뜻은 법정에서 하는 고백을 가리키는데 법적 구속력을 말한다. 즉 우리가 하나님 나라의 시민임을 확증해 주신다. 누구든지 사람 앞에서 주님을 시인하면 인자도 하나님의 사자 앞에서 저를 시인하신다(마10:32; 눅12:8).

7) 상징: 동서왕조 분립 시대

사데 교회는 교회사적으로 볼 때 921~1516년 동안 동서왕조 분립 시대(400년)와 이후에 있은 교황포로 및 귀환 시대(210년)를 전부 합친 약 600년의 기간을 상징한다. 이 시기는 사데 교회가 과거의 화려함만을 동경하고 현재의 발전에 무기력하고 희망이 없는 평화를 누리고 있었던 도시였던 것처럼 초대교회와 같은 신앙생활을 외면한 채 현실에 안주하며 세상의 미혹에 빠져들었던 시기였다.

그러나 '그 옷을 더럽히지 아니한 자 몇 명이 네게 있어'라는 말씀은 의로운 목자가 있었다는 것이다(19:8; 22:14). '사데'라는 말은 영어로 'Those escaping' 즉 '도망쳐 나온 사람들'을 의미한다. 이 사람들은 가톨릭 교회의 암흑 시대로부터 탈출하여 온 사람들이다.

이미 3:4에서 언급을 하였는데 교황의 박해를 받고 많은 순교자가 나온 가운데 신부이면서 유명한 종교개혁자인 마르틴 루터가 종교개혁을 일으킨 해가 서기 1517년이다.

그는 위텐베르크 교회당 문에 95개 조항의 종교개혁문을 써서 가톨릭의 의식과 형식, 특히 사면부 발행의 비성경성을 들었다. 그도 수없이 핍박을 받고 파문을 당하며 생명의 위협을 받았다. 그러나 다행히 독일 지방의 임금과 제후들이 그를 보호해 주어 죽음을 면했다. 루터와 같은 그 옷을 더럽히지 않은 의인들의 노력으로 성령이 충만한 빌라델비아 교회 시대를 맞이하게 됐다.

2. 빌라델비아 교회(3:7-13)

1) 대상

빌라델비아는 사데 동남쪽 약 40km 지점에 위치한 고원 도시로 '작은 에덴'이라는 별명이 붙을 만큼 문화의 꽃을 피웠던 곳이며 포도 생산지로 유명하다. 이곳은 서머나와 서북아시아, 브루기아 및 동방을 연결시켜주는 도로가 나있어 교통의 요충지이다.

서기 17년에 지진이 일어나서 사데와 함께 초토화되었을 때 로마의 황제 티베리우스(Tiberius, 14~37)가 그것을 재건해 주었을 때 시민들은 '새 황제'(Neocaesarea)라고 개칭했다. 그 후에 이곳은 황제숭배가 정착되었는데 신앙의 정절을 지키는 것은 쉬운 일이 아니었다.

2) 주님의 모습(3:7)

> ⁷빌라델비아 교회의 사자에게 편지하기를 거룩하고 진실하사 다윗의 열쇠를 가지신 이 곧 열면 닫을 사람이 없고 닫으면 열 사람이 없는 그이가 가라사대

빌라델비아 교회에 보이신 주님은 첫째로, '거룩한'(헬, 하기오스) 자이시다. 이 말의 원어적 의미는 '구별된다', '분리된다'라는 뜻으로 인간과 절대적 차이를 나타내는 것으로 구약에서는 하나님을 표현할 때만 사용됐

다(사6:3; 43:15; 호11:9; 요17:11).

둘째, 주님은 '진실한'(헬, 알레디노스) 분이시다. 즉 주님은 모방이 아닌 실재이시며 절대 완전하신 분이다(요1:9). 또한 주님은 참된 하나님이시며 진리와 생명 그 자체이시다(요7:29; 14:9-11; 요일5:20; 요17:3; 렘10:10).

셋째, 주님은 '다윗의 열쇠' 즉 '다윗집의 열쇠'를 가지시고 그 분이 열면 닫을 자가 없고 닫으면 열 자가 없다(사22:22). 여기서 '열쇠'는 왕정국가 시대에 권위와 통치를 상징한다. '다윗의 집'은 하나님이 통치하시는 이스라엘 전체를 가리킨다.

이것은 장차 오시는 주님께서 새 예루살렘인 하나님 나라에서 절대적인 주권을 가지시고 통치하실 것이다. 또한 주님으로 말미암아 모든 인류가 생명과 사망으로 각각 판가름이 날 것이며 하나님께로 나아가는 생명의 길이다(히10:19-22).

3) 칭찬(3:8, 9)

> [8]볼지어다 내가 네 앞에 열린 문을 두었으되 능히 닫을 사람이 없으리라 내가 네 행위를 아노니 네가 적은 능력을 가지고도 내 말을 지키며 내 이름을 배반치 아니 하였도다 [9]보라 사단의 회 곧 자칭 유대인이라 하나 그렇지 않고 거짓말하는 자 중에서 몇을 내게 주어 저희로 와서 네 발 앞에 절하게 하고 내가 너를 사랑하는 줄을 알게 하더라

8절에서의 주님의 칭찬은 박해를 이겨내는 것을 귀하게 여기셨다. 주님은 "의를 위하여 핍박을 받는 자는 복이 있나니 천국이 저희 것임이니라"(마5:10)고 하셨다.

9절에서도 핍박받는 성도들에게 선의 승리를 약속하시고 격려하고자

하신 말씀이다. '사단의 회'란 2:9에 언급한 서머나 교회에 말씀한 것과 동일한 것으로써 이들은 주님을 메시아가 아니라고 맹렬히 부인하고 주님을 메시아로 믿는 사람을 적극적으로 핍박한 유대인을 가리킨다. 그 당시의 초대교회 안에 유대주의자들의 활동이 심각할 정도였다(행15:1; 갈3:4).

주님께서 이 땅에 오실 때 모든 무릎을 꿇게 하시며(빌2:10,11) 성도들은 주님과 더불어 동일한 영광을 얻게 된다(사49:23, 60:14). 이것은 주님의 사랑에 의한 것으로 당신을 사랑하는 자를 끝까지 책임져 주시기 때문이다(마19:29).

4) 책망

빌라델비아 교회는 서머나 교회와 함께 책망 없이 큰 칭찬을 받은 교회이다. 그도 그럴 것이 터키군과 이슬람이 소아시아를 휩쓸 때에도 굴복하지 않고 신앙으로 기독교의 본산처럼 됐다.

빌라델비아는 아시아 기독교의 요새처럼 오랫동안 유지되다가 14세기 중엽에 와서 이슬람에 정복됐다. 그러나 아직도 수천의 기독교 교인들이 있으며 서머나와 함께 오늘날까지도 기독교 신앙을 지켜오고 있다.

5) 권면과 경고(3:11)

> [11]내가 속히 임하리니 네가 가진 것을 굳게 잡아 아무나 네 면류관을 빼앗지 못하게 하라

빌라델비아 교회에 대하여 주님의 책망이 없으므로 경고도 없지만 "네가 가진 것을 굳게 잡아 아무나 네 면류관을 빼앗지 못하게 하라"고 권면

하셨다. 여기서 '네가 가진 것'은 10절의 '나의 인내의 말씀'이다. '나의 인내의 말씀'은 주님께서 이 땅에 실제로 행해 보이신 인내를 본받아 죄 많은 이 세상의 모순을 참으라고 격려하신 가르침을 의미한다(살후3:5; 히 12:3).

6) 약속(3:10 - 13)

> [10.]네가 나의 인내의 말씀을 지켰은즉 내가 또한 너를 지키어 시험의 때를 면하게 하리니 이는 장차 온 세상에 임하여 땅에 거하는 자들을 시험할 때라 [11.]내가 속히 임하리니 네가 가진 것을 굳게 잡아 아무나 네 면류관을 빼앗지 못하게 하라 [12.]이기는 자는 내 하나님 성전에 기둥이 되게 하리니 그가 결코 다시 나가지 아니하리라 내가 하나님의 이름과 하나님의 곧 하늘에서 내 하나님께로부터 내려오는 새 예루살렘의 이름과 나의 새 이름을 그이 위에 기록하리라 [13.]귀 있는 자는 성령이 교회들에게 하시는 말씀을 들을지어다

10절에서의 시험에 대한 말씀을 보면, 하나님은 악에게 시험을 받지도 않으시고 친히 아무도 시험을 하지도 않으신다. 오직 각 사람이 시험을 받는 것은 자기 욕심에 이끌려 미혹되기 때문이다(약:13-15). 주님은 인내의 말씀을 지키면 '장차 온 세상에 임하는 시험의 때'를 면해 주신다고 하셨다.

이것은 전환난설(휴거로 환난 통과, 조용기 · 김홍도 목사 · 감리교 일부목사)과 후환난설(초대교회와 같은 순교를 하며 휴거 없이 지상재림만 존재, 이광복 목사 · 장로교 합동통합 측)의 신학적 견해 차이로 발전했다.[5] 시험을 이기는 자에게 다음과 같은 약속을 주셨다.

---

5) '환난중간기설'은 전환난설이 맞으면 문제가 없다. 후환난설이 맞으면 순교나 666

첫째, 자칭 아브라함의 후손과 하나님의 백성이라고 하는 '유대인 중에 몇을 불러 네 발 앞에 절하게 하리라'는 약속을 주셨다(9절). 주님이 고난을 받으실 때 준비된 자는 부르심을 입고 빼내심을 얻고 진실한 자는 승리한다는 말씀이다(17:14).

둘째, '하나님의 성전에 기둥이 되게 하리라'는 약속을 주셨다. 이것은 당시의 대지진으로 기둥조차 성함이 없었음을 상기시키시며 어떤 고난과 풍파가 온다고 해도 하나님이 거하시는 성소에 존재하게 하신다.

셋째, '그가 결코 다시는 나가지 아니하리라'는 약속을 주셨다. 이 약속 역시 지진으로 인해 도시를 떠났던 일을 상기시키시며 하나님의 나라에 영원한 백성으로 삼아주신다.

넷째, '내가 하나님의 이름을 그이 위에 기록하게 하리라'는 약속을 주셨다. 그 당시 충성된 도시의 관원이나 이름난 사제들을 위해 종종 사원의 한 곳에 특별한 기둥을 세우고 자신들의 이름이 새겨지는 영예가 주어졌다.

그런데 이러한 말씀은 놀랍게도 7장과 14장에서 재림하신 주님을 맞이하는 14만 4천의 인침을 예시하신 말씀이다. 왜냐하면 빌라델비아 교회는 주님 재림시기를 상징하기 때문에 이러한 약속의 말씀이 기록된 것은 결코 우연의 일치가 아니다.

다섯째, '하나님의 성 곧 하늘에서 내려오는 새 예루살렘의 이름을 그이 위에 기록하리라'는 약속을 주셨다. 이 약속은 끝까지 승리하는 자에게는 새 예루살렘 곧 하나님의 시민권을 주신다.

마지막으로 '나의 새 이름을 그이 위에 기록하리라'는 약속을 주셨다. 빌라델비아는 여러 이름으로 개명된 적이 있었다. 즉 어떤 변화가 온다고

중에 선택하는데 이 설은 666을 강제로 인치는 적그리스도가 등장하기 전까지이다.

해도 주님은 끝까지 주님을 따르는 자에게는 하나님의 이름을 인침으로 써 당신의 백성으로 삼으신다.

7) 상징: 주님 재림시기

주님의 재림시기는 아무도 모른다고도 하였으나(마24:36), 하나님은 빛 가운데 있는 선지자에게는 반드시 알려 주신다고도 하셨다(암3:7; 마 24:4-9,32; 행2:17,18). 그러면 주님은 언제 재림하실 것인가에 대해 조명해 보고자 한다.

빌라델비아 교회는 1517~대환난기로 주님의 강림을 준비하는 400 년의 기간을 상징한다. 이 기간은 종말에 있어서 주님을 맞이할 준비 시대 400년에 해당하는 기간이다. '빌라델비아'란 이름은 영어로 'Brotherly love', 즉 '형제의 사랑'을 뜻한다. 교회명처럼 빌라델비아 교회는 일곱 교회 중에서 열악한 환경에도 불구하고 가장 뜨거운 교회로 칭찬을 받았다. 그렇기 때문에 하나님께서 말세에 하나님의 영(성령)을 남종이나 여종에게 부어 예언케 하리라(행2:1-18)는 말씀과 일치한다. 이러한 뜻에서 빌라델비아는 재림강림 준비 시기의 교회를 상징한다.

재림의 시기를 알기 위해서는 아브라함 이후 예수님이 오시기까지의 시대를 먼저 알아봐야 한다. 즉 이스라엘은 바벨론 포로에서 해방되어 예루살렘에 귀환한 후 유대민족의 예언자 말라기를 중심으로 정교政教의 혁신을 일으켰다. 아브라함 이후 1600년 만에 말라기 선지자의 예언에 의하여(말4:5) 메시아를 맞이하기 위한 준비를 하여 400년이 지나서야 예수님이 오셨다.

(1) 루터의 종교개혁

예수님의 부활 이후 1600년 정도 되는 시점에 말라기 선지자와도 같은 입장의 마르틴 루터를 중심으로 불꽃같은 종교개혁 운동이 일어났다. 이것을 2, 3장에서 공부한 것을 다시 정리해 보면, 예수님 이후 로마제국 박해 시대(400년)⟹ 교구장제 기독교 교회 시대(400년)⟹ 기독교 왕국 시대(120년)⟹ 동서왕조 분립 시대 400년⟹ 남불南佛 아비뇽에 유수幽囚되었던 교황포로 및 귀환 시대(210년)⟹ 말라기 선지자의 역할과도 같은 마르틴 루터의 종교개혁(1517년)이 일어난다.[6] 이후 400년의 메시아 재강림 준비 시대가 지나야 주님이 오시기 때문에 1920년대에 주님이 강림하시는 때가 된다(단12:11).

다시 말해서 「유대민족 포로 및 귀환 시대」가 완료된 후 400년 만에 예수님이 오신 것처럼 주님도 「교황의 포로 및 귀환」이 종료되고 「말라기 선지자의 개혁」과 같은 「루터의 종교개혁」(1517년)이 선포된 때로부터 400년이 지난 1920년을 전후로 하여 비로소 주님이 강림하신다는 시기가 된다.

실제로 1920년을 전후로 하여 빌라델비아 교회처럼 세계적으로 놀라운 부흥운동이 일어났다. 중국 내륙 깊은 곳까지 복음 전파를 위해 영국에서 지원운동을 벌이는 헌신적인 역사가 일어났다. 영국의 화이트 필드 목사는 전 영국과 미국, 그리고 유럽을 복음 운동으로 뒤흔들었다. 그리고 요한 웨슬레의 감리교 운동, 구세군 운동과 성결교 운동이 이 시기에 맞추어 일어났다. 뒤이어 에드워드, 피니, 스펄전, 무디 등 수많은 부흥사

---

6) 구약에서는 아브라함 애굽고역 시대(400년)⟹ 모세 이후 사사 시대(400년)⟹ 사울 다윗 솔로몬의 통일왕국(120년)⟹ 남북왕조 분립(400년)⟹ 유대민족 포로 및 귀환 시대(210년)⟹ 말라기 선지자가 온 후 메시아 강림 준비 시대(400년)를 거쳤다. 즉 아브라함 이후 2000년 만에 예수님이 오셨다.

들이 전 세계를 복음화의 물결로 뜨겁게 달구었다. 빌라델비아 교회가 이러한 세계적 복음화를 상징하는 것처럼 일곱 교회 중에서 가장 복음화가 활발하게 일어났다.

이러한 빌라델비아 교회에 대하여 주님께서는 그 약속으로 장차 닦아올 '시험의 때'를 면하게 해 주신다. '시험의 때'는 「7년 대환난」을 말하는데 이것은 재림시기를 언급하신 예수님의 말씀이기도 하다. 그것은 바로 마태복음 24:15에 주님께서 재림 시에 종말을 예고한 말씀이다. 즉 다니엘서의 「70이레」 중에 마지막 「한 이레」인 「7년 대환난」에 '미운 물건'이 들어서고 하나님의 진노가 황폐한 자에게 쏟아지는 때이다(단9:27).

이러한 환난은 시편에서도 예언됐는데 "주께서 기름부은 자를 노하사 물리쳐 버리셨으며 주의 종의 언약을 미워하사 그 관을 땅에 던져 욕되게 하셨으며 저의 모든 울타리를 파괴하시며 그 보장을 훼파毁破하셨으므로 길로 지나는 자들에게 다 탈취를 당하여 그 이웃에게 욕을 당하셨나이다"(시89:38-41)라고 말씀하셨다.

예레미야애가에서도 "성막을 동산의 초막같이 헐어 버리시며 공회 처소를 훼파하셨도다 여호와께서 시온 가운데서 절기와 안식일을 잊어버리게 하시며 진노하사 왕과 제사장을 멸시하셨도다"(애2:6)라는 말씀이 역사를 반추해 볼 때 그대로 성취됐다. 참으로 무서운 하나님의 진노가 아닐 수 없다.

(2) 다니엘의 70이레

10절에서의 '시험의 때'는 바로 「7년 대환난」을 뜻한다고 했다. 이것은 주님이 말씀으로 다니엘서 9:24-27을 근거로 한다. 즉 대선지자 다니엘은 자신이 본 환상을 그대로 다니엘서 11장까지 설명하고 12장으로 넘어

가서는 역사의 종말에 관한 환상을 구체적으로 설명한다(송태근, 2013: 17~19).

다니엘서를 바로 이해하기 위해서는 유대민족의 바벨론 포로가 어떤 구속사의 의미를 갖고 있는지 알 필요가 있다. 유대민족의 70년 포로기는 '하나님의 진노하시는 때'(단8:19)이다.

다니엘은 유대민족이 바벨론에 포로로 잡혀갈 때 왕족의 신분으로 함께 잡혀 갔다. 그는 예레미야 25:9-11을 읽고 난 후, 70년 만에 바벨론 포로 시대가 종결되고 고국으로 돌아간다는 말씀에 그때를 정확히 알기 위해 하나님께 간절히 기도했다.

그 때에 하나님의 천사가 다니엘에게 나타나서 유대민족이 고국으로 귀환할 뿐만 아니라 그때부터 시작하여 장차 오실 주님의 말세에 대해 낱낱이 보여주었다. 천사가 다니엘에게 한 말 중에는 다음과 같은 기록이 있다.

다니엘 9:24-27에는 주의 천사가 와서 전하기를 '내 백성', 곧 유대백성과 '내 거룩한 성', 곧 예루살렘을 위하여 「70이레」로 기간이 정해졌다는 말씀이다. 70이레 중에 69이레는 초림으로 지나갔고 이제 마지막 남은 것은 '한 이레' 뿐이다.

여기서 한 이레는 7년을 가리킨다. 그리고 70이레란 70×7=490, 즉 490년을 의미하므로 490년이 끝나면 모든 허물이 다 그치고 영원한 하나님의 의로움이 드러난다는 말씀이다.

그런데 다니엘 9:25에 '기름 부은 자'는 예수님을 가리킨다. 예루살렘을 중건하라는 명령이 날 때부터 그리스도가 오실 때까지 시간은 일곱 이레와 62이레, 즉 69이레가 지날 것이라고 했다. 천사가 다니엘에게 한 이 말씀은(단9:25) 예수님이 예루살렘에 입성하는 시간을 정확하게 예언한 것이었다.

즉 기원전 445년 3월 14일에 파사 나라의 아닥사스 왕이 예루살렘을 중건하라는 명령을 내렸다(느2:1-18). 그때로부터 69이레를 의미하는 483년이 지난 서기 32년 4월 6일 예수님은 나귀를 타시고 예루살렘 성에 입성하셨는데 전문가들은 윤년을 포함하면 정확히 일치한다는 것이다 (김희보, 1985: 436~440; 신성종, 1992: 44~46; 조용기, 2003: 104~106).

이와 같이 다니엘서에서의 69이레는 예수님의 강림으로 성취됐다. 재림의 거룩한 성 새 예루살렘은 앞으로 '한 이레'를 남겨두었는데 이것이 7년 혹은 70년 대환난으로 장차 일어난다.

(3) 한 이레

재림의 때에 장차 될 말씀인 다니엘 9:27에 근거하여 재림하시는 나라와 민족이 초림의 유대민족처럼 책임을 못하면 7년이 70년의 대환난으로 연장이 될 수도 있다. 그런데 한 이레로 표현되는 대환난은 바로 이루어지지 않고 2천 년간의 교회 시대를 맞는다.

즉 다니엘 9:26에는 "육십이 이레 후에 기름부음을 받은 자가 끊어져 없어질 것이며 장차 한 왕의 백성이 와서 그 성읍과 성소를 훼파하려니와 그의 종말은 홍수의 엄몰됨 같을 것이며 또 끝까지 전쟁이 있으리니 황폐할 것이 작정되었느니라"는 말씀이 있다. 이처럼 성경의 말씀대로 예수님이 십자가에 돌아가신 후 40년(62이레) 만에 로마의 디도 장군이 군대를 이끌고 와서 예루살렘 성을 훼파하고 멸망시켰다(70년). 따라서 다니엘 9:26의 말씀이 그대로 성취됐다.

또한 이후에도 "그의 종말은 홍수에 엄몰됨 같을 것이며 또 끝까지 전쟁이 있으리니 황폐할 것이 작정되었느니라"(단9:26)고 하였다. 이 말씀은 막연하게 장기적이라는 것으로 해석된다. 그렇기 때문에 주님이 오실 때까지 2천 년간의 교회 시대를 예언하신 것이다. 이 기간 동안 유대민족은 핍박과 박해를 받아 왔다. 결국 7년 혹은 70년의 대환난은 2천 년간의 교회 시대를 지나야 온다는 뜻으로 이 기간은 이방인이 주도한 시대인 것이다.

예수님은 유대민족이 제사장의 사명을 완수하지 못했기 때문에 하나님의 선민권을 이방인에게 빼앗겼다는 말씀을 하셨다(눅21:20−24; 마21:43; 롬11:11). 가룟 유다가 12사도의 책임을 못했기 때문에 그 자리를 맛디아에게 빼앗겼던 것처럼 이스라엘도 제사장의 지위는 이미 박탈된 것이다(행1:25,26).

그러므로 "처녀 시온의 장로들이 땅에 앉아 잠잠하고 티끌을 머리에 무릎쓰고 굵은 베를 허리에 둘렀음이여 예루살렘 처녀들은 머리를 땅에 숙였도다"(애2:10)라는 말씀이 성취됐으니 육적 이스라엘의 사명이 끝났다는 뜻이다. 여기서 '처녀 이스라엘'은 초림의 육적 이스라엘을 말하지만 앞으로 나올 영적 이스라엘을 대표할 재림주님의 나라는 '여자'로 묘사된다(12:2).

제사장의 책임을 다하지 못한 이스라엘은 홍수에 엄몰됨 같을 것이며 또 끝까지 전쟁이 있어 황폐할 것이 작정되었기(단9:26; 애2:6−8) 때문에 이스라엘이 건국(1948.5.14) 때까지 2천 년간 나라 없이 유리 방랑하는 비참한 생활을 하였으며 종내는 히틀러 나치 정권에게 당시에 전 국민의 3분의 2에 해당하는 6백만 명이라는 숫자가 학살을 당했다.

(4) 재림시기와 대환난

이러한 대환난의 시기는 천 년간 무저갱에 갇혀 있다가 올라와(20:3, 12, 11:7; 9:1) 42달 동안 공중 권세를 가지고 교회와 성도를 짓밟는 존재가 출현하는 시기이다(11:2; 13:5). 그 실체는 '붉은 말을 탄 자'(6:4), '붉은 용'(12:3), 짐승(13:1,11) 등의 흉폭한 적그리스도들이다.

남은 '한 이레'에 주님이 오시지 않고는 인간의 힘으로는 도저히 이 환난을 이겨낼 수 없다(마24:22). 그러므로 대환난의 시기에 주님이 강림하셔서 악주권과 싸워서 이기신다. 그리고 그와 함께 있는 자들 곧 부르심을 입고 빼내심을 얻고 진실한 자들이 이긴 자가 된다(17:14; 19:11).

마태복음 24:3에 "예수께서 감람산 위에 앉으셨을 때에 제자들이 조용히 와서 가로되 우리에게 이르소서 어느 때에 이런 일이 있겠사오며 또 주의 임하심과 세상 끝에는 무슨 징조가 있사오리까"라고 했다.

주님께서는 제자들의 질문에 답으로 먼저 징조를 소상하게 말씀하셨다. 그리고 보다 더 확실하게 말씀하시기를 마태복음 24:15에 "그러므로 너희가 선지자 다니엘이 말한 바, 멸망의 가증한 것이 거룩한 곳에 선 것을 보거든 읽은 자는 깨달을 진저"라고 하셨다.

여기에서 우리에게 암시하는 바는 매우 크고 중요하다. 끝날에 대한 다니엘의 예언이 주님이 오실 때에도 분명히 적용된다는 말씀이다. 다니엘의 예언이 초림 때의 것은 분명하다.

그러나 예수님은 다니엘이 말한 내용을 '읽은 자는 깨달을 진저'라고 특별히 언급하신 것이다. 다시 말해서 주님이 오시는 시기도 그와 같이 '멸망의 가증한 것이 거룩한 곳에 선(들어온)' 다음 일정한 시간이 경과한 후에 재림하신다는 가르침이 숨어 있다.

사실 이 예언의 배경은 기원전 323년 알렉산더 대왕이 소아시아에서 패권을 장악한 후, 팔레스타인과 애굽까지 평정한 후의 일이 된다. 즉 알렉산더가 죽고 그의 부하였던 셀류기스 왕가를 거쳐 미친 왕으로 불리는 안티오쿠스 4세의 제위 때에 예루살렘에서는 제사장직을 둘러싸고 유대사람끼리 야손과 메네라우스가 유다를 강력하게 헬라화하려는 왕

안티오쿠스 4세에게 뇌물로 제사장 자리를 서로 뺏고 빼앗기는 암투를 벌였다.

당시 오니아스 3세가 잠시 자리를 비웠을 때에[7] 그의 아우 야손이 왕에게 뇌물을 주고 제사장이 됐다. 그 후 3년이 지나서 메네라우스가 다시 더 많은 뇌물을 주고 제사장직을 맡게 됐다(169년). 그때 전쟁에서 왕이 전사했다는 오보를 듣고 야손이 제사장직을 강제로 다시 탈취한 사건이 벌어졌다.

그러나 안티오쿠스 4세가 죽지 않고 돌아와서 제사장직을 놓고 서로 암투를 벌이는 모습을 보고 유대교의 금지령을 내리고 율법을 몰수했다. 그리하여 마침내 기원전 167년 12월 15일을 기해 제사장들이 그 책임을 다하지 못하여 하나님의 성전에는 하나님이 미워하실 제우스 신전을 세우게 됐다.

결국 유대교에 대한 박해는 '하시딤'(경건한 자들)이라 불리는 경건한 무리들이 맛다디아의 다섯 아들들과 함께 뭉쳐 저항운동으로 이어졌다. 맛다디아의 유다ㆍ마카베오가 군대를 이끌면서 시리아의 요새를 점령하고 예루살렘과 성전을 탈환했다(단9:25,26). 다니엘의 예언처럼 기원전 165년(어쩌면 164년) 12월 15일 봉헌의 날이 되어 다시 하나님의 성전으로 회복됐다(daum.net/qna/openknowledge/). 성전이 더럽혀진 지 꼭 3년 만으로 유대인들은 해마다 성전회복을 기념하는 '빛의 축제'(하누카, 수전절)를 8일간 지켰다.[8] 예수님께서는 이러한 역사적 예를 들어 재림

---

7) 당시 유다의 대제사장인 오니아스 3세는 예루살렘의 은인, 율법의 수호자, 동족의 보호자로서 백성들의 추앙을 받았다. 그러던 오니아스 대제사장이 세레유시드 4세 때 빌가 가문 출신의 성전 경리책임자였던 시몬과 불화를 겪었다.

8) 기원전 3세기에 조직된 하시딤의 후예가 바리새파이다. 이들은 마카비 세력의 비호를 받아 기원전 2세기 말엽에 나타났다. 바리새는 '분리되다'는 뜻의 히브리 어원으로 당시 헬라 이방인들의 관행과 정치적 세력으로부터 자신들을 분리시켰다. 이

의 때를 제자들에게 가르치고 계시는 것이다.

이상과 같이 예수님이 지목하신 다니엘서에서 성전에 미운 물건이 들어선 때를 잘 살펴봐야 할 것이다. "매일 드리는 제사를 폐하며 멸망케 할 미운 물건을 세울 때로부터 일천이백구십일을 지낼 것이요 일천삼백 삼십오일까지 이르는 그 사람은 복이 있으리라"(단12:11,12)는 말씀이 나온다.

예수님이 말씀하신 예언처럼 다니엘의 예언과 같은 일이 실제로 또 다시 일어났다. 훗날 622년 9월 마호메드가 메카에서 추종하는 제자 70인과 함께 메디나로 파천(헤지라, 播遷)했다. 이후 630년 1월 메카를 정복하고 아브라함과 그 아들 이스마엘의 명을 받들어 세웠다는 카바 신전을 정복하여 알라 신전으로 만들어가며 632년 3월에 대제를 지냈다. 이것은 예수님이 미리 언급하신 다니엘 예언이 성취됐다.

결과적으로 아브라함이 이삭을 번제 드리려고 했던 모리악 산상은 그가 하나님으로부터 승리의 칭호를 얻은 가장 성스러운 자리이다. 바로 이곳에 예수님을 하나님의 아들임을 부정하는 이슬람교 사원 모스크(황금 사원)가 들어섰다. 이것은 하나님이 보실 때 진정 미운 물건이 아닐 수 없다(630년, 단12:10-12).

그리고 630년 이때로부터 1335일이 되기까지 기다리는 자가 복이 있다고 한 바, 1965년은 섭리적으로 매우 중요한 해로 전 세계적으로 40개국을 중심한 120개소 성지 택정으로 그 예언이 성취됐다(21:6; 22:17; 마24:27; 단9:27; 눅21:23; 막13:27; 행1:8; 13:47; 롬10:18; 민14:34).

한편 마태복음 24:32에서의 저주받은 무화과나무로 비유된 이스라엘이 망했다가 소생한다고 한 예언이 성취되며 주님께서 문 앞에 이르는

들은 탈무드를 경전으로 확대하고 영생과 부활, 천사와 마귀의 존재를 믿었다.

때이다. 그러나 준비된 세계적 기반을 가지고 영적 이스라엘이 된 기독교가 재림하신 주님을 영접하지 못할 때는 대환난은 연장된다는 사실을 신천년설에서 밝혔다.

따라서 1928년에 이스라엘의 독립성화가 이루어지게 된 것은 결코 우연한 것이 아니다. 모든 것은 하나님의 경륜하시는 섭리와 뜻에 의해 무화과나무인 이스라엘이 소생하는 때가 임박했다(막13:28-37; 11:12-14). 그 후 이스라엘은 1945년에 독립을 선언했으며 1948년 5월 14일에 공화국을 건국함으로써 한국과 거의 일치했다.

빌라델비아 교회는 적은 능력을 가지고도 끝까지 말씀을 지키기만 한다면 주님으로부터 가장 많고 큰 약속을 받을 수 있었다. 그만큼 중요한 메시아 강림을 맞이하는 시기를 상징하기 때문이다. 그러나 라오디게아 교회를 상징하는 현대에 들어와서 그 믿음을 지키지 못하고 있다.

3. 라오디게아 교회(3:14-22)

1) 대상

라오디게아 교회는 빌라델비아 동남쪽 72km 지점에 위치하며 로마로 향하는 군사, 교통, 무역의 요충지였다. 라오디게아 교회는 당시의 브리기아의 수도로써 안티오커스 2세가 그의 아내의 이름을 따서 세운 교회이지만 현대의 오만한 시대를 상징한다.

특히 주목할 것은 라오디게아 교회는 온천지대로 현대처럼 향락에 도취해서 3만 명을 수용할 수 있는 원형극장을 3개나 가지고 있었으며 유명한 의학교도 있었다. 이렇게 물질적으로나 외적으로는 조금도 부족함

이 없는 도시였으나 영적으로는 지극히 가난한 곳이었다.

이 도시에 금융 자산이 대단했음은 키케로Cicero가 거액의 신용장을 이 곳에서 현금으로 바꾼 사실이 입증된다. 서기 17년에 이곳을 강타한 지진 복구에서도 다른 도시와는 달리 로마 정부의 지원이 없이 자체적 힘으로 그 일을 진행할 수 있을 정도의 경제적 풍요를 누렸다. 이와 같이 사도 요 한의 일곱 교회의 마지막 교회로 등장하는 라오디게아 교회가 현대의 모 습을 그대로 상징적으로 보여준 것임을 볼 때 놀라움을 금치 못한다.

라오디게아 교회는 복음에 입각한 정상적인 성장을 이루지 못하고 본 서에 기록한 대로 부활하신 예수님으로부터 한 마디의 긍정적인 평가를 받지 못한 아시아 일곱 교회 중에 영적으로는 가장 퇴보한 교회였다.

2) 주님의 모습(3:14)

14.라오디게아 교회의 사자에게 편지하기를 아멘이시오 충성되고 참된
증인이시오 하나님의 창조의 근본이신 이가 가라사대

히브리어에서 그대로 따온 헬라어 '아멘'은 틀림없고 정당한 것에 자인 自認한다는 의미이다. 하나님의 말씀을 받아들일 때 '아멘!'이라 함은 주 님에 대한 즉각적인 충성을 의미한다. 하나님의 말씀이 나를 그리고 우 리를 지배하신다는 뜻이다. 오늘날 성약 시대에 '아주'라고 함은 이러한 말씀 위에 절대신앙, 절대사랑, 사생결단, 실천궁행이라는 뜻을 함축하 고 있다.

당시의 라오디게아 교회뿐만이 아니라 오늘날 우리들이 살아가는 현 대의 교회에서도 아멘도, 충성도, 참된 증인도, 그리고 창조의 근본 목적 도 모두 상실해 가는 교회가 됐다.

3) 칭찬

이제까지 우리가 보아온 여섯 교회 중에서 책망이 없는 교회는 있어도 칭찬이 없는 교회는 한 교회도 없었다. 그러나 라오디게아 교회는 한마디의 칭찬도 듣지 못하고 책망만을 들었다.

그렇기 때문에 다른 교회의 편지에서는 찾아 볼 수 없는 것이 영적 눈이 죽었기 때문에 안약을 발라야 한다는 말씀이다(3:17). 이 말씀은 오늘날 우리들에게 깨어 있어야 한다는 하나님의 메시지이다.

4) 책망(3:15 - 17)

> [15]내가 네 행위를 아노니 네가 차지도 아니하고 더웁지도 아니하도다 네가 차든지 더웁든지 하기를 원하노라 [16]네가 이같이 미지근하여 더웁지도 아니하고 차지도 아니하니 내 입에서 너를 토하여 내치리라 [17]네가 말하기를 나는 부자라 부요하여 부족한 것이 없다 하나 네 곤고한 것과 가련한 것과 가난한 것과 눈먼 것과 벌거벗은 것을 알지 못하도다

15, 16절에서의 주님께서는 라오디게아 교회를 향해 "네가 차지도 아니하고 더웁지도 아니하도다"라고 책망을 하셨다. 이것은 열심이 결여된 것으로 쓸모없는 가치라는 뜻이다.

여기서 '차다'(헬, 프수크로스)는 것은 얼음이 얼 정도의 냉기를 가리킨다. 이것은 라오디게아에서 약 16km 정도 떨어진 골로새의 냉수를 언급한 것으로 불신의 세계로 완전히 돌아선 상태를 의미한다.

그리고 '덥다'(헬, 제스토스)라는 말은 물이 끓는 정도를 의미한 것으로 라오디게아에서 북쪽 11km에 위치한 히에라볼리Hierapoli의 유명한 온천수를 상상케 한다. 물론 이 말의 의미는 뜨거운 신앙을 뜻한다.

그런데 라오디게아 교인들은 이러한 두 극단의 중간에 위치하여 '미지근한'(헬, 크리아로스) 상태를 면치 못한다. 주님께서는 이러한 신앙을 도저히 용납지 못하신다. 즉 교인들이 세상에 대한 타협적이 태도와 물질적 풍족으로 말미암아 생기는 무사안일에 대한 태도를 책망하셨다.

17절에서의 라오디게아 교인들은 스스로 "나는 부자라 부요하여 부족한 것이 없다"는 말로 자신들을 표현했다. 사실상 그들은 엄청난 부에 의한 물질적 풍요가 곧 영적인 풍부를 의미하는 양 착각하고 있었다.

주님은 그들의 영적인 상태를 보시고 '곤고하다', '가련하다'라고 하셨다. 여기서 '곤고하다'는 말은 전쟁으로 인하여 사람이 갖고 있는 모든 것이 파괴되거나 약탈당했을 때의 생활을 말한다(시137:8).

라오디게아 교인들이 이렇게 된 원인은 영적인 면에서의 가난과 눈이 멀었기 때문이다. 또한 그들이 벌거벗은 상태는 도덕적 영적 부패로 인하여 자신들의 위선과 더러운 모습이 외부로 완전히 노출됐다(삼하10:4; 사20:4).

5) 권면과 경고(3:18, 19)

> [18]내가 너를 권하노니 내게서 불로 연단한 금을 사서 부요하게 하고 흰 옷을 사서 입어 벌거벗은 수치를 보이지 않게 하고 안약을 사서 눈에 발라보게 하라 [19]무릇 내가 사랑하는 자를 책망하여 징계하노니 그러므로 네가 열심을 내라 회개하라

주님께서는 먼저 라오디게아 교인들에게 '불로 연단한 금으로 부요하게 하라'고 하셨는데 이것은 베드로의 견해처럼 믿음(벧전1:7)을 의미한다.

둘째로, '흰 옷을 사서 벌거벗은 수치를 보이지 않게 하라'함은 라오디게아의 명상품인 광택이 나는 검은 양모가 아니라 주님의 은혜와 속죄의

흰 옷으로 입어라는 뜻이다.

마지막으로 '안약을 사서 눈에 발라 보라'는 말씀은 라오디게아에 훌륭한 의학교와 효험이 있는 안약이 있다고 하더라도 그들은 영적인 빈곤과 수치를 발견하지 못할 정도로 눈이 멀어 있었다(요9:41). 그러므로 주님만이 죽어 버린 인간의 영성을 회복할 수 있다(엡2:1-7).

19절에서 주님께서 우리를 책망하시는 이유는 사랑(헬, 필레오)하시기 때문이다. 여기서 '필레오'는 흔히 신적인 사랑으로 알려진 '아가페'에 미치지 못하는 것은 아니다. 그것과 동일한 힘을 가진 사랑으로 가장 우정이 어린 사랑을 말한다(요5:20; 16:27; 20:22). 이러한 사랑의 채찍을 맞는 자가 취할 태도는 새로운 열심을 다하는 것과 회개하는 일밖에 없다.

6) 약속 (3:20 - 22)

> ^{20.}볼지어다 내가 문밖에 서서 두드리노니 누구든지 내 음성을 듣고 문을 열면 내가 그에게로 들어가 그로 더불어 먹고 그는 나로 더불어 먹으리라 ^{21.}이기는 그에게는 내가 내 보좌에 함께 앉게 하여 주기를 내가 이기고 아버지 보좌에 함께 앉은 것과 같이 하리라 ^{22.}귀 있는 자는 성령이 교회들에게 하시는 말씀을 들을지어다

비록 라오디게아 교회가 다른 여섯 교회처럼 칭찬을 전혀 받지 못했다. 그렇다고 할지라도 주님께서는 회개하고 주님의 친구가 되어주기를 각자의 마음 문 밖에서 기다리고 계신다.

여기서 '서 있다'(헬, 에스테카)는 말은 이미 오래 전부터 지금까지 계속해서 서 계신다는 뜻이다. 또한 '두드린다'(헬, 크루오)는 말은 현재성을 강조하는 것으로 지금 두드리고 계심을 나타낸다. 만약 누구든지 마음의 문을 열어 주님을 영접하기만 하면 주님과 더불어 영원한 사랑과 기쁨을

나누게 될 것이다(요14:23). 우리는 하나님의 동역자요 밭이요 집이다(고전3:9; 5:3,4). 본 절 중에 주님이 자신을 영접하는 자와 더불어 '먹겠다'(헬, 데이프네오)는 간단한 식사가 아니라 풍성한 저녁식사로 친교를 나누시겠다는 의사 표시이다.

21절은 분명히 종말론적인 약속으로써 이 땅에 불의와 맞서야 하며 자신의 영적인 태만에 대하여 몸부림을 쳐야 하는 용기와 인내의 근거를 제공하는 말씀이다.

7) 상징: 현대 시대

라오디게아 교회는 교회사적으로 볼 때 현대를 상징하고 있다. 라오디게아의 의미는 영어로 「Right of laity」, 즉 「민권民權 교회」를 뜻한다. 라오디게아 교회 시대인 20세기 초기에 들어와서 독일로부터 시작된 이성주의와 과학실증적 접근방법으로 신학을 철저히 비평하기에 이른다. 이러한 운동은 1920년대 이후부터 본격적으로 미국을 강타하여 자유주의 현대주의 신신학新神學의 명분하에 유럽은 물론, 미국의 교회들이 죽어갔다.

결국 라오디게아 교회가 아멘도, 충성도, 참된 증인도, 창조의 근본의 목적도 없이 오직 물질만능과 쾌락주의에 함몰된 것처럼 오늘날의 현실을 그대로 예언했다. 그러나 하나님께서는 타락한 모습의 인류를 버리시지 않으시고 계속해서 마음의 문을 열어주기를 문 밖에 서서 기다리고 계신다. 이상의 계시록 3장에서 나온 세 교회의 편지 내용을 정리하면 <표 3-1> 교회에 보내는 편지 내용 분석표와 같다.

<표 3-1> 교회에 보내는 편지 내용 분석표

교회 이름	사데 (3:1-6)	빌라델비아 (3:7-13)	라오디게아 (3:14-22)
주님 모습	하나님의 일곱 영과 일곱 별의 주님(1)	다윗 열쇠의 권위적 주님(7)	아멘, 충성, 참된 증인, 창조근본(14)
칭찬	그 옷을 더럽히지 않은 몇 사람(4)	말씀 지킴, 우상 멀리함(8, 9)	없음
책망	살았으되 죽은 영적 사망(1)	없음	미지근함(15,16)
권면	① 일깨워라 ② 굳게 잡으라 ③ 기억하라 　(생각하라) ④ 회개하라(2, 3)	굳게 잡으라(11)	금과 흰 옷과 안약 사라, 열심 회개(18, 19)
경고	도적같이 임하리라(3)	없음	내 입에서 너를 토하여 내치리라 (분리)(16)
약속	① 흰 옷을 입을 것 ② 이름을 생명책에서 흐리지 아니함 ③ 아버지 앞, 천사장 앞에서 시인하리라(5)	① 열린 문, 시험의 때를 면케 함 하나님 성전기둥이 되게 함 ② 면류관 지킴, 나의 새 이름을 그 이 위에 기록 (8-12)	문을 열면 더불어 먹으리라, 내 보좌에 함께 앉게 하리라 (20, 21)
동시성 시대	동서왕조 분립·교황 포로 및 귀환 시대 (921~1516년)	메시아 재강림 준비 시대 400년 (1517~대환난기)	70년 대환난 (대환난 이후~현대)
내용	1517년 루터가 종교 개혁을 시도할 정도로 살았다는 이름은 가졌으나 실상은 거의 죽은 600년간의 교회 암	온 땅을 시험. 새 예루살렘 예언. 놀라운 부흥운동 (감리교·구세군·성결교·신령운동)	7년 대환난→70년 대환난으로 연장. 영적으로 타락한 교회 시대. 성경을 과학적으로 비평. 신학박

	흑 시대 예언.	빌라델비아 교회 서신→7년 대환난 예언. 환난을 피할 약속을 주심.	사의 死神論주장. 무신론 공산주의·쾌락주의·인본주의에 대한 출현 예언.

III. 일곱 인 · 일곱 나팔 재앙 · 일곱 대접 재앙

계시록은 4장부터 '장차 될 일'에 관한 미래계시이다. 4장과 5장은 6장에서부터 시작되는 일곱 인을 떼는 것이 하나님께서 친히 확증하셨다는 내용이다. 일곱 인은 ① 일곱 인의 차례대로 개봉(6:1-8:1), ② 일곱째 인에서 일곱 천사의 일곱 나팔 재앙(8:2-15장), ③ 일곱째 나팔에서 하나님의 마지막 진노의 일곱 대접 재앙(16-18장)의 순서로 진행된다. 누구든지 모세와 같은 선지자의 말씀을 듣지 않으면 멸망이다(행3:22-23). 일곱 인을 모두 개봉함으로써 짐승이 출현하여 대환난이 벌어진다. 이 짐승은 권세를 얻어 하나님을 훼방하고 성도들과 싸워 이기고 나온 짐승이므로(13:4-7) 기록된 모든 것을 이루는 형벌의 날이 되어 인류의 대환난을 예고한다(눅21:22).

| 제4장 |

하나님 보좌의 영광

4장은 '장차 될 일'의 일곱 인을 보증하기 위해 하나님의 영광
을 묘사했다. 첫 구절의 '이 일'이란 무슨 일인가? 2, 3장의 일곱
교회를 통해 재림을 위해 2천 년 동안 하나님의 섭리를 계시하
셨던 모든 일이다. 하나님께서는 말세가 되면 주님을 보내시고
노아 홍수와 같은 환난을 통해 적그리스도들을 섭리하신다(눅
17:26). 때가 되면 신령한 목사나 성도들에게는 하나님의 섭리
를 깨닫게 하신다(행2:17). 주님은 하나님의 인침을 받으셨기
때문에 그 뜻을 세계적 무대에서 초종교 · 초국가적으로 성취
하시는 분이시다(마7:16; 21:43; 요10:38).

1. 하늘의 열린 문 (4:1)

[1.]이 일 후에 내가 보니 하늘에 열린 문이 있는데 내가 들은 바 처음에 내
게 말하던 나팔소리 같은 그 음성이 가로되 이리로 올라오라 이 후에 마
땅히 될 일을 내가 네게 보이리라 하시더라

1절에서의 '이 일 후에'라는 것은 초림 이후 주님이 오실 때까지의 준비기간인 2천 년간 일곱 교회 시대의 종료를 뜻한다. '하늘에 열린 문門'은 성령에 이끌리어 감동되어서 보는 영적인 문으로(고후12:3) 하나님의 계시를 전달받는 자가 겪는 하늘에 대한 영적인 경험을 강조했다. 그렇기 때문에 예수님은 하늘에서 내려온 인자라고 하셨지만 마리아의 잉태로 태어나셨다. 또한 주님을 믿으면 구원의 영생 길로 갈 것이며, 불신하면 멸망의 길로 갈 것(눅21:20-26)이라는 것도 영적인 표현이다.

이와 유사한 하늘의 경험을 강조한 표현으로써 '하늘이 열리다'는 말이 성경에 종종 언급됐다. 즉 에스겔의 환상(겔1:1), 예수께서 세례를 받으실 때의 성령 강림(마3:16; 막1:10), 나다나엘에 대한 약속(요1:51), 스데반의 환상(행7:56) 및 베드로의 환상(행10:11) 등에서 언급됐다. 그런데 4:1을 근거로 휴거라고 하는 무리들이 날짜까지 정한다. 공중은 문자 그대로의 공중이 아니다. 공중에서 주를 맞이한다는 말씀이 있는데(살전4:17) 이것은 모세 때도 하나님께서 독수리 날개로 백성들을 업어 인도하였다고 하심과 같이 죄악의 땅과 구별됨을 뜻한다(출19:4).

'이리로 올라오라'라는 말씀은 요한이 영적인 비밀을 깨닫기 위해 이 세상의 차원을 초월한 예시력을 부여받는다는 뜻이다. 따라서 하나님의 뜻을 위해 부름을 받는 선지자를 표징한 것이지 문자 그대로 하늘에 들려 올라간 것은 아니다(고후12:2).

2. 보좌에 앉으신 하나님(4:2, 3)

2.내가 곧 성령에 감동하였더니 보라 하늘에 보좌를 베풀었고 그 보좌 위에 앉으신 이가 있는데 3.앉으신 이의 모양이 벽옥과 홍보석 같고 또 무

지개가 있어 보좌에 둘렸는데 그 모양이 녹보석 같더라

2절에서의 사도 요한의 인격을 포함한 모든 것들이 성령의 절대적인 지배 아래 있으므로 영적인 황홀경에 젖어 있다(고후12:2,3). 우리는 말씀을 대할 때마다 주님의 영이 함께 해 주시길 간구해야 할 것이다(시119:18; 요14:16,17).

3절에서의 하나님의 거룩한 모습을 묘사하고 있는데 벽옥, 홍보석으로 표현했다. 더욱이 보좌 주위에 무지개가 들러 있었으며 그 모양이 녹보석과 같았다. 여호와 하나님의 형상을 남보석, 단쇠, 불, 무지개 등으로도 표현했다(겔1:26-28).

그러나 정작 하나님의 모습은 보석이 아닌 인간의 모습으로 빚으셨다(창1:27; 시82:6; 요10:34). 무지개는 하나님은 언약의 증표로 당신의 형상을 나타내신다(창9:12-13).

3. 24장로와 7등불(4:4, 5)

[4]또 보좌에 둘려 이십사 보좌들이 있고 그 보좌들 위에 이십사 장로들이 흰 옷을 입고 머리에 금 면류관을 쓰고 앉았더라 [5]보좌로부터 번개와 음성과 뇌성이 나고 보좌 앞에 일곱 등불 켠 것이 있으니 이는 하나님의 일곱 영이라

4절에서의 장로는 본래 히브리어 자켄Zagan, 즉 턱수염을 뜻하는 연장자를 의미한다. 일반적으로 장로제란, 비경제적·비혈연적인 조직에서 그 집단의 신성한 전통에 가장 정통한 연장자에 의한 지배를 뜻한다(유광호 외, 2007: 190). 초대교회 장로 직분은 교회 감독과 성도의 영적

인 생활을 지도하며(디전3:1-5; 야5:14) 마치 목자와 같은 사역자이다 (디전4:14). 장로는 그리스도의 고난의 증인, 영광에 참예할 자로서(베전5:1-3) 불변의 심정으로 충성을 함으로써 존경받는 승리자이다.

24수는 3(하늘수)×4(땅수)=12수의 배수로, 하늘과 땅의 완성수를 의미한다. 따라서 24장로가 흰 옷을 입고 금면류관을 쓴 것은 지상과 천상의 모든 사역자들을 대표한다. 이것은 무엇이든지 땅에서 매면 하늘에서 매일 것이요 무엇이든지 땅에서 풀면 하늘에서 풀린다(마18:18)는 말씀과 같이 지상에서 완결돼야 함을 뜻한다.

5절에서의 '보좌로부터 번개와 음성과 뇌성이 나고'는 하나님의 능력과 위엄을 나타내신다(출19:16; 겔1:13). 하나님의 보좌는 분명히 하나님의 통치의 핵이다. 일곱 영과 네 생물과 24장로는 주님에게 경배하며 함께 한다(5:6-8).

일곱 등불은 하나님의 일곱 성령을 나타내시는데 하나님은 등불이시기 때문이다(삼하22:29). 이사야 11:2에서도 등불은 성령을 말하는데 이는 성막의 일곱 등불이 지성소 앞에서 항상 타오르듯이 성령께서도 구석구석 살피시며 역사하심을 뜻한다. 주의 말씀은 내 발의 등이요 내 길에 빛이다(시119:105). 대저 명령은 등불이요 법은 빛이다(잠언6:23). 주님은 세상의 빛이니 나를 따르는 자는 어두움에 다니지 아니하게 하신다(요8:12). 그러므로 하나님의 일곱 영은 인간의 절대적인 길잡이로 인간의 목표점이다(시94:9).

4. 네 생물의 모습(4:6-11)

⁶보좌 앞에 수정과 같은 유리 바다가 있고 보좌 가운데와 보좌 주위에

네 생물이 있는데 앞뒤에 눈이 가득하더라 [7]그 첫째 생물은 사자 같고 그 둘째 생물은 송아지 같고 그 셋째 생물은 얼굴이 사람 같고 그 넷째 생물은 날아가는 독수리 같은데 [8]네 생물이 각각 여섯 날개가 있고 그 안과 주위에 눈이 가득하더라 그들이 밤낮 쉬지 않고 이르기를 거룩하다 거룩하다 거룩하다 주 하나님 곧 전능하신 이여 전에도 계셨고 이제도 계시고 장차 오실 자라 하고 [9]그 생물들이 영광과 존귀와 감사를 보좌에 앉으사 세세토록 사시는 이에게 돌릴 때에 [10]이십사 장로들이 보좌에 앉으신 이 앞에 엎드려 세세토록 사시는 이에게 경배하고 자기의 면류관을 보좌 앞에 던지며 가로되 [11]우리 주 하나님이여 영광과 존귀와 능력을 받으시는 것이 합당하오니 주께서 만물을 지으신지라 주의 뜻대로 있었고 지으심을 받았나이다 하더라

6절에서의 보좌 앞에는 수정과 같은 유리 바다가 있는데 이는 성결한 하나님의 말씀을 뜻한다(엡5:26). 네 생물은 사자, 송아지, 사람, 독수리 등으로 이것은 4수로 세상의 만물을 대표한다. 네 생물이 눈이 가득하다는 것은 하나님의 전지전능하신 지혜와 지식이 함께 하시기 때문이다.

7절에서의 네 생물 그룹은 에스겔 1장의 내용을 연상케 한다. 하나님 보좌 주위의 네 생물이라는 단어는 짐승(11:7, 13장)과는 전혀 다르다. 사자는 용맹성의 표현이며 의인은 사자와 같이 담대함을 뜻한다(잠언28:1). 소는 희생의 표현이며(레위4:3; 히9:12), 소의 새끼인 흠 없는 송아지는 희생과 속죄물을 상징한다. 사람은 두말 할 것 없이 만물의 영장으로 지혜의 표상이다(출31:3; 사11:2). 독수리는 공중에 나는 새의 왕으로 높은 기상의 표상이다(사40:30-31).

8절에서의 네 생물들은 여섯 날개를 가지고 눈이 가득하다는 것은 하나님의 전지전능하신 지혜와 지식에 감동을 받아 여섯 날개라는 강한 지도력을 발휘하는 지혜로운 존재이다. 에스겔 선지자도 주님의 영광을 보고 위와 같이 묘사했다(겔1:1-18).

9절에서의 네 가지 생물은 자연계의 대표성을 지닌 것으로 하나님의 본체적인 창조 사역을 나타내며 네 생물이 하는 일은 밤낮 쉬지 않고 하나님에게 거룩하심, 전능하심, 영원하심에 대하여 송영을 드렸다. 요한이 본네 생물의 얼굴 형상을 4복음서에 비유하기도 한다. 여러 가지의 견해 중에 어거스틴 설이 가장 보편적으로 받아들여지고 있다.

① 마태복음은 '사자'로 표시되는데 그 이유는 주님께서 모든 선지자의 예언을 성취하시는 분으로 오셨기 때문이다(마1:1,21).

② 마가복음은 '사람'으로 표시되는데 그 이유는 주님께서 인간 생활에 대한 사실적인 기록을 많이 담고 있기 때문이다(막3:20; 4:38).

③ 누가복음은 '소'로 표시되는데 그 이유는 남녀 인간의 고하를 막론하고 모든 사람들을 구원하기 위해 희생하신 주님을 잘 묘사하고 있기 때문이다(눅2:32; 19:10).

④ 요한복음은 '독수리'로 표시되는데 그 이유는 독수리가 모든 새 중에서 가장 높이 날듯이 요한복음이 '성육신'(요1:1-18), '세상'(요1:5,10-12), '영광'(요1:14-18; 2:19; 11:4; 12:33; 21:19), '중생'(요1:12, 13; 3:1-10; 8:39-45) 등에 관한 중요한 교리를 가장 탁월하게 표현하고 있기 때문이다.

10절에서의 24장로들은 보좌에 앉으신 하나님에게 경배를 했다. 여기서 자기의 면류관을 벗어 던졌다는 것은 고대에서 어떤 왕이 다른 왕에게 항복을 할 때 완전한 승복을 의미하는 것으로 승자의 발 앞에 자기의 왕관을 벗어 던졌던 관습과 관계가 있다. 그러므로 24장로들이 하나님에게 자기의 면류관을 벗어 드린 것은 하나님을 최고의 주主로 모시는 행위이다.

11절에서의 24장로들이 하나님을 찬양한 내용으로 여호와 하나님은 주시며, 영광과 존귀와 능력을 받으심이 합당하다. 또한 하나님이 창조

주 되심을 찬양하였는데 오늘날 이러한 내용은 우리들의 고백이 되어야
할 것이다.

제5장

일곱 인印으로 봉한 책

5장의 환상에서 제일 먼저 보이는 존재는 심판주가 되신 하나님이시다. 요한은 보좌에 앉으신 하나님의 오른손에 일곱 인으로 봉한 책을 취할 자가 없어 크게 울었다. 그러나 심판의 권한을 가지신 어린양(주님)이 그 책을 취한다는 사실에 안심한다. 이러한 과정에서 강하게 보여주시고자 하시는 하나님의 뜻은 6장 이후 전개되는 일곱 인의 개봉이 술사術士들의 허망한 말이 아니라 전지전능하신 하나님께서 친히 주재하시는 것임을 4장에 이어 다시 한 번 확증하신다.

1. 일곱 인의 비밀(5:1-4)

[1]·내가 보매 보좌에 앉으신 이의 오른쪽에 책이 있으니 안팎으로 썼고 일곱 인으로 봉하였더라 [2]·또 보매 힘 있는 천사가 큰 음성으로 외치기를 누가 책을 펴며 그 인을 떼기에 합당하냐 하니 [3]·하늘 위에나 땅 위에나 땅 아래에 능히 책을 펴거나 보거나 할 이가 없더라 [4]·이 책을 펴거나 보거나 하기에 합당한 자가 보이지 않기로 내가 크게 울었더니

1절에서의 하나님의 오른손에 있다함은 대행자를 통하여 반드시 오른손의 강한 힘처럼 강력하게 성취됨을 상징한다. 그러나 때가 되면 자동적으로 성취되는 것이 아니라는 것이다. 즉 '봉한 책'은 타락한 인간의 구원을 위한 재창조의 말씀이다(요1:1; 창1:1). 에덴동산의 타락에 있어 아담과 해와의 불순종행위에 간섭치 못하신 하나님이시다. 그 이유는 인간 책임분담이 있기 때문이다. 타락한 인간에게 예수님은 "너희는 너의 아비 마귀에서 났으니 욕심을 행하고자 하느니라"(요8:44)고 하셨다.

여기서 '책'(헬, 비블리온)이라 함은 문서의 성격을 가지고 있는 사본이 아니라 종이를 길게 이어 가로 둥글게 접은 두루마기이다. 고대인들이 두루마기를 사용할 때는 안쪽 한 면을 세로로 쓰는 것이 상례였다. 특별히 양면으로 쓴 두루마기를 '오피스그래프'라고 하여 사적私的으로 사용되는 비매품이다.

더욱이 두루마기가 '일곱 인으로 봉하였더라'는 말씀은 완전한 것으로 하나님 외에는 그 누구도 알 수 없는 비밀이다. 이 말씀은 다니엘서와 같은 모습을 보이신다. 하나님은 다니엘 선지자에게 장차 마지막 때에 일어날 일을 보여주시면서 간수하고 봉함하라고 하셨다(단12:1-4). '봉함하라'는 말씀은 감추라는 의미로 뒤집어 생각해 보면 마지막 때까지는 이 내용을 아무도 모른다는 뜻이다. 그 내용에 대해서는 계시록 자체를 통해서만 규명될 수 있다. 그렇게 볼 때 계시록은 주님께서 오실 때에 하나님을 대적하는 무리들에게 싸워 이기시는(17:14) 하나님의 구속사 전반을 승리하시는 내용으로 계시됐다(6:2,4,6,8; 7:3-17).

2절에서의 이 두루마기의 인을 떼고 펼친다는 것은 우주 만물에 대한 하나님의 계획과 목적을 계시하시고 성취하신다는 것이다. 이 같은 일을 계획하고 성취하는 것은 물론 인간의 힘으로는 불가능하다. 그러므로 하나님의 주권적 권능을 가지시고 주님이 강림하신다. 여기서 힘 있는 천사가 외친 '합당하다'(헬, 이크시오스)는 말은 능력이나 권리라는 측면이 아니라 선함(goodness)이나 의로움(righteousness)이다.

3절에서의 '하늘 위나 땅 위나'는 전 우주를 가리키기 위해 사용된 말로 천사가 외친 선언이 우주 만물에 미치는 보편성을 띠고 있음을 보여준다. 이러한 의미는 주님을 항상 생각하면서 자신의 믿음을 살펴야 한다는 교훈이다(고후13:5; 길6:4).

4절에서의 사도 요한은 아무리 주위를 살펴보아도 인을 떼기에 합당한 자가 보이지 않아 크게 울었다. 그가 이처럼 눈물을 흘리게 된 것은 크게 두 가지 이유를 들 수 있다.

① 요한은 4:1에서 '이후에 될 일을 네게 마땅히 보이리라'는 약속을 받았는데 이제 천사의 음성에 아무도 대답하는 사람이 없자 그 약속이 지키지 않은 채 지나가 버리기 때문이다.

② 그 두루마기가 펼쳐지지 않는다면 악인에 대한 심판과 성도에 대한 하나님의 구원이 더 이상 실현되지 않기 때문이다. 우리들도 이와 같은 주님에 대한 간절한 염원을 가져야 한다(고전15:19).

ㄹ. 인 떼실 합당한 자 (5:5-7)

5·장로 중에 하나가 네게 말하되 울지 말라 유대 지파의 사자 다윗의 뿌리가 이기었으니 이 책과 그 일곱 인을 떼시리라 하더라 6·내가 또 보니 보좌와 네 생물과 장로들 사이에 어린양이 섰는데 일찍 죽임을 당한 것 같더라 일곱 뿔과 일곱 눈이 있으니 이 눈은 온 땅에 보내심을 입은 하나님의 일곱 영이더라 7·어린양이 나아와서 보좌에 앉으신 이의 오른손에서 책을 취하시더라

5절에서의 '유대 지파의 사자'는 구약의 족장 야곱이 죽기 전에 유다를 가리켜 '사자 새끼'라고 했다(창49:9). 이처럼 유다가 사자 새끼라면 '사자' 는 노아 홍수 심판 이후에 가장 위대한 사람을 상징하는 주님을 뜻한다. '다윗의 뿌리'라는 표현은 '다윗의 자손'과는 다르게 사용되었다. 예수님 은 다윗의 혈통을 통하여 이 땅에 오셨지만 그분의 본체는 하나님이시다 (빌2:6).

6절에서의 '일찍 죽임을 당한' 어린양은 계시록에서 유일하게 본 장에 서 3번이나 나온다(6, 9, 12절). 주님이 장차 이 땅에 오실 때에 인을 뗄 수 있는 근거는 오직 원죄가 없으신 주님이 십자가에서 죽으시고 부활의 승 리를 하셨기 때문이다. 그러나 주님은 때 아닌 때에 죽으신 것이다. 즉 예 수님은 영광스런 하나님의 아들이셨으나 속죄양이 되셨다.

우리 한국어 성경에는 어린양이지만 히브리어 원어에는 '귀염둥이 어 린양'이다. 애굽에서 나오는 날 밤에 이스라엘 백성들은 유월절 어린양 을 잡아서 그 피를 문설주에 바르고 고기를 먹을 때에 무턱대고 어린양 을 잡는 것은 아니다. 니산월9) 10월에 어린양을 골라 두었다가 양무리에 서 취한 다음에 사흘 동안 방에서 아이들과 함께 먹고 자게 한다. 이렇게 정든 귀염둥이 어린양을 14일 밤에 칼을 들고 잡으니 얼마나 온 가족이 마음이 아픈가? 예수님은 하나님이 보시기에 그와 같은 귀염둥이 어린양 이셨다.

예수님이 십자가에 돌아가심으로써 두루마기가 인봉印封되어 있다는 것은 우주와 만물에 대한 하나님의 계획과 목적이 아직 다 실현되지 않 았음을 의미한다. 예수님 자신의 언행에서도 십자가의 죽음은 기정사실

---

9) 니산월은 유대 달력에 1월을 말하는데 양력으로는 3월 중순에서 4월 중순에 해당 된다. 비록 봄철이 시작되는 시기이지만 또한 악한 일을 도모하는 날이기도 하다. 하만 일당이 유대인 학살 날을 정하고 주사위를 던진 날이기 때문이다(에3:7).

이 아니라는 것이다(고전2:8; 마23:37; 26:39; 12:24; 눅19:41-44; 요5:39-46; 10:38; 살전5:17). 물론 예수님께서 십자가에 돌아가실 때에 '다 이루었다'(요19:30; 마16:23)고 하셨으나 이것은 영적 구원만을 의미하며 세상에 실체로 하나님의 나라를 위해서 '영육 아우른 구원섭리 완성'을 위해 재림하시는 것이다(창1:28; 롬7:25; 요일1:8-10). 그러므로 단순히 주님을 믿는 것만으로는 완전구원이 되지 않는다(야2:14; 요5:39).

믿음만으로 구원이 된다면 노아 홍수심판 직후에 인간들은 한 사람도 하나님을 불신하지 않았을 것이다. 따라서 믿음만으로는 완전구원이 불가능하기 때문에 구세주 재림 메시아가 필요한 것이다(마7:21-22). 예수님이 이렇게 일찍 죽임을 당하셨으나 다시 재림하실 때는 완전한 권세(일곱 뿔, 신33:17; 시75:10; 단7:24)와 지혜(일곱 눈, 1:4; 3:1)를 갖고 오신다. 주님을 '하나님의 일곱 영'이라고 한 것은 '아버지와 나는 하나'(요10:30)이시며 '주와 합하는 자는 한 영'(고전6:17)이시므로 하나님의 일곱 영이시다.

7절에서의 어린양은 주님으로서 보좌에 앉으신 이의 오른손에서 두루마기를 취하셨다는 것은 진리의 말씀을 가지시고 하나님의 비밀을 풀어주신다. 그러나 예수님은 유대민족에게 농락을 받으시고 살해되셨는데 재림 시에도 큰 핍박을 받으실 것으로 예시됐다(눅17:25).

3. 네 생물과 24장로들 (5:8-11)

[8]책을 취하시매 네 생물과 이십사 장로들이 어린양 앞에 엎드려 각각 거문고와 향이 가득한 금 대접을 가졌으니 이 향은 성도의 기도들이라 [9]새 노래를 노래하며 가로되 책을 가지시고 그 인봉을 떼기에 합당하시도다

일찍 죽임을 당하사 각 족속과 방언과 백성과 나라 가운데서 사람들을 피로 사서 하나님께 드리시고 ¹⁰저희로 우리 하나님 앞에서 나라와 제사장을 삼으셨으니 저희가 땅에서 왕 노릇 하리로다 하더라 ¹¹내가 또 보매 들으매 보좌와 생물들과 장로들을 둘러선 많은 천사의 음성을 들으니 그 수가 만만이요 천천이라

8절에서의 어린양이 책을 취하신 결과는 그에 대한 네 생물과 24장로들이 대표하는 우주적인 경배이다. 즉 피조물의 대표인 네 생물과 구속함을 입은 성도들의 대표인 24장로들이 경배한다. 그들은 거문고를 가지고 항상 하나님을 찬양하고 영광을 돌린다. 금대접에는 향이 가득했다고 했는데 이 향은 성도의 기도라고 했다. 히브리인들은 기도할 때 향을 피웠는데 이는 기도를 상징한다(신33:10; 시141:2; 창8:21). 성도의 기도를 받으시는 분은 주님이시므로 금대접은 주님을 표징한다(16:1).

9절에서의 새노래와 책은 성약의 새말씀이다. 예수님의 피는 일찍이 속죄양으로 십자가에서 죽임을 당하셨다(요3:16; 롬5:8). 예수님의 피는 타락한 인간을 구원하신다는 완벽한 증거다(언약의 피, 1:5; 7:14; 12:11; 19:13; 히9:11-22; 막14:24).

10절에서의 어린양(주님)의 구원으로 말미암아 장차 될 하나님의 나라에서 제사장이 되고 왕 노릇을 하게 해 주신다. 하나님은 모세 때에 '언약을 지키면 하나님의 나라와 제사장과 거룩한 백성이 된다'(출19:5,6)고 하셨으나 그들은 아담처럼 언약을 파기하여 재림의 때에 새언약을 세우셨다(렘31:33; 호6:7).

11절에서의 네 생물과 24장로들은 예수님의 죽으심으로 주님의 승리 기반을 만드신 그 업적을 찬양했으며 수많은 천사들은 죽음을 이기시고 부활하신 주님을 찬양한다. 천사의 찬송은 이곳을 포함해 천지창조, 그리

스도 탄생(눅2:13), 성도들이 인침을 받을 때(7:12)와 같이 중요한 때였다.

4. 수많은 천사들과 만물(5:12-14)

12.큰 음성으로 가로되 죽임을 당하신 어린양이 능력과 부와 지혜와 힘
과 존귀와 영광과 찬송을 받으시기에 합당하도다 하더라 13.내가 또 들
으니 하늘 위에와 땅 위에와 땅 아래와 바다 위에와 또 그 가운데 모든
만물이 가로되 보좌에 앉으신 이와 어린양에게 찬송과 존귀와 영광과
능력을 세세토록 돌릴지어다 하니 14.네 생물이 가로되 아멘 하고 장로
들은 엎드려 경배하더라

12절에서의 천사들의 주님에 대한 찬양 내용을 보면 하늘에 있는 모든
영적 존재들이 하나님에게 찬양한다는 뜻으로, 능력, 부富, 지혜, 힘, 존귀,
영광, 찬송 등 일곱 개로 찬양을 받으시기에 합당하다고 했다.

끝으로 13, 14절에서 만물의 찬양은 네 개(찬송, 존귀, 영광, 능력)로
나오는데 지상의 모든 피조물이 찬양한다는 뜻을 가진다. 이들의 찬양은
주님의 능력이 너무 크며 그 구원의 성취로 하나님의 영광과 자유에 만
물이 참여할 수 있음을 뜻한다.

| 제6장 |
여섯 인의 개봉

6장은 네 말과 그 탄 자들에 관한 내용(6:1-8)과 함께 일곱 인의 비밀이 묘사됐다. 네 말은 하늘의 네 바람이요(슥6:1-5) '여호와께서 땅에 두루 다니라고 보내신 자들'이므로 선지자이다(슥1:8-10). 그리고 선지자는 바람이라고 비유했으며(렘5:13) 바람은 사자使者이기도하다(시104:4; 히1:7). 스가랴의 네 병거는 하나님께서 바벨론과 애굽에 대한 심판의 도구였다. 오늘날의 네 말과 바람은 말세에 일어날 네 사자使者의 사상운동이다(9장). 색깔이 다른 말은 모세가 던진 지팡이도 뱀이 되고 술객이 던진 지팡이도 뱀이 된 것처럼(출7:10-12) 선한 선지자인지 거짓 선지자인지를 구분한다.

1. 첫째 인, 흰 말과 그 탄 자 (6:1, 2)

^{1.}내가 보매 어린양이 일곱 인 중에 하나를 떼시는 그때에 내가 들으니 네 생물 중에 하나가 우뢰 소리같이 말하되 오라 하기로 ^{2.}내가 이에 보

니 흰 말이 있는데 그 탄 자가 활을 가졌고 면류관을 받고 나가서 이기고
또 이기려고 하더라

1절에서의 인을 떼는데 있어서 5:4에서 사도 요한은 인을 뗄 자가 보
이지 않아 크게 울었다고 했다. 그것은 7년 혹은 70년 대환난을 극복하고
대환난에 승리할 자가 보이지 않기 때문에 크게 울었던 것이다. '인을 뗀
다'는 표현은 대환난의 때가 됐다는 것이다. 사실은 하나님의 진노의 대
환난을 어떻게 극복하는가라는 문제가 더 중요하다(17:14; 19:11).

주님이 이 땅에 오실 때 대환난이 일어난다는 것은 이미 성경을 통해 잘
알 수 있다(겔7:8; 36:19; 마24:21; 막13:31; 눅21:22). 재림하실 때의 대
환난을 다니엘 12:4, 13에서 '마지막 때'라고 언급했다. 이러한 대환난을
승리할 때에 부활 · 영생을 말씀하시는 것이다(강병도, 1987b: 116~118).
예수님께서도 이 땅에 계셨을 때 일곱 인에서 언급되고 있는 전쟁, 기근,
지진, 불신자들의 핍박, 하늘의 이상異象 등의 종말적인 사건들에 관하여
명백하게 말씀하셨다(마24:1-35; 막13:1-37; 눅21:5-33). 즉 예수님이
말씀하신 말세에 대환난의 징조는 주님이 오시기 전부터 이미 지난 2천
년간의 교회 시대를 거치면서 진행되며 잉태됐다. 일곱 인을 떼실 때에
는 이미 대환난으로 '진노의 큰 날'(17절)이다. 즉 주님이 '인을 떼시는 그
때'는 이미 적그리스도가 창궐하여 대환난 중에 있으므로 싸워 이기신다
는 말씀이다(17:14; 19:11).

그렇기 때문에 "용이 해산하려는 여자(재림 나라) 앞에서 그가 해산하
면 그 아이를 삼키고자"(12:4) 했다. 여기서 아이는 장차 철장(말씀)으로
만국을 다스리고 하나님의 보좌 앞으로 올라가시는 주님이시기 때문에
죽이려고 하였다(12:5). 42달 동안 권세를 쥐고 하늘 백성을 짓밟는 적그
리스도에게 이길 자는 주님 외에는 아무도 없다(11:2; 13:5).

적그리스도는 12장에서부터 일곱 머리와 열 뿔을 가진 짐승으로 나오는데 성경에 자세하게 묘사됐기 때문에 철저하게 자신을 속이고 나온다. 적그리스도는 예수 그리스도께서 육체로 임하는 것을 부인하는 자며(요이1:7) 아버지와 아들을 부인하는 자들이다(요일2:22; 4:3). 또한 많은 적그리스도가 일어날 때에 마지막 때인 줄 알아야 한다(요일2:18). 따라서 적그리스도는 어떤 특정한 사람만을 지칭하는 것보다는 '성령을 거역하는 자들'이라고 보면 된다(마12:32).

중요한 사실은 2천 년 전 예수님도 지상에서 환난 중에 함께 하신 것처럼 재림 때에도 대환난의 고난과 박해에 함께 하시므로 철장으로 세상을 다스리며 싸워서 이기고 또 이기시려는 것이다(6:2; 17:14; 19:11; 12:5; 눅17:25). 따라서 큰 환난에서 나온 자가 어린양의 피(새언약, 막14:24)에 그 옷을 씻어 회개해야 한다(7:14). 이때가 인을 뗄 수 있는 시기가 된다. 네 생물 중에 하나가 사도 요한을 '오라'고 한 것은 신령한 자를 증인으로 삼아 진노의 큰 날이 임박했음을 가르쳐 주는 표징이다.

2절에서의 첫 번째 인은 흰 말의 역사로서 주님의 복음운동을 뜻한다. 더러 적그리스도로 보는 견해도 있으나 성경에서는 언제나 흰색은 흠이 없는 순진무구, 속죄와 순결, 결백 등을 상징하므로 주님을 묘사한다(19:11−16). 그러므로 너희 죄가 주홍 같을지라도 눈같이 희어질 것이며 양털 같이 되리라(사1:18)는 말씀이다.

하늘 군대마저도 희고 깨끗한 세마포를 입은 옳은 성도가 그를 따른다(19:8). 흰 말을 탄 자는 두 가지를 가지고 있다. 하나는 활이요 다른 하나는 면류관을 받았다고 했다. 성경에서 활은 전쟁무기이지만 하나님의 능력을 상징한다(슥9:13; 히3:8,9; 시45:5; 46:9). 따라서 활이란 심령을 정복하는 복음의 능력으로 그 자신이 화목제물(고후5:18−20)의 말씀 검으로 세상을 치리하신다.

그리고 성경에는 두 가지 종류의 면류관이 있다. 하나는 왕이 쓰는 면류관이요, 다른 하나는 승리자가 쓰는 면류관인데 여기서는 후자를 말한다. 주님은 싸워 이기고 또 이기려는 분이시므로 새말씀을 가지시고 승리하시는 분이시다(19:15; 6:2).

결론적으로 '흰 말 탄 자'는 재림하시는 주님을 가리키며 주님이 세계전역에 바람과 같은 새로운 복음화 운동을 하신다(마6:10; 18:18; 16:19; 요6:29). 주님께선 세상에 종말이 오기 전에 복음이 온 땅에 전파되리라고 말씀하셨다(마24:14; 막13:10). 성도들은 그리스도의 군대이며(딤후2:3-4) 하나님은 역사하시고 심판은 바람같이 하시는 분이시다(렘18:17).

ㄹ. 둘째 인, 붉은 말과 그 탄 자 (6:3, 4)

[3.]둘째 인을 떼실 때에 내가 들으니 둘째 생물이 말하되 오라 하더니 [4.]이에 붉은 다른 말이 나오더라 그 탄 자가 허락을 받아 땅에서 화평을 제하여 버리며 서로 죽이게 하고 또 큰 칼을 받았더라

3절에서의 '붉은 말 탄 자'는 큰 칼을 받은 자로 그가 하는 일은 '땅에서 화평을 제하여 버리며 서로 죽이게 하는 일'이다. 붉은색은 인류의 적이되는 적그리스도로 멸망당할 자로 죄악의 색깔이다(렘4:30; 사1:18). 하나님은 장자인 에서를 붉은색으로 표시하여 에서를 미워하셨다(창25:25; 말1:2). 또한 하늘의 별을 끌어다가 땅에 던지는 용龍도 붉은색으로 표시했다(12:4).

칼은 전쟁에 사용되지만(레26:6; 렘5:12; 삼상17:51; 31:4; 삼하2:16) 하나님의 말씀 곧 진리를 의미하므로(사49:2; 히4:12) 적그리스도도 사상

을 가지고 인간의 심령을 지배한다.

4절에서의 더욱 놀라운 것은 '그 탄 자가 허락을 받아'라는 표현은 붉은 말을 탄 자가 땅에서 화평을 제하여 버리고 사람들로 하여금 서로 죽이게 하는 것이 하나님의 주권적인 섭리에 의한 것임을 알 수 있다(17:17). 즉 하나님도 선민 유대민족이 메시아를 살해하였으니 사탄역사를 허락할 수밖에 없었다. 종말에 사탄편의 칼 마르크스(1848년 공산주의 선언)와 같은 적그리스도들이 대거 나오게 되며 이후에도 끊임없이 이단자들이 출현했다.

이러한 적그리스도들을 의미하는 '붉은 말 탄 자'의 출현으로 지구상에는 단 하루도 편안한 날이 없는 전쟁과 살육의 연속인 것이다. 이러한 문제는 타락한 인간들이 해결할 수 없기 때문에 주님께서 다시 강림하시는 이유가 된다.

3. 셋째 인, 검은 말과 그 탄 자 (6:5, 6)

> [5]셋째 인을 떼실 때에 내가 들으니 셋째 생물이 말하되 오라 내가 보니 검은 말이 나오는데 그 탄 자가 손에 저울을 가졌더라 [6]내가 네 생물 사이에서 나는 듯 하는 음성을 들으니 가로되 한 데나리온에 밀 한 되요 한 데나리온에 보리 석 되로다 또 감람유와 포도주는 해치 말라 하더라

5절에서의 검(黑)은 것은 주림의 열기에서 생겨난 것이다(렘5:10). 그러므로 주림은 육신의 주림이 아니라 영혼의 주림이요 영적인 고갈을 의미한다(암8:11). 나를 믿는 자는 목마르지 않고 배에서 생수의 강이 흐름으로(요7:38) 주님은 자신을 포도나무(요15:5) 또는 참감람나무로 비유하

셨다(롬11:17). 따라서 감람유와 포도주는 주님의 사상을 뜻한다. 손에 저울을 든 것은 복음과 적그리스도의 사이에서 갈등하는 인간의 표상이다. 그러므로 '검은 말과 그 탄 자'의 예시는 지구상에 적그리스도가 대거 등장한 이후의 정신적 빈곤의 시대를 예시했다.

무신론적 인본주의는 적그리스도가 될 수 있는데 정신분석이론, 환경 결정론 등에 근거한 행동주의 접근으로 '제3의 세력'이다. 그 대표적인 학자는,

① 프로이드: 정신분석적 행동주의 심리학으로 유명,

② 로저스: 긍정적 인간잠재력을 주장,

③ 매슬로우: 행동주의 강화이론으로 인간욕구 5단계론 등이다. 이들이 인본주의자라고 해서 모두 하나님을 부정하는 적그리스도라고 할 수 없다. 그러나 이들이 성령을 정면으로 거역하면 적그리스도의 산물이 된다(마12:31,32).

6절에서의 '한 데나리온에 밀 한 되요 한 데나리온에 보리 석 되로다'의 뜻은 한 데나리온이 일반 노동자의 하루 품삯임을 볼 때 극심한 인플레이를 말한다. 혹자에 의하면 그러한 물가 상승은 평상시보다 12배가량의 인플레가 조성된 것이라고 본다. 그만큼 검은 말을 탄 자가 가져오는 영적 빈곤이 극심하다는 뜻이다. 그러나 진실한 성도는 가뭄에 메마르지 않는 포도나무와 감람나무처럼 불변의 신앙을 가진다.

ㄴ. 넷째 인, 청황색 말과 그 탄 자 (6:7, 8)

7·넷째 인을 떼실 때에 내가 넷째 생물의 음성을 들으니 가로되 오라 하기로 8·내가 보매 청황색 말이 나오는데 그 말 탄 자의 이름은 사망이니

음부가 그 뒤를 따르더라 저희가 땅 사분의 일의 권세를 얻어 검과 흉년과 사망과 땅의 짐승으로써 죽이더라

7절에서의 넷째 인을 뗀다는 것은 청황색 말과 그 탄 자가 나올 때가 됐다. 종말에는 라오디게아 교회가 상징하는 것처럼 하나님의 존재를 무시하는 세대로 많은 사상이 나올 수밖에 없다.

8절에서의 넷째 인의 청황색 말을 탄 자의 이름은 사망으로 음부가 그 뒤를 따른다고 했다. 여기서 '사망'에 해당하는 헬라어 '다나토스'는 죽음이라는 의미와 '역병疫病'의 뜻도 있다. 역병은 전염성이 강한데 현대에 들어와서 에이즈, 각종 독감 바이러스 등은 한결같이 그 전염성이 강했다. '음부'가 뒤따른다고 한 것은 죽은 자들의 영적 상태를 표현한 것으로 주님이 존재하시지 않는 영원한 곳을 말한다.

음부란 영원한 '불못'(20:13,14)과 대조되는 것으로써 부활 전에 중생하지 못한 자가 잠정적으로 머무는 곳을 말한다. 청황색은 글자 그대로 여러 색을 혼합한 것이다. 따라서 앞에서 말한 세 사상들을 혼합해서 필요한 것만을 취하여 만든 인본주의 사상의 극치이다.

8절에서의 이들은 '땅 사분의 일의 권세'를 받았고 그 역시 검을 받았기 때문에 강력한 실천력을 갖춘 사상체계이다. 이러한 여건을 잘 갖춘 곳은 경제적으로 유리한 산유국으로써의 이슬람주의가 대표적이다. 따라서 '청황색 말과 그 탄 자'는 과격한 인물로는 알카에다와 빈 라덴 주의 사상이다. 이러한 현대의 과격한 인본주의에는 북한의 주체사상, 이단자들과 같은 적그리스도들도 포함된다. 빈 라덴은 2001.9.11 테러 이후 2011.5.2에 사살되었으나 빈라데니즘의 유령은 끔찍한 유산으로 살아남아 2013년 보스턴 마라톤 대회에서 미국에서 자생한 젊은 미국청년들에 의한 테러라는 점에 큰 충격을 주었다.

첫째 인: 흰 말과 그 탄 자	활	의미
· 너희 죄가 주홍 같을 지라도 눈과 같이 희어질 것이요(사1:8) · 흰 옷을 입고 나와 같이 다니리니(계3:4)	· 그리스도의 군대 (딤후2:3-4) · 화목케하는 직책 (고후5:18-20)	흰 말 탄 자: 재림주님
둘째 인: 붉은 말과 그 탄 자	**칼**	
· 멸망당할 자의 옷 (렘4:30) · 하늘을 대적하는 붉은 용(계12:3)	· 화평을 제하고 서로 죽이게 하는 큰 칼 · 살육의 무기(레26:6, 렘5:12, 삼상17:51, 삼하2:16)	붉은 말 탄 자: 공산주의 괴수(스탈린, 김일성 등)
셋째 인: 검은 말과 그 탄 자	**저울**	
· 주림의 열기로 인해 아궁이처럼 검음 (애5:10) · 양식이 없어 주림이 아님. 여호와 말씀의 빈곤(암5:11)	· 잡다한 사상에서 취한 합리적 수단 · 감람유와 포도유는 해치말라	검은 말 탄 자: 인본주의 사상가(프로이드 · 로저스 · 매슬로우 등 '제3의 세력')
넷째 인: 청황색 말과 그 탄 자, 사망과 음부	**검, 흉년, 사망, 땅의 짐승**	
· 혼합주의(청 · 홍 · 백색) · 땅 1/4의 권세 얻음	코란+율법(구약)+복음 (신약)	청황색 말: 과격파 이슬람 사상(알카에다 · 빈라데니즘 등)

5. 다섯째 인, 순교자의 신원(6:9-11)

> [9.]다섯째 인을 떼실 때에 내가 보니 하나님의 말씀과 저희의 가진 증거를 인하여 죽임을 당한 영혼들이 제단 아래 있어 [10.]큰 소리로 불러 가로되 거룩하고 참되신 대주재여 땅에 거하는 자들을 심판하여 우리 피를 신원하여 주지 아니하시기를 어느 때까지 하시려나이까 하니 [11.]각각 저희에게 흰 두루마기를 주시며 가라사대 아직 잠시 동안 쉬되 저희 동무 종들과 형제들도 자기처럼 죽임을 받아 그 수가 차기까지 하라 하시더라

9절에서의 다섯째 인을 뗄 때에 장면이 갑자기 땅에서 하늘로 바뀐다. 이것은 마태복음 24:9,10과 대조를 이룬다. 여기서 말한 순교자들의 영혼이란 초림 이후 주님이 오실 때까지 재앙 중에 순교를 당한 영혼들을 말한다. 이들은 신앙으로 인해, ① 짐승의 우상에게 경배하지 아니한 자(13:15), ② 땅 위에 죽임을 당한 모든 자(18:24), ③ 목 베임을 받은 자(20:4) 등이다.

여기서 기억할 것은 순교자들을 '영혼'(soul)이라고 부른 사실이다. 주님은 '영혼'과 '자身'를 번갈아가며 사용하셨다(마10:28). 스데반은 '영혼'을 '사람'의 뜻으로 사용했으며(행7:14) 창세기 2:7에서는 '사람이 생령이 된지라'고 했다. 즉 영혼이란 지각적 존재로서의 인간을 뜻한다.

그런데 이 순교자들이 '제단 아래' 있다고 했다. 계시록에서는 단(altar)이라는 말이 두 가지의 의미로 사용되고 있는데 8:3,4와 9:13에는 금단(golden altar)으로, 14:18과 16:7 등에서는 번제를 위한 제단으로 사용되고 있다. 여기서는 두 번째의 뜻으로 사용됐다.

이것은 그들의 생명인 피가 하나님께 제물로 드려졌다는 사실을 의미한다. 여기서 불신자들은 순교자들이 가장 비극적으로 보일 것이다. 그러나 신앙의 눈으로 바라볼 때 하나님의 정의와 진리를 위해 순교하는

것은 자신을 하나님이 받으실 만한 고귀한 제물로 드리는 행위이다. 또한 영원한 생명과 영광으로 보장받는 행위이다(빌2:17; 딤후4:6-8). 그러므로 순교는 신앙인에게 있어서 가장 큰 영예이다.

10절에서의 죽음을 당한 영혼(순교자)들은 '어느 때까지' 땅 위에 살아 있는 살인자들의 심판을 지연시킬 것인가 하고 가슴에 맺힌 원한을 풀어 주기를 하나님에게 간청하는 모습이다.

11절에서의 하나님께서는 구원의 예표로 흰 두루마기를 주셨다(전9:8; 마22:12). 다만 신원의 시기에 대해서는 '그 수가 차기까지' 기다려야 한다. 하나님은 아무 때나 죽임을 당한 영혼들의 신원을 들어줄 수 없다. "첫사람 아담은 산영이 됐다함과 같이 마지막 아담은 살려 주는 영"(고전15:45-46)이시다. 즉 천상의 영혼들은 주님이 오셔야 지상의 성도와 상대기준 조성으로 재림부활을 할 수 있다(벧전3:19).

그러면 언제 이들의 수가 차게 될까? 7년 대환난으로 끝나면서 그 수가 차게 되겠지만 유대민족처럼 주님을 불신하면 70년 대환난으로 가게 되므로 1980년도 말이 된다. 언뜻 보면 순교자들의 기도는 주님(눅23:34)의 기도나 스데반의 기도(행7:60)와는 좀 모순되는 것처럼 보일지 모른다. 그러나 그것은 자신의 보복을 위한 기도가 아니라 하나님의 이름을 비웃는 자들에 대한 공의의 심판을 위한 기도이다.

6. 여섯째 인, 대환난의 징조 (6:12-17)

12.내가 보니 여섯째 인을 떼실 때에 큰 지진이 나며 해가 총담 같이 검어 지고 온 달이 피같이 되며 13.하늘의 별들이 무화과나무가 대풍에 흔들려 선 과실이 떨어지는 것 같이 땅에 떨어지며 14.하늘은 종이 축이 말리

는 것 같이 떠나가고 각 산과 섬이 제 자리를 옮기우매 ^{15.}땅의 임금들과 왕족들과 장군들과 부자들과 강한 자들과 각 종과 자주자가 굴과 산 바위틈에 숨어 ^{16.}산과 바위에게 이르되 우리 위에 떨어진 보좌에 앉으신 이의 낯에서와 어린양의 진노에서 우리를 가리우라 ^{17.}그들의 진노의 큰 날이 이르렀으니 누가 능히 서리요 하더라

12절에서의 여섯째 인을 뗄 때에 성경에 자주 묘사된 여호와 하나님의 최후의 날을 알리는 우주의 대변동이 삼중적으로 나타나고 있다. 그 첫 번째 재앙은 대지진과 폭풍으로 해와 달이 총담과 피같이 어두워진다(12절; 사13:10; 겔32:7; 욜2:10; 암:8-10; 마24:8,29). 총담은 주로 상복으로 사용되던 굵은 베를 가리키는 것으로(사50:3) 종말과 연관되어 적절히 사용됐다.

창세기 37:9,10의 요셉의 꿈에서 본 바 해, 달, 별의 의미는 각각 아버지(주님), 어머니(성신), 형제(자녀, 성도)를 뜻한다. 그러므로 주님은 참빛이시며(요1:9) 달빛은 진리의 신으로 오신 성신의 빛이라고 말씀하셨다(요16:13). 해와 달이 빛을 잃음은 주님이 재림하셔서 새말씀을 주시면 신약말씀의 사명이 끝나고 계시록의 예언이 성취됨을 의미한다. 또한 별들이 떨어짐은 주님의 재림 때에 기독교인들이 반대함으로 실족되는 것을 뜻한다(눅18:8; 마7:23).

13절에서의 두 번째 재앙으로 하늘의 별들이 무화과나무가 대풍에 흔들려 선 과일이 땅에 떨어지는 것 같이 땅에 떨어진다. 이것은 하늘 편의 백성이 찔림을 받는 박해를 뜻하는 비유의 말씀으로(마13:34; 사53:5) 문자 그대로 천지天地가 사라지는 것은 아니다(전1:4; 시78:69).

계시록 8:10에서도 별들이 떨어져 강들의 삼분의 일과 여러 물샘에 떨어짐은 불가능한 일이다. 사사기 5:20에서 "별들이 하늘에서 싸우되 그

다니는 길에서 시스라와 싸웠도다"라는 말씀이 있다. 시스라는 하솔에 도읍한 가나안 왕 야빈의 군대 장관인데(삿4:2) 실제로 시스라가 싸운 상대는 별이 아닌 남선지자 바락과 여선지자 드보라였다(삿4:4-6). '별은 곧 교회의 사자'라고 하여 별을 선지자로 비유했다(1:20). 또한 야곱에서 별 하나가 나왔는데(민24:17) 그 별은 예수님을 뜻한다(마2:2). 여호와 하나님은 해와 방패이시며(시84:11) 해는 아버지, 달은 어머니, 별은 형제를 뜻한다(창37:9). 그리고 주님은 세상의 어둠에 빛으로 오신 분이시다(요12:46; 12:36; 3:19; 1:7).

이상을 종합해 볼 때 해와 달이 빛을 잃는다는 것은 주님의 섭리가 대환난과 핍박으로 일시적으로 어두워짐을 뜻한다. 또한 하늘의 별들이 땅에 떨어지는 것은 사탄의 공세에 의한 강한 핍박을 의미한다. 계시록 13:4-7에서 분명히 붉은 용으로 묘사된 적그리스도가 하나님을 훼방하고 성도와 싸워 이긴다. 그러므로 해와 달이 빛을 잃고 별들이 떨어져 하늘의 권능들이 흔들린다는 말씀이다(마24:29).

실제로 1917년 볼셰비키 혁명으로 러시아 정교회가 국교였던 러시아는 22,000개의 교회, 70개의 수도원과 8개의 신학교, 25,000명의 성직자 희생, 그리고 74년 동안 1억 5천만 명의 성도들이 희생됐다. 중국 공산당도 1945년 수천 명의 성직자와 수 천 만 명의 성도를 학살했다. 히틀러는 유대민족 6백만 명을 가스실에서 대학살을 시켰다(눅21:22).

주님께서는 '그때에 인자의 징조가 하늘에서 보이겠고'라고 하셨다(마24:30). 이 말씀은 이러한 대환난을 전후하여 메시아의 재림으로 짐승들을 굴복시키신다(17:14). 이때에 붉은 짐승으로 비유된 적그리스도들은 비로소 죽게 된다.

14절에서의 위와 같은 종말론적 재앙으로 고대 우주론적 입장에서 기술되었는데 이는 대풍에 흔들려 무화과 열매처럼 별들이 땅에서 떨어지고 종이(紙) 축처럼 말린다. 그러나 천지는 없어지겠으나 주님의 말씀은 없어지지 않는다(마24:35; 요14:6).

15절에서의 여섯째 인을 떼실 때의 세 번째 재앙은 위의 두 재앙으로 인해 땅에 무서운 공포가 임한다(15-17절; 사34:4; 단9:24-27; 욜2:30, 31; 마24:29). 물론 이 공포는 회개하기를 거절하고 마귀와 우상을 숭배하고 주님을 따르는 자들을 핍박하는 모든 악인들에게 찾아볼 수 있다(9:20,21; 16:6,9,11).

16절에서의 여섯째 인을 통해 나타난 진노의 날에 두려워하는 자들을 표현한 것이다.

① 땅(사탄 편)의 임금들이다.

② 성도와 백성들을 핍박하는 왕족들이다.

③ 부패하고 진리를 파괴하는 장군들이다.

④ 물질적 황금숭배를 하는 부자들이다.

⑤ 사회적으로 유력한 계급의 강한 권력자들이다.

⑥ 최하층 계급으로 다른 사람을 섬기는 종들이다.

⑦ 자영농이나 중소 사업에 종사하는 자영업자들이다.

이들은 하나님에게 회개치 않고 이방 권세를 상징하는 굴(20:3), 산(17:9)과 바위(신32:31) 등에 피신해 다음의 기회를 노린다(마4:11). 하나님의 아들을 믿지 않는 자는 영생을 얻지 못하고 오히려 하나님의 진노가 있다(요3:36). 인간은 누구나 상위의 왕으로부터 가장 아래인 종까지 예외 없이 모두 하나님의 심판과 재앙의 두려움 가운데 살 수 밖에 없다고 규정한다(롬3:10).

17절에서 진노하신 하나님의 마지막 재앙에 대한 최초의 언급이다. 주님은 '때가 이르면 사람들이 성도를 출회할 뿐 아니라 성도를 죽이는 일이 하나님을 섬기는 일'(요16:2)이라고 할 정도를 사탄의 공세를 설명하셨다. 심판의 날에는 소돔과 고모라 땅이 오히려 견디기 쉬운 것이다(마 10:15). 주님이 심판하시는 것이 아니라 마지막 날에 그 하신 말씀이 심판하신다(요12:44-50; 5:22).

이러한 대환난에 앞서 7장에서는 하늘의 백성에게 대환난을 이기는 소망을 주시기 위해 인을 치신다(7:3-14). "여호와께서 환난 날에 나를 그 초막 속에 비밀히 지키시고 그 장막 은밀한 곳에 나를 숨기시며 바위 위에 높이 두시리로다"(시27:5)라는 말씀처럼 보호해 주신다. 그 뿐만이 아니라 7:15와 13:6에서 하나님의 '선민의 장막'과 15:5에서는 '증거 장막'으로도 소망을 주신다. 그러나 일곱 천사의 일곱 재앙이 마치는 18장까지는 누구도 하나님의 성전에 아무도 들어갈 수 없다(15:8).

| 제7장 |

144,000 무리의 인印침

6장에서 사탄이 하나님에게 회개치 않고 피신했으나 7장부터
바로 하나님의 심판은 하지 않으셨다. 잠시 재앙을 중지한 후
재림의 장소를 언급하셨다. 7장은 6장과 매우 밀접한 관계로
6:17의 '진노의 큰 날에 누가 능히 서리요'에 대한 하늘 백성을
보호하시겠다는 의지를 나타내셨다. 앞으로 하나님의 진노의
심판이 극심하여 "그 날들을 감하지 않으면 모든 육체가 구원
을 얻지 못할"(마24:22) 정도이다. 이러한 대환난에 앞서 7장의
14만 4천의 인침을 통하여 하늘 백성에게는 소망을 주셨다.

1. 하나님의 인 (7:1 - 3)

[1.]이 일이 있은 후에 내가 네 천사가 땅 네 모퉁이에 선 것을 보니 땅의
사방의 바람을 붙잡아 바람으로 하여금 땅에나 바다에나 각종 나무에
붙지 못하게 하더라 [2.]또 보매 다른 천사가 살아계신 하나님의 인을 가지
고 해 돋는 데로부터 올라와서 땅과 바다를 해롭게 할 권세를 얻은 네 천
사를 향하여 큰 소리로 외쳐 [3.]가로되 우리가 우리 하나님의 종들의 이마

에 인치기까지 땅이나 바다나 나무나 해하지 말라 하더라

1절에서의 '이 일 후에'란 6장에서 말씀한 환난을 알린 이후이다. 아직 본격적인 70년 대환난의 시기는 아니다. 일곱 천사의 일곱 재앙은 18장까지로 전부 마치기까지는 그 누구도 하늘 성전에 들어갈 수 없다(15:8). 그 이유는 '참하나님'께서 할렐루야 찬양으로 보좌에 앉으시기까지는 성전이 열리지 않기 때문이다(19:4; 요17:3; 요일5:20; 렘10:10).

사방에서 부는 바람(使者의 환난, 히1:7; 시104:4)은 하늘의 인침을 위해 일단 중지되었으나 다시 불게 된다. 천사장 루시엘은 인간 시조와의 간음죄로 하늘에서 쫓겨났다(벧후2:4; 창32:25; 18:8; 19:5). 천사들은 지상인을 통하여 활동한다(눅22:3; 마16:23; 25:41).

2절에서의 '해 돋는 곳'은 주님의 재림하시는 곳이 '동방'이라는 말씀이다. 에스겔 43:4에도 하나님의 영광이 동쪽 문을 통하여 성전으로 들어갈 것이라고 예언됐다. 스가랴 14:4에도 그 날에 주님은 동편의 감람산(동방의 14만 4천)에 서심도 동일한 말씀이다. 그런데 대부분의 주석은 육적인 동방을 부정한다(7:4; 마10:23; 16:28). 그러나 예수님은 자신을 불신한 이스라엘을 심하게 저주를 하셨으며 육적인 이스라엘은 하나님의 나라를 이방인에게 빼앗겼으며 이방인의 때가 차기까지 짓밟힘을 당한다고 말씀하셨다(단9:24-27). 주님은 결코 육적인 이스라엘로 재림하시지 않는다고 분명히 말씀하셨다(눅21:20-24; 마21:43; 롬11:11).

예수님께서도 직접 유대민족에게 선민의 유업에 대하여 "너희는 빼앗기고 열매 맺는 백성이 받으리라"(마21:43)고 하셨다. 이것은 유대민족의 실족으로 선민권이 이방인으로 넘어갔음을 뜻한다(롬11:11). 또한 "나라의 본(원래의) 자손들은 바깥 어두운데 쫓겨나 울며 이를 갈이 있으리라"(마8:12)는 말씀도 하셨다. 사도 바울과 바나바도 영생을 얻음에 합당치

않기로 "우리가 이방인에게로 향하노라"고 했다(행13:46). 또한 포도밭 주인은 그 아들까지 죽인 농부들을 진멸하고 포도원을 다른 사람에게 주신다고 하셨다(막12:1-12; 11:14).

따라서 예수님이 십자가에 돌아가신 이후의 이스라엘 선민은 육적 이스라엘이 아니라 영적 이스라엘인 기독교 성도들이다. 그렇다면 그 이방의 나라는 어디를 지칭하는 말씀인가? 예로부터 동방(한국, 일본, 북한, 중국, 러시아 등)에서 하늘을 가장 섬기는 민족은 한국일 수밖에 없다. 한국인은 성서의 말씀대로 큰 환난에서 이기고 나왔으며 주야로 하나님을 섬기는 민족이다(7:14,15).

고난으로 점철된 역사를 가졌기에 균형 잡힌 시각으로 세상을 어머니처럼 포용할 수 있다. 한국인은 성서적으로 노아의 6대 후손인 욕단의 후예라(창10:25-30)는 사실이 과학적인 DNA 분석으로 이미 입증된 바가 있다.[10] 한국인의 핏줄 속에는 남다른 힘이 있다. 홍익인간이라는 건국 이념과 선비정신 등 많은 정신적 자산을 가지고 있다. 믿음도 지식을 기반으로 믿어야지 무조건 믿을 때가 아니다.

3절에서의 '해하지 말라'고 한 것은 본격적인 대환난의 시작을 기다려 달라는 것으로 유브라데에 결박한 네 천사를 놓아주는 날에는 인간의 삼분의 일이 죽는다(9:14). 이것은 둘째 화의 시작을 의미한다(8:13; 9:12).

ㄹ. 144,ㅁㅁㅁ 인침 받은 자 (ㄱ:4-8)

[4]내가 인 맞은 수를 들으니 이스라엘 자손의 각 지파 중에서 인 맞은 자들이 십사만 사천이니 [5]유다 지파 중에 인 맞은 자가 일만 이천이요 르

---

10) 『연합공보』 202호, 2007.1.24, 5쪽. '욕단 · 한국인 동일 DNA밝혀.'

우벤 지파 중에 일만 이천이요 각 지파 중에 일만 이천이요 ⁶ 아셀 지파
중에 일만 이천이요 납달리 지파 중에 일만 이천이요 므낫세 지파 중에
일만 이천이요 ⁷ 시므온 지파 중에 일만 이천이요 레위 지파 중에 일만
이천이요 잇사갈 지파 중에 일만 이천이요 ⁸ 스블론 지파 중에 일만 이천
이요 요셉 지파 중에 일만 이천이요 베냐민 지파 중에 인 맞은 자가 일만
이천이라

4절에서의 이스라엘 자손 중에 14만 4천이 구원의 인침을 받는다고 할
때 앞에서 언급한 바와 같이 여기서의 이스라엘은 육적인 것이 아니다.
왜냐하면 세계적 기독교 기반으로 하는 모든 성도들이 부르심을 입고 빼
내심을 얻고 진실하여 주님과 함께 승리자가 돼야 하기 때문이다(17:14;
19:11).

그러므로 12파들은 주님이 인도하시는 22장의 '생명수'를 받을 샘에
이르러야 할 12가지 완성한 인간형을 표상하며 이들이 지파장이 된다(17
절; 22:17). 원래 이스라엘이라는 칭호는 야곱에게 주어진 '겨루어 이기
었다'는 승리에 대한 축복이다(창32:27-29). 즉 '할례는 마음에 할지
니'(롬2:28)와 같이 영적 이스라엘을 뜻한다.

사실 14만 4천의 인침은 많은 교파에 의해 잘못 인용되고 있다. 예를 들
면 제7일 안식교, 여호와의 증인, 몰몬교, 신천지 등은 저마다 자기들의
교회만이 14만 4천에 속한다고 주장한다.¹¹⁾ 지금까지의 여러 해석 중에
서 다음과 같이 교파를 초월한 크레다너스 해석이 가장 자연스럽다. 14
만 4천의 수는 12지파에서 각각 1만 2천을 택함으로써 이루어졌다. 12수
는 하나님의 수 3과 땅의 수(사람의 수) 4의 승수인 완전수이다. 그리고

---

11) '여호와의 증인'의 창시자인 럿셀(C. T. Russell, 1852~1916)은 주의 재림이 1874
   년이라고 주장하다가 실패하자 1914년으로 정정했다. 이제는 사람들의 눈에 보이
   지 않을 뿐이며, 14만 4천은 1940년 이후 그 수가 넘자 더 있다고 번복 주장했다.

12의 제곱인 144에 1,000을 곱한 수가 14만 4천이다. 1,000이란 수는 모든 수의 대표수이다(전7:28).

만약에 문자적 해석을 그대로 육적 이스라엘을 의미했다면 '단' 지파를 생략하진 않았을 것이다(신성종, 1992: 68~69). 따라서 14만 4천이란 하나님의 뜻을 이루는데 필요한 세상을 대표하는 절대수로 어린양의 혼인잔치에 참예하는 자로서 주님의 영원한 생명수를 받는 자들이다(7:13－14; 19:7－9; 22:17).

3. 흰 옷과 종려나무(7:9－12)

9.이 일 후에 내가 보니 각 나라와 족속과 백성과 방언에서 아무라도 능히 셀 수 없는 큰 무리가 흰 옷을 입고 손에 종려가지를 들고 보좌 앞과 어린양 앞에 서서 10.큰 소리로 외쳐 가로되 구원하심이 보좌에 앉으신 우리 하나님과 어린양에게 있도다 하니 11.모든 천사가 보좌와 장로들과 네 생물의 주위에 섰다가 보좌 앞에 엎드려 얼굴을 대고 하나님께 경배하여 12.가로되 아멘 찬송과 영광과 지혜와 감사와 존귀와 능력과 힘이 우리 하나님께 세세토록 있을 지로다 아멘 하더라

9, 10절에서의 인침을 받은 자들은 구원의 은혜에 감사하여 하늘 보좌 앞에 네 가지로 표현했다. 즉 ① 흰 옷을 입고, ② 종려나무를 들고, ③ 구원해 주신 주님 앞에서 찬양하며, ④ 엎드려 얼굴을 대고 경배를 했다. 이무리들이 입은 흰 옷은 성결, 예의, 정성의 예복으로 상징하며(19:8; 22:14) 어린양(주님, 마25:1－13) 존전에 믿음의 승리자로서 예복을 입고 찬양과 경배를 한다. 종려나무는 '의인은 종려나무 같이 번성'(시92:12; 아7:6－8)이라는 말씀처럼 번성을 뜻한다. 또한 종려나무는 기쁨 · 감사 ·

승리의 표시이다(요12:13).

11, 12절에서 모든 천사들이 하나님과 주님에게 하나님을 향한 흰 옷을 입은 큰 무리들의 찬양에 대해 '아멘'으로 응답한 후 그들도 하나님과 주님에게 7가지 경배와 찬양을 올린다. 즉 그 7가지는 찬송, 영광, 지혜, 감사, 존귀, 능력, 힘 등이다.

ㄴ. 흰 옷 입은 무리(ㄱ:13-1ㄱ)

13.장로 중에 하나가 응답하여 내게 이르되 이 흰 옷 입은 자들이 누구며 또 어디서 왔느뇨 14.내가 가로되 내 주여 당신이 알리이다 하니 그가 나더러 이르되 이는 큰 환난에서 나오는 자들인데 어린양의 피에 그 옷을 씻어 희게 하였느니라 15.그러므로 그들이 하나님의 보좌 앞에 있고 또 그의 성전에서 밤낮 하나님을 섬기매 보좌에 앉으신 이가 그들 위에 장막을 치시리니 16.저희가 다시 주리지도 아니하며 목마르지도 아니하고 해나 아무 뜨거운 기운에 상하지 아니할지니 17.이는 보좌 가운데 계신 어린양이 저희의 목자가 되사 생명수 샘으로 인도하시고 하나님께서 저희 눈에서 모든 눈물을 씻어 주실 것임이러라

13절에서의 흰 옷 입은 자들은 큰 환난에서 나온 자들인데 그들은 어린양의 피(언약의 피로 새말씀, 막14:24)에 죄를 씻어 희게 된 자들이다. 여기서 '큰 환난'이라는 것은 주님의 강림에 닥쳐올 최후의 대환난을 의미한다(막24:21; 막13:19). 그러므로 흰 옷을 입은 자들은 대환난 때에 사탄의 온갖 핍박과 박해를 이기고 승리한 14장에 나오는 14만 4천 무리를 뜻한다(14:1-3). 그리고 이들은 어린양 혼인잔치에 청함을 받아서 복된 자들이 될 것이다(19:9).

14절에서 하나님의 존전에 나아가는 가장 중요한 비법이 두 가지가 나온다.

① '큰 환난에서 나오는 자들'로 대환난(단12:1)에서 승리한 자들이다. 주님께서도 큰 환난에 대해 "이는 그때에 큰 환난이 있겠음이라 창세로부터 지금까지 이런 환난이 없었고 후에도 없으리라"(마24:21)고 말씀하셨다. 뿐만 아니라 사도 바울이 '배도'와 '불법의 사람'에 관한 말씀도 대환난을 뜻한다(살후2:3-12).

② '주님의 피(새말씀과 고난의 승리, 1:5; 19:13)에 그 죄를 씻어 회개'한 자들이다(히9:13-14). 주님과 함께 고난과 핍박을 받았으나 끝내는 승리자가 된다(눅17:25; 17:14; 19:11). 주님의 피로 말미암아 하나님의 혈통血統이 땅 위에 뿌리를 내리게 된다. 주님을 통한 하나님의 영적·육적 혈통이야말로 생명과 사랑보다도 존귀하며 앞선다(1:5; 5:9; 7:14; 12:11; 요6:53-58; 히9:11-22).

15-17절에서 어린양으로 말미암아 구체적으로 다음과 같이 다섯 가지의 복을 주셨다.

① 하나님의 영광의 보좌(6:1), 은혜의 보좌(4:16) 앞에 있다(15절; 엡5:25-27).

② 하나님의 성전에서 밤낮으로 하나님을 섬길 수 있는 특권이 주어진다(15절, 21:3). 원래 성전에서 하나님을 섬기는 일은 제사장에게만 주어지는 특권이다. 구속받은 성도들은 하나님 보좌 앞에서 직접 하나님을 섬길 수 있다(벧전2:9).

③ 하나님께서 장막을 쳐주시며 주리지도 목마르지도 상하지 않게 하신다(15,16절). '장막을 친다'는 것은 하나님께서 함께 있음이다(출40:34; 왕상8:10; 겔10:4,18,19). 참장막(히8:2)은 주 하나님 곧 전능하신 이와 어린양이시다(21:22).

④ 주님께서 목자가 되심으로 생명수 샘으로 목마르지도 아니하고 해나 아무 뜨거운 기운에도 상하지 않는다(17절; 시49:10).

⑤ 하나님께서 모든 눈물을 씻어 주신다(17절).

상기한 모든 축복은 어린양 혼인잔치에 청함을 입은 자들의 것이라는 점을 잊지 말고 승리하는 삶을 살아야 한다(19:9; 슥14:8; 요16:13; 엡6:10-13). 하나님께서는 이전에 당한 아픔과 고통의 슬픈 기억까지도 완전히 제거하여 주신다.

그러므로 육체적인 한계 상황 아래서 당하는 고통과 아픔으로 다시는 울지 않는다(21:4; 시25:8). 따라서 우리들은 어린양 혼인잔치에 청함을 받음으로 진정한 첫 열매로 거듭난다는 사실을 굳게 인식하고 현실 속에서 부딪치는 고난을 잘 극복해 나가야 할 것이다(요16:33; 고전15:51-54; 골2:12; 벧전1:3).

| 제8장 |

일곱째 인의 개봉

일곱째 인을 떼면서 일곱 나팔의 재앙이 시작된다. 일곱째 인은
이 땅 위에 실제적으로 부어지는 재앙이 아니라 일곱 나팔 재앙
의 서곡이자 과정이 되고 있다. 일곱 나팔 재앙은 8－14장에 걸
쳐 있다. 8장은 첫째부터 넷째 나팔까지, 9장은 다섯째와 여섯
째 나팔이 직접 언급되고, 10－14장은 여섯째 나팔과 일곱째
나팔 사이에 일어날 여러 가지 사건들이 묘사되어 있다. 8장에
서 일곱째 인을 뗄 때에 본격적으로 일곱째 나팔 재앙이 시작된
다. 8, 9장에서 여섯째 나팔 재앙까지 나타나는데 이 재앙들은
적그리스도로부터 하늘 백성들이 받는 42달 동안의 핍박과 박
해이다.

1. 일곱째 인(8:1-6)

1) 일곱 나팔의 관계(8:1, 2)

^{1.}일곱째 인을 떼실 때에 하늘이 반시 동안쯤 교요하더니 ^{2.}내가 보매 하
나님 앞에 시위(侍衛)한 일곱 천사가 있어 일곱 나팔을 받았더라

일곱째 인을 뗄 때에 '하늘이 반시동안 쯤 고요'했다는 것은 회개를 기
다리시는 하나님의 자비로우신 모습이다. 그러나 세상은 하나님의 뜻과
주님을 인식하거나 영접치 못함으로써 일곱 천사장이 각각 나팔을 받아
일곱 나팔 재앙이 전개된다. 이러한 관계를 볼 때 인과 나팔 사이에는 순
서가 분명히 있다는 사실이다. 즉 일곱 인과 일곱 나팔 사이에는 병행되
는 것이 아니라 실제로는 연속되는 일련의 사건임을 알 수 있다.

여기서 시위한 일곱 천사들은 외경인 토빗서 12:15와 경외전 에녹1서
20:2-8에 보면 우리엘, 라파엘, 라구엘, 미가엘, 사리엘, 가브리엘, 레미
엘이라고 했다. 그러나 이것은 성경기록이 아니므로 일곱 천사장으로 보
면 틀림이 없다.

일곱 천사는 일곱 나팔을 가졌는데 구약에서 나팔은 항상 인간 역사에
하나님의 개입을 상징한다(창19:16,19; 사27:13). 신약에서는 주님의 재
림과 깊은 관계가 있다(마24:31; 고전15:52; 살전4:16). 나팔 소리는 인간
을 향한 경고(습1:16), 하나님의 행차와 임재(마24:31; 살전4:16), 전쟁의
신호(민10:2-7; 렘6:1; 딤후2:3,4) 등으로 상징된다. 이와 같이 주님께서
도 나팔 소리와 함께 재림하신다.

2) 세계 전쟁 징조(8:3 - 6)

> ^{3.}또 다른 천사가 와서 제단 곁에 서서 금향로를 가지고 많은 향을 받았
> 으니 이는 모든 성도들의 기도들과 합하여 보좌 앞 금단에 드리고자 함
> 이라 ^{4.}향연이 성도의 기도와 함께 천사의 손으로부터 하나님 앞으로 올
> 라가는지라 ^{5.}천사가 향로를 가지고 단 위에 불을 담아다가 땅에 쏟으매
> 뇌성과 음성과 번개와 지진이 나더라 ^{6.}일곱 나팔 가진 일곱 천사가 나팔
> 을 불기를 예비하더라

3절에서의 표현은 에스겔 10:2의 내용이 배경이 된 것으로 본 절에 언
급된 천사는 성도를 위해 봉사하는 기능을 가진 영체로서 성도의 기도를
하나님께 드린다. 이 천사는 하나님을 시위侍衛한 일곱 천사들이 나팔을
불기 전에 '또 다른 천사'의 모습으로 나타났다. 즉 다섯째 인을 떼실 때
(6:9-11) 하나님의 뜻을 위해 죽임을 당하여 신원을 해달라고 간청을 했
다. 하나님께서 그 때는 그 수가 차기까지 쉬라고 하셨다.

4절에서의 하나님 앞에 그 성도들의 신원을 합하여 기도의 향을 드린
다. 그 이유는 계시록 7:4에서 14만 4천 무리의 인 맞은 자의 수가 결정되
어 마침내 심판의 때가 되었기 때문이다.

5절에 나오는 뇌성은 곧 하나님의 음성의 상징이다(삼하22:14; 출20:
18-1; 시104:7). 뇌성은 죄악의 세상에서는 패망과 응징으로 주의 백성
에게는 구원의 승리이다(출9:23-28; 삼상7:10). 번개는 하나님의 영광과
능력으로 나타내며(출19:16-17; 삼하22:14-15; 겔1:13-14) 지진은 하
나님의 현현으로 심판과 진노를 상징한다(출19:18; 왕상19:11-12).

따라서 5절에서의 '불을 담아다가 땅에 쏟으니 음성과 번개와 지진이
난다'는 말씀은 하늘 편과 사탄 편의 대접전이 예고되고 하나님의 심판의
진노가 시작되는 전주곡이 됐다. 재림의 때에는 노아 방주에 8가족이 선

택을 받듯이 먼저 선택받은 자들의 인침의 역사가 시작된다. 또한 사탄의 반대 역사로 성도들에게 큰 환난과 박해가 도래하며 하늘 편과 사탄 편의 선악 간에 세계적인 대전쟁이 발발勃發한다.

마태복음 24:29,30에 주님은 이런 전쟁과 환난 끝에 비로소 그 징조가 하늘에서 보인다고 기록됐다. 그러나 이 말씀을 문자 그대로 인식해서는 안 된다. 그 날과 그 때는 하나님 외는 천사도 예수님도 아무도 모른다(마 24:36). 그리고 가장 중요한 문제는 대환난을 누구의 힘으로 종결할 수 있는가? 타락한 인간의 힘으로는 대환난의 권세를 쥐고 있는 사탄을 이길 수 없다(마18:18; 눅17:25).

6절에서의 이 끝날의 대환난의 징조는 7단계로 나누어 일곱 나팔을 불면서 말세에 일어난다. 서론에서도 밝힌 바와 같이 나팔 재앙은 하늘 편에 대한 적그리스도들의 박해와 핍박을 중심으로 먼저 일어난다. 8:7 이후는 이때에 일어날 일들을 묵시적으로 설명하고 또 예고하고 있다. 사실 8:7부터 9:12까지의 다섯째 나팔 재앙까지가 첫째 화인 70년 대환난의 전 35년에 해당한다(9:12). 이 기간에 속하는 세계적 대환난은 일제 침략과 1·2차 세계대전의 혼란을 틈타 이후 전개되는 적그리스도의 창궐 등을 들 수 있다.

ㄹ. 첫째 나팔: 피 섞인 우박 · 불 재앙 (8:7)

> 7·첫째 천사가 나팔을 부니 피 섞인 우박과 불이 나서 땅에 쏟아지매 땅의 삼분의 일이 타서 사위고 수목의 삼분의 일도 타서 사위고 각종 푸른 풀도 사위더라

우박은 인간을 하나님께로 돌아오게 하려는 재앙이자 형벌의 표현이다(출9:13-34; 시78:47; 105:32). 이 재앙은 출애굽 시에 10재앙 중에 7번째 재앙과 비슷하다(출9:13-26). 피 섞인 우박은 하나님의 뜻이 이루어지는 것을 시기하고 두려워하여 마지막 총공세를 하는 사탄의 대역사이다(사14:12,13).

땅과 수목의 3분의 1이 타서 사원다는 것은 생리적 죽음이 아니라 영혼의 죽음이다(암8:11,12). 시편 2:9에 대한 유대인 랍비들의 해석에 의하면, 온 세상의 3분의 1이 재앙의 피해를 입게 될 때 메시아 시대가 올 것이라고 했다. 실제에 있어서 첫째 나팔의 재앙은 70년 대환난 중에 전 35년으로 보아야 함으로 본격적인 환난의 시작이라고 할 수 있다(슥13:8,9).

백성을 풀과 나무에 비유되므로(렘5:14; 사40:6-7) 이 풀과 나무에 내려지는 피 섞인 우박과 불은 진리의 말씀이 아니다. 사탄이 유혹하는 사술이자 허구적 궤변으로 일관하는 적그리스도들의 출현과 세계 1차 대전을 예고한 대환난의 시작을 뜻한다.

3. 둘째 나팔: 바다 · 피 재앙 (8:8, 9)

> [8.]둘째 천사가 나팔을 부니 불 붙은 큰 산과 같은 것이 바다에 던지우매 바다의 삼분의 일이 피가 되고 [9.]바다 가운데 생명 가진 피조물들의 삼분의 일이 죽고 배들의 삼분의 일이 깨어지더라

8절에서의 둘째 천사의 나팔 재앙은 애굽에 내린 첫째 재앙과 관련이 있다(출7:14-25). 여호와 전의 산은 이스라엘을 지칭하지만(사2:2) 사탄편의 산은 바벨론과 같은 멸망의 산이다(렘51:25). 따라서 '불 붙은 큰 산'

은 사탄 편에 세워진 바벨론 같은 나라이다. 바벨론은 '가증한 것들의 어미'(17:5)이며 '종말에 멸망되어야 할 귀신(사탄)의 처소요 더러운 영이 모이는 곳'(18:2)이다. 또한 바벨론은 종말에 멸망을 받아 결코 다시 보이지 않을 것으로 예고됐다(18:21).

그렇다면 현대에 있어 마땅히 심판받아야 할 바벨론은 어디인가? 첫째 천사의 나팔 때에 나온 피의 혁명론에 불붙는 나라이다. 그것은 바로 가증한 것들의 어미요, 불붙는 큰 산 같은 나라는 구소련, 히틀러 정권, 일제 등의 적그리스도 국가들을 의미한다. '불붙는 큰 산 같은 것이 바다에 던지우매'는 바다가 악의 세력의 거처로 불순종한 죄악 세상을 의미한다(21:1; 단7:3). 바다의 3분의 1이 피가 된다는 것은 세계의 3분의 1이 사탄의 손아귀에 미혹됐다는 것을 의미한다.

9절에서의 생명을 가진 피조물의 3분의 1이 죽는다는 것은 인류의 3분의 1이 육적인 죽음이 아니라 앞에서도 언급하였듯이 영적인 죽음을 말한다. 그러므로 끝날에는 전 세계의 3분의 1이 하나님을 부정하고 사탄의 사슬인 적그리스도들의 지배를 받는다는 것을 예시했다. 배의 3분의 1이 깨어짐은 배가 방주요, 교회이므로 교회의 파괴를 예시한다.

1917년 피를 부른 러시아의 공산혁명 이후 전 세계의 3분의 1 이상이 박해를 받았다는 사실을 볼 때 이러한 예언이 성취됐다. 성령을 거역하는 죄는 용서받을 수 없다(마12:32). 현재 만약에 북한을 중심으로 통일이 된다면 제일 먼저 처형을 받을 사람은 두말할 필요도 없이 군인, 경찰, 그리고 기독교인들이다.

ㅂ. 셋째 나팔: 큰 별 재앙 (8:1ㅁ, 11)

> ^{10.}셋째 천사가 나팔을 부니 횃불 같이 타는 큰 별이 하늘에서 떨어져 강
> 들의 삼분의 일과 여러 샘물에 떨어지니 ^{11.}이 별 이름은 쑥이라 물들의
> 삼분의 일이 쑥이 되매 그 물들이 쓰게 됨을 인하여 많은 사람이 죽더라

10절에서의 '횃불 같이 타는 큰 별'의 이름은 쑥이다. 먼저 별은 앞의 6
장의 해설에서 선지자이며 '교회의 사자'였다(1:20). 또한 별은 예수님을
상징한다(22:16; 마2:2). 그러나 10절에서 하늘에서 떨어진 큰 별은 독초
인 쑥을 뜻하므로 9:1의 땅에 떨어진 별과 동일한 별이며 횃불은 지도자
를 의미한다(슥12:6). 이것을 종합해 보면 자기 사명을 못한 성도들 가운
데 이단적 행위를 하는 배교자를 말한다.

강江은 평강(사66:12), 생명의 원천(시36:8,9), 성령의 상징이다(요7:38,
39). 지혜 있는 자의 교훈은 생명의 샘이며(잠13:14), 여호와를 경외하는
것도 생명의 샘이다(잠14:27). 또한 죄와 더러움을 씻는 샘이 다윗의 족
속과 예루살렘에 임한다고 했다(슥13:1; 사40:10; 잠10:11).

이와 같은 사실들을 종합해 보면 물샘은 크게 보면 세계 기독교 교회이
다. 따라서 10절은 세계적으로 적그리스도들이 기독교 교회의 3분의 1을
핍박하고 박해한다는 내용이다.

11절에서의 쑥은 횃불 같이 타는 큰 별의 이름이다. 이 '쑥'은 근동 지방
에서 자라나는 '아르테메시아 압신디움Artemesia absinthium'이라는 아주 작
은 쓴 풀을 말하며 성경의 다른 곳에서도 여러 번 언급됐다(렘9:15; 23:
15; 애3:15, 19; 암5:7).

구약에서 이스라엘 민족은 원래 쓴 맛을 겁내었는데 신명기 29:17, 18
에서 쓴 쑥은 우상숭배에 대한 징벌이었다. 본 절의 원문의 뜻에도 '독초'

로 우상숭배(신29:8), 재난(애3:15), 불의(암5:7) 등을 의미한다. 그러므로 애가 3:19에는 내 고초와 재난 곧 쑥과 담즙을 기억하소서라고 했다. 독초와 쑥의 뿌리는 하나님을 떠나는 저주의 표현이다(신29:18-19). 예레미야 선지자는 하나님의 경고로 그 백성에게 쑥을 먹이며 독한 풀을 마시우겠다고 했다(렘9:14,15; 23:15). 그러므로 오늘날에도 하나님을 정면으로 대적하는 적그리스도들을 경계하라는 말씀이다.

5. 넷째 나팔: 해·달·별의 재앙(8:12, 13)

1) 적그리스도의 대환난(8:12)

> [12.]넷째 천사의 나팔을 부니 해 삼분의 일과 달 삼분의 일과 별 삼분의 일이 침을 받아 그 삼분의 일이 어두워지니 낮 삼분의 일은 비침이 없고 밤도 그러하더라

12절에서의 넷째 천사의 나팔 재앙은 애굽에 내린 흑암의 재앙과 관련되며(출10:21-23; 욜2:31; 암8:9) 여섯째 인의 재앙과 비슷하다(6:12,13). 구약에서는 하늘의 어두움이 심판을 위한 하나님의 현현을 뜻한다(사13:10; 욜2:10). 신약에서는 예수님의 십자가 사건 때에서 보는 바와 같이 때 아닌 어두움이 온 땅을 뒤덮기도 했다(마27:45).

주님은 '우리의 허물'로 인하여 박해받으실 것을 찔림이라고 표현하셨다(사53:5). 해는 아버지로, 달은 어머니로 표현한다(사61:2; 눅4:19; 창37:9; 시84:11). 해와 달이 떨어지는 대환난은 적그리스도에 의해 기독교의 박해와 말살 정책이 필연적으로 일어난다.

이사야 14:12에는 "너 아침의 아들 계명성이여 어찌 그리 하늘에서 떨

어졌으며 너 열국을 엎은 자여 어찌 그리 땅에 찍혔는고"라고 했다. 이들의 배후에는 천사장 루시엘이 하늘에서 쫓겨난 후에 조종을 한다. 이것은 가룟 유다에게 마귀가 들어가는 것과 같은 이치이다(요6:70,71).

2) 독수리의 재앙 예고(8:13)

> [13]내가 또 보고 들으니 공중에 날아가는 독수리가 큰 소리로 이르되 땅에 거하는 자들에게 화, 화, 화가 있으리로다 이외에도 세 천사의 불나팔 소리가 인함이로다 하더라

13절에서 '날아가는 독수리'가 나오는데 독수리는 살육당한 자가 있는 곳에 있으며(욥39:26－30) 죽음이 있는 곳에 독수리가 모인다(마24:28). 또한 그 반대로 독수리는 하나님의 명령을 전달하거나 수행하는 사자의 역할도 한다(12:14). 그 뿐만이 아니라 하나님의 보좌 주위에 둘러선 네 생물 중에 하나로 나타나고 있는데 본 절에 나오는 독수리가 바로 그러한 긍정적 종류이다(4:7).

독수리는 살육과 주검의 상징으로 지상에 3차례의 큰 화(禍, 전쟁)가 일어날 것을 예언한다. 첫 번째의 화로는, 일제와 같은 침략과 더불어서 일어난 제1차 세계대전(1914.4.28~1918.11.11)을 계기로 한 적그리스도 국가들의 도전이다.

두 번째 화로는, 제2차 세계대전(1939.9.1~1945.8.15)으로 제1 · 2차 세계대전의 주축국은 독일이었다. 독일을 전쟁으로 몰아넣은 것은 역시 선악과도 같은 석유 이권에 대한 유혹이었다. 1차 대전 발발 직전 독일 빌헬름 2세는 검은 황금인 석유를 차지하기 위해 베를린－바그다드 철도 부설을 추진했다. 이런 독일의 급팽창을 우려하여 영국 · 프랑스가 맞서게 된 것이 제1차 대전의 근본 배경이다.

30여 년 후에 발발勃發한 2차 대전은 일종의 대유럽 복수전이었다(울리히 벡, 2013: 47~71). 1941~1942년 겨울에는 독일군이 크렘린에서 불과 27km 떨어진 모스크바 외곽까지 진격해 왔다(미하일 고르바초프, 2013: 25~27).

제1·2차 세계대전의 대환난은 시기적으로는 주님이 오실 시기인 70년 대환난의 전 35년 중에 일어났다.[12] 세계전쟁사에 의하면 19세기까지 전쟁에 의한 사망자가 1,400만이나 된다고 한다. 제1차 세계대전에서 850만이 죽었고 제2차 세계대전 때는 7,800만이 사망했다. 베트남전쟁이나 한국전쟁 등을 생각하면 죽은 자의 수는 헤아릴 수 없이 많다.

그리고 전쟁비용을 생각하면 로마 시대에 적군 한 사람을 죽이는데 75센트 들었으나 제1차 세계대전 때는 15,000달러나 되고 제2차 세계대전 때는 그 곱인 30,000달러가 들었고 한국전쟁 때는 1인당 50,000달러가 들었으며 베트남전쟁 때는 베트콩 한 사람을 사살하는데 무려 80만 달러가 들었다고 한다.

최근에 미국이 이라크전쟁에서 쏟아 부은 재정적 비용은 재정적 비용은 8천억 달러에서 1조 달러로 추정되고 있다. 이 전쟁에 150만 명이 넘는 미군 병사들이 참전하여 4,500명이 전사하고 약 3만 2,500명이 심각한 부상을 입었다(케네스 헤이건, 2013: 8~9). 인류는 진노하신 하나님의 대환난을 깨닫고 회개를 하고 적어도 1950년대 중반까지는 세계적 평화안을 만들었어야 했던 것이다. 인류는 1945년 10월 24일 UN을 창설하였으나 세계의 적그리스도의 국가 출현을 막지 못했다.

---

12) 1차 대전의 방아쇠는 세르비아 민족주의자가 오스트리아 대공 프란츠 페르디난드를 사라예보에서 암살했는데 이것은 발칸반도의 지역분쟁으로 그쳐야 마땅했던 사건이었다. 그 결과 오스트리아·헝가리 제국과 오토만 제국이 붕괴되었으며 전체주의와 공산주의가 뒤이어 국제무대에 등장했다.

세 번째의 화로는, 70년 대환난의 후 35년의 대환난으로 이른바 아마겟돈 전쟁(16:16; 19:17−21)을 말한다. 이 전쟁은 대사상전이라고 할 수 있는데 하나님의 존재 유무를 둘러싸고 마지막으로 일어나는 대접전이다. 아마겟돈은 히브리어인 '하로마깃돈Haromagiddon'으로 하나님과 사탄의 마지막 결전을 의미하는데 여기에서 악의 세력이 패배하고 하늘이 승리한다. 아마겟돈 전쟁에 대한 선언은 16:16에서 하고 그 실행은 19:17−21에서 한다.

제9장

다섯째, 여섯째 나팔 재앙

지금까지 네 재앙은 자연계에 대한 재앙같지만 실상은 비유와 상징으로 묘사됐다. 사실은 주님이 오시는 때를 맞추어 하나님의 백성들을 핍박하고 박해하고 죽이는 등의 강한 공세를 나타낸다. 9장에서는 다섯째와 여섯째의 나팔 재앙이 나온다. 두 재앙은 공통적으로 직접 인간을 그 주요한 대상으로 묘사된다. 다섯째 나팔 재앙의 황충은 이마에 인을 맞지 않은 사람만 해치려고 한다. 그러나 죽이지는 않지만 그 괴로움이 전갈에 쏘이는 아픔과 같다. 여섯째 나팔 재앙에는 큰 강 유브라데에 결박한 네 천사를 풀어 줌으로써 마병대가 이만만으로 그들의 입에서 나오는 불ㆍ연기ㆍ유황으로 사람 3분의 1을 죽임은 영적 사망을 의미하지만 1ㆍ2차 세계대전 등의 대환난으로 육적 사망도 만만치 않다.

1. 다섯째 나팔: 황충 재앙(9:1-12)

1) 사탄의 하나님 흉내(9:1, 2)

> [1.] 다섯째 천사가 나팔을 불매 내가 보니 하늘에서 땅에 떨어진 별 하나가 있는데 저가 무저갱의 열쇠를 받았더라 [2.] 저가 무저갱을 여니 그 구멍에서 큰 풀무의 연기 같은 연기가 올라오매 해와 공기가 그 구멍의 연기로 인하여 어두워지고

1절에서의 '떨어진'에 해당하는 헬라어 '펩토코타'는 완료형으로 다섯째 나팔을 불기 전에 이미 떨어져 있었음을 보여 준다. 앞에서도 언급되었지만 이 존재는 '하늘에서 떨어진 큰 별'로서 하늘에서 내쫓긴 천사장 루시엘을 뜻한다(사14:12; 눅10:18). 실제적으로 사탄의 존재는 마귀의 사주를 받은 가룟 유다와 같은 적그리스도의 인물이다(요13:2). 그가 무저갱의 열세를 받았다는 것은 20:3의 무저갱에 결박된 붉은 용이 잠간 놓이리라는 내용과 같다.

2절에서 여호와 하나님께서 흙으로 사람을 지으시고 "코에 생기를 불어넣으시니 사람이 생령이 된지라"(창2:7), "동풍이 오리니 곧 광야에서 일어나는 여호와의 바람이라"(호13:15)라 같이 공기는 하나님의 능력과 운행과 역사하심을 뜻한다(민11:31). 그러나 인간의 불순종으로 하나님의 영이 사람과 함께 하실 수 없었다(창6:3).

연기는 하나님의 운행하심과 하나님의 능력과 임재하심을 표현하지만(시18:8; 사6:4,5) 본문은 '연기 같은 연기'로 표현함으로써 창조주 하나님을 흉내를 내는 사탄을 뜻한다. 해와 공기가 '연기 같은 연기'로 인하여 어두워진다는 것은 그리스도 복음운동이 하늘에 대적하는 사탄의 발악적 행동으로 침해를 받는다는 말씀이다.

2) 전갈의 권세(9:3, 4)

3.또 황충이 연기 가운데로부터 땅 위에 나오매 전갈의 권세와 같은 권세를 받았더라 4.저희에게 이르시되 땅의 풀이나 푸른 것이나 각종 수목은 해하지 말고 오직 하나님의 이마에인 맞지 아니한 사람들만 해하라 하시더라

3절에서의 황충은 5cm의 크기이지만 떼를 지어 앉은 곳은 풀 한 포기도 남기지 않는 무서운 해충이다. 구약에서 황충은 노략질(사33:4)과 사람을 징계하는 곤충(왕상12:11-14; 겔2:6)으로 표현된다. 그러므로 황충은 대환난의 종말에 사탄의 앞잡이인 적그리스도들로 계수할 수 없을 정도의 많은 수를 거느리고 노략질을 하며 하늘의 백성을 핍박한다(사33:4; 렘46:23; 51:14). 또한 적그리스도들은 전갈처럼 기습적이고 저돌적으로 인간의 영혼을 죽이는 독성을 가졌다. 예수님께서도 누가복음 10:19에서 사탄에 대하여 "뱀과 전갈을 밟으며 원수의 모든 능력을 제어할 권세를 준 것"이라고 하셨다.

4절에서의 사탄의 박해가 아무리 강하여도 하나님의 백성들에게는 영생을 주노니 영원히 멸망치 아니하며(요10:28) 육신의 고통을 주는데 있어서도 전갈이 쏘는 것과 같은 혹독한 고통을 주는 것이지 영원히 멸하지는 못한다. 중생 부활로 거듭난 성도에게는 적그리스도들이 비록 육신을 해칠 수는 있어도 그들의 영혼만은 죽일 수가 없다(마22:37; 롬4:11; 엡1:13).

이마에 하나님의 인을 맞지 않은 자만 상하리라 했으니 비신자에게 내리는 재앙이다. 그러나 그 비신자들의 육체를 죽이는 재앙은 아니다. 그러므로 이는 성령을 받지 않은 자들이 당하는 악의적인 사상으로 인해 받

게 되는 정신적, 영적인 고통을 말한다. 이러한 사상은 공산주의 유물론, 허무주의, 그리고 성령을 거역하는 인본주의와 같은 적그리스도들이다.

3) 죽음 자유도 박탈(9:5, 6)

> [5]그러나 그들을 죽이지는 못하게 하시고 다섯달 동안 괴롭게만 하게 하시는데 그 괴롭게 함은 전갈이 사람을 쏠 때에 괴롭게 함과 같더라 [6]그 날에는 사람이 죽기를 구하여도 얻지 못하고 죽고 싶으나 죽음이 저희를 피하리로다

5절에서의 황충은 땅과 풀과 수목은 해하지 못하고 오직 인 맞지 아니한 사람을 해친다. 그러나 죽이지는 못하며 다섯 달 동안 전갈의 독처럼 괴롭히게 된다. 다섯 달은 150일이므로 '노아 때와 같다'는 말씀과 일치된 숫자이다(9:10; 마24:37-39; 창7:24). 5수는 인간의 완성수인 10의 반이므로 짧은 시일을 의미한다.

성경에서 5는 모세오경 즉 구약을 의미한다. 5는 은혜의 수로 초대교회 성도들은 다섯 번째 칠일인 오순절에 은혜로 성령을 받게 됐다. 또한 누가복음 7장에는 500데나리온과 50데나리온을 빚진 자에 대한 예로 은혜로 탕감받는 이야기가 있다(눅7:41-50).

6절에서의 황충과도 같은 적그리스도들은 죽음의 자유마저도 없는 생활이요, 죽음이 삶보다 행복해 보이는 생지옥이다. 실제로 스탈린의 경우, 이웃의 대화를 엿듣고 밀고하라고 독려했으며 완벽한 공동체를 향한 열망이 공포와 비극으로 몰고 갔다.

특히 볼셰비키의 목표는 가정파괴였다. 스탈린은 가족이 자기중심주의가 자라는 온상이라고 보았다. 이들은 학교에도 가지 않은 어린 자녀를 어른과 다름이 없는 '작은 동지'로 대접했다(올랜도 파이지스, 2013:

41~68). 이것은 적그리스도들의 처참한 인간생활이 어떤 것이라는 사실을 단적으로 말해 준다.

4) 강력한 적그리스도 이념(9:7 - 12)

> ^{7.}황충들의 모양은 전쟁을 위하여 예비한 말들 같고 그 머리에 금 같은 면류관과 비슷한 것을 썼으며 그 얼굴은 사람의 얼굴 같고 ^{8.}또 여자의 머리털 같은 머리털이 있고 그 이는 사자의 이 같으며 ^{9.}또 철흉갑 같은 흉갑이 있고 그 날개들의 소리는 병거와 많은 말들이 전장으로 달려 들어가는 소리 같으며 ^{10.}또 전갈과 같은 꼬리와 쏘는 살이 있어 그 꼬리에는 다섯 달 동안 사람들을 해하는 권세가 있더라 ^{11.}저희에게 임금이 있으니 무저갱의 사자라 히브리 음으로 이름은 아바돈이요 헬라음으로 이름은 아볼루온이더라 ^{12.}첫째 화는 지나갔으나 보라 아직도 이 후에 화 둘이 이르리로다

7절에서의 황충은 세계적으로 확산된 적그리스도들의 모양을 보다 구체적으로 묘사했다. 첫째, 황충은 전쟁을 위한 예비한 말들과 같다(9:7). 말은 전쟁에 이용되며(출14:9; 왕상20:20; 삿5:22), 하나님께서 땅에 두루 다니라고 보내신 사자들이다(슥1:8-10). 본 절에서의 말은 적그리스도들의 세력으로 종횡무진으로 도전해 오는 신속성을 의미한다.

둘째, 황충의 머리에는 금면류관 비슷한 것을 썼다고 함으로써 적그리스도에 대항할 새말씀으로 무장하여 대응하지 못하면 일시적으로 적그리스도들이 승리한다는 것이다.

셋째, 황충은 사람의 얼굴을 가지고 있음으로써 사탄도 자기를 광명과 의로운 천사로 가장하는 것이 가장 영예로운 일이다(고후11:13-15). 이처럼 적그리스도들이 인류의 최고의 이상적인 사상으로 무장하고 의와 평화의 체제를 가장하여 출현한다.

8절에서의 넷째, 황충은 여자의 머리털을 가지고 있다고 했다. 이것은 적그리스도들이 매력적이고 유혹적인 사상 체제를 갖추고 있다.

다섯째, 황충은 사자의 이를 가지고 있음으로써 무서운 힘과 강한 침투력을 과시한다.

9절에서의 여섯째, 황충은 철흉갑 같은 흉갑을 가지고 있다고 하여 강한 정복력을 과시한다.

일곱째, 황충이 가진 날개들의 소리가 마치 병거와 많은 말들이 전장으로 달려가는 것 같다고 했다. 즉 적그리스도들은 젊은이들과 지식층들까지도 유혹할 수 있는 대중적 인기를 뜻한다.

10절에서의 여덟째 황충은 전갈과도 같은 꼬리를 가지고 있다. 즉 적그리스도들은 꼬리와 같은 하부구조를 갖추고 있어 누구나 한 번 빠져들면 나오기가 힘들다. 그들은 혁명적 사상을 주 무기로 하는 기간이 5절에 이어 반복하여 '다섯 달' 동안 사람을 해하는 권세를 받았다라는 것은 실제 행동화하는 기간은 그렇게 길지 않다는 의미이다. 왜냐하면 한 이레 동안의 언약은 굳게 정하였기 때문이다(단9:27).

11절에서의 황충은 무저갱의 사자(사탄)를 임금으로 삼고 있다. 그 이름은 히브리 음으로는 '아바돈', 헬라 음으로는 '아볼루온'으로 '파괴자' 혹은 '인류의 멸망을 초래하는 자'이다.

본문의 뜻에 가장 부합하는 것은 '무저갱의 사자'로 사탄을 가리킨다. 무저갱의 사자는 본 장 1절의 '하늘에서 땅에 떨어진 별 하나', 즉 타락한 천사장 루시엘과 동일한 존재이다(요8:44).

12절에서의 첫째 화는 지나갔으나 아직도 이후에 화 둘이 이른다고 했다. 첫째 화에는 1920년대를 중심으로 1·2차 세계대전과 같은 전쟁의 씨앗이 잉태되고 그러한 소용돌이 속에서 적그리스도들이 더욱 강하게 출현했다고 볼 수 있다(11:2).

ㄹ. 여섯째 나팔: 유브라데강 재앙 (9:13 - 21)

1) 결박된 네 천사 (9:13 - 18)

^{13.}여섯째 천사가 나팔을 불매 내가 들으니 하나님 앞 금단 네 뿔에서 한 음성이 나서 ^{14.}나팔 가진 여섯째 천사가 말하기를 큰 강 유브라데에 결박한 네 천사를 놓아주라 하매 ^{15.}네 천사가 놓였으니 그들은 그 년 월 일 시에 이르러 사람 삼분의 일을 죽이기로 예비한 자들이더라 ^{16.}마병대의 수는 이만만이니 내가 그들의 수를 들었노라 ^{17.}이같이 이상한 가운데 그 말들과 그 탄 자들을 보니 불빛과 자주빛과 유황빛 흉갑이 있고 또 말들의 머리는 사자 머리 같고 그 입에서는 불과 연기와 유황이 나오더라 ^{18.}이 세 재앙 곧 저희 입에서 나오는 불과 연기와 유황을 인하여 사람 삼분의 일이 죽임을 당하니라

13절에서의 여섯째 나팔의 재앙으로 하나님의 진노의 심판은 더욱 강하다. '금단'은 8:3에서 금향단으로 성도들의 기도를 올리는 곳이다. 네뿔은 구원의 뿔로 하나님의 사역을 위해 활동하는 네 천사를 말한다(시18:2; 삼하22:2,3). 금단 뿔은 자비를 베푸는 곳인데(왕상1:50) 그곳에서 네 천사를 놓으라고 하는 것은 인간들이 회개치 않으므로 하나님은 더이상 참으시지 않음을 뜻한다. 네 뿔이 한 음성으로 외친다는 것은 여섯째 나팔의 재앙으로 하나님의 뜻과 주님을 알아보지 못하는 인류에게 70년 대환난이 더욱 심화됨을 뜻한다(8:13; 9:13).

14절에서의 '유브라데에 결박된 네 천사'는 정해진 때에 사람들을 3분의 1을 죽이기 위해 미리 준비된 자들이다. '네 천사'에 대하여 두 가지 견해가 있다.

첫째, 7:1 - 3절에서 땅의 사방의 바람을 붙잡아 놓았던 천사이며 하나님께서 이마에 인치기까지 땅과 바다와 나무 등을 해치지 말라고 붙들어 놓았던 네 천사들이라고 볼 수 있다.

둘째, 이에 대해 일부 학자들은 '네 천사'가 사탄에 속한 악한 천사를 가리킨다고 주장했다. 이에 대한 근거로,

① 네 천사들이 결박되어 있다는 점,

② 네 천사가 오는 유브라데강 지역은 죄악과 원수의 땅, 즉 이스라엘을 멸망시킨 앗수르와 바벨론 지역이라는 점을 든다.

여기서 전후의 문맥의 흐름을 볼 때 ②의 견해가 본문을 뜻과 부합되고 설득력이 있다. 네 천사는 사탄에 속한 악한 천사로 자기 위치를 지키지 않고 처소를 떠난 천사들이요, 큰 날의 심판까지 결박해서 흑암에 가두었던(유1:6,7) 죄를 범한 천사들이다(벧후2:4).

유브라데에 결박해 놓았다고 했는데 유브라데는 '원수 갚는 날 · 장소'를 의미한다(렘46:10). 유브라데강은 알메니아 산에서 시작되며 서아시아에서 제일 크고 긴 강으로 이스라엘의 국경이다(신1:7). 이방 족속들은 흔히 유브라데강으로부터 이스라엘을 공격해 왔다(렘2:18). 따라서 이스라엘인들은 다음과 같이 그들의 원수들이 일어나는 근원으로 보는 것이다.

① 첫 번째의 거짓말과 살인사건이 여기서 일어났다(창2:14,15; 3:6,7; 4:8).

② 첫 무덤을 판 곳이 이곳이며 전쟁을 위한 첫 번째 동맹을 맺은 곳이다.

③ 니므롯이 최초로 거짓 종교를 만든 곳이다(창10–11장).

④ 바벨탑을 건축했으며 바벨론 제국을 세운 곳이다.

15절에서의 이제 유브라데 천사들을 놓아줄 때가 됐다는 것은 하나님 편과 사탄 편의 대접전을 예고하는 것이다. 이 대재앙전쟁은 언제 일어나

는가? '그 년, 월, 일, 시'라는 것은 작정된 시기이다. 이것은 여섯 나팔의 재앙이 우발적인 것이 아님을 뜻한다. 다시 말해서 사전에 아주 치밀하게 계획된 것이다. 성도와 교회를 핍박하는 적그리스도가 나팔 재앙이 더 할수록 심각해졌다. 그러므로 적그리스도의 행동이 더욱 강해지는 시기는 여섯째 나팔을 불 때이다. 이 시기를 70년 대환난의 후 35년의 진입으로 볼 수 있다.

그렇게 보는 이유는 이때에는 적그리스도인 짐승이 일어나서 증인을 박멸하여 지상에서 없어질 것을 말씀하셨기 때문이다(11:7). 또한 13:7 에서 적그리스도가 나라와 방언과 족속을 통일하고 성도를 이기게 된다고 말씀했다(김승곤, 1979: 145). 이러한 재앙으로 죽은 사람이 세계 인구의 3분의 1이라고 하니 그 재앙의 대환난을 상상하기가 힘들 정도이다.

16절에서의 군대의 수는 이만만二萬萬 즉 2억이라고 했으니 무수한 수의 대규모 동원이 된다는 뜻이다. 그야말로 세계적인 대전쟁의 환난이지만 이것은 문자적인 해석으로 군사 전문가들에 의하면 전쟁에 2억을 동원하는 것은 불가능하다는 것이다.

그러므로 '마병대'는 여섯째 나팔 재앙에 참여하는 적그리스도의 세력을 상징하는 것으로 '2억'은 '큰 무리'로 그들이 가진 힘과 파괴력은 엄청나게 크다는 뜻이다(삼상21:11; 신33:17).

17절에서의 그 말들과 그 탄 자들은 6:3,4에 있는 '붉은 말과 그 탄 자' 들과 같은 존재이다. 말들의 머리는 사자의 머리 같이 용맹하다. 여기서의 말은 사탄의 선지자로 11장 이후에는 무저갱(악을 상징하는 땅)에서 올라오는 짐승으로 묘사된다(11:7; 13:1,11; 렘5:13).

18절에서의 그 입에서 나오는 불과 연기와 유황으로 전체 인구의 3분의 1이 사망한다(9:18). 하나님의 말씀을 불에 비유하지만(약3:6; 렘5:14)

인구의 3분의 1을 죽이는 불은 하나님의 진리의 말씀이 아닌 적그리스도의 허구이자 사술이다.

연기는 하나님의 능력과 운행하심이지만(시18:8) 사탄의 연기는 적그리스도들의 위력을 뜻한다. 하나님께서는 유황과 불비로 소돔과 고모라 성을 멸하셨다(창19:24). 유황은 삽시간에 번지고 유황에 취하면 정신을 잃고 마는데 그야말로 적그리스도의 잔인한 모습을 적나라하게 묘사했다.

2) 뱀 꼬리의 하부구조(9:19 - 21)

[19]이 말들의 힘은 그 입과 그 꼬리에 있으니 그 꼬리는 뱀 같고 또 꼬리에 머리가 있어 이것으로 해하더라 [20]이 재앙에 죽지 않고 남은 사람들은 그 손으로 행하는 일을 회개치 아니하고 오히려 여러 귀신과 또는 보거나 듣거나 다니거나 하지 못하는 금, 은, 동과 목석의 우상에게 절하고 [21]또 그 살인과 복술과 음행과 도적질을 회개치 아니하더라

19절에서의 적그리스도들의 생리를 모르고는 설명이 불가능하다. 적그리스도들의 궤변과 조직력을 상징하는 그 꼬리의 힘은 대단하다. 그 꼬리에는 머리가 있으니 뱀 같이 영악하고 꼬리로 세상을 해친다. 뱀은 문자적인 뱀이 아니며 뱀은 지혜로운 것을 상징한다(마10:16). 이것은 본래의 창조목적으로 볼 때 큰 재앙이 아닐 수 없다. 적그리스도들은 하나님과 영혼을 부정하고 육적인 욕망에만 사로잡혀 영적인 죽음을 면할 길이 없다.

20절에서의 여섯째 천사의 나팔 재앙에 죽지 않고 남은 자들은 자신들이 한 나쁜 행위를 회개하지 않는다(6:15,16; 16:11). 오히려 여러 '귀신'과 또는 보고 듣거나 다니거나 움직이지 못하는 금, 은, 동, 목석 등의 우상에 절하는 자들로 탐심의 물욕에 사로잡혔다(골3:5).

여기서 귀신이라는 말은 신약성경에 약 90여 회 나온다. 귀신들은 쉽게 말하면 악령들이고 근본적으로는 악한 천사들인데 사탄이 하늘에서 반란을 일으켜 전쟁을 할 때 사탄의 군사로 싸우다가 사탄과 함께 하늘을 쫓겨난 그의 부하들이다(12:3-9).

많은 신학자들은 하나님이 삼위일체인 것과 같이 사탄도 삼위일체로 일하는 것 같은 인상을 신약성경, 특히 계시록에서 많이 발견하고 있다. '사탄도 삼위일체로 있다'라는 추론은 성경을 이해하는 데 있어서, 특히 사탄과 귀신의 역사를 이해하는 데 많은 도움이 된다.

즉 12:9-17에 나오는 용은 사탄(음녀)을 말하고 13장의 바다에서 올라온 유명한 짐승(흔히 적그리스도라고 함)은 사탄이 인간의 모습으로 지상에 나타난 것으로 본다(魔成人身). 뒤에 땅에서 올라온 짐승은 거짓 선지자로 본다. 즉 이들이 삼위일체로 있으면서 사탄의 세계를 확장해 나가는 것이다. 귀신(악령)들은 그 수하에서 일하는 일꾼들이라고 보면 된다.

흔히 사람들은 귀신을 죽은 사람의 혼령과 동일시하는데 그것은 영적 세계를 모르는 무지에서 비롯된 오해이다. 성경에서는 죽은 사람은 즉시 천국 아니면 지옥으로 가게 되고 거기서 나오지 못하는 것으로 기록되어 있다(눅16:19-31).

성경의 말씀을 비추어 볼 때, 만약 죽은 사람의 혼령이 나타난다면 그것은 진짜 죽은 사람의 혼령이 아니라 혼령으로 가장한 귀신, 즉 악령으로 보아야 할 것이다. 그들은 위장에 능수능란한 존재이다. 그들은 죽은 사람과 똑같은 모습, 옷차림, 음성으로 위장할 수 있다. 엔돌의 신접한 여인의 초혼술로 나타난 죽은 사무엘을 보면 이를 입증하고 있다(삼상28:11-19).

성경에서 귀신에 대한 표현을 보면, 군대와 같은 무리(눅8:26-39; 마8:28-34), 벙어리 귀신(눅11:14), 귀신들려 앓으며(눅13:11), 점하는 귀신(행16:16), 더러운 귀신들(16:13,14; 눅8:29; 막5:8; 마12:43), 귀신들린 자(눅4:33) 등으로 나타난다. 이와 같은 내용을 볼 때 추악한 말과 행동을 일삼는 사람, 하나님의 거룩함을 부정하는 사람은 귀신의 일터가 되기에 적합한 사람이다. 주님을 믿는 믿음으로 귀신을 쫓아야 한다(막16:17).

21절에서도 여섯째 천사의 나팔 재앙에 죽지 않고 남은 자들로 살인과 복술과 음행과 도둑질을 회개하지 않는 자들이다. 복술은 본래 헬라어의 뜻으로는 마술사에 의해 약과 독을 품는 것으로 여기서는 부도덕을 뜻한다(갈5:19－24). 음행은 우상숭배를 뜻한다(출34:15－17). 도적질은 하나님에게 영광을 돌리지 않고 오직 자기 욕심을 채우는 것이다(말3:8).

| 제10장 |

힘센 천사와 작은 책

본 장은 일곱째 나팔 재앙에 앞서 힘센 천사와 작은 책에 대한 내용이다. 그 중심 내용은 고난당하는 성도들에게 위로를 주시고 결국은 하나님께서 승리하심을 계시해 주셨다. 7장이 일곱 나팔 재앙을 불기 전에 하늘 백성에게 소망을 주신 것처럼 10-15장은 하나님의 진노의 일곱 대접 재앙을 쏟기 전에 일곱 나팔 재앙의 비밀을 말씀해 주셨다. 이것은 하나님의 무한하신 사랑과 자비를 나타내신 것이다. 이 말씀을 깨닫고 모든 인류는 속히 하나님의 자녀로 회복될 것을 원하신다.

1. 힘센 천사 (10:1)

¹·내가 또 보니 힘센 다른 천사가 구름을 입고 하늘에서 내려오는데 그 머리 위에 무지개가 있고 그 얼굴은 해 같고 그 발은 불기둥 같으며

1절에서의 '힘센 다른 천사'는 지금까지의 재앙의 천사가 아닌 하나님의 섭리를 돕는 선한 천사이다. 본 절에 나오는 천사는 9:13의 여섯째 나

192 요한계시록의 놀라운 비밀

팔을 가진 천사에 대응하는 존재이다. 성경에서는 주님을 천사와 동일시한 적은 없다는 점을 고려할 때 다른 한 천사(8:3)로 보는 것이 타당하다.

구름은 하나님의 임재하심을 의미한다(출19:9; 출33:9; 민12:5; 신31:15). 또한 구름은 하늘이 운행하실 때의 모습을 나타내므로(마3:17) 구름을 입고 내려오는 천사는 하나님의 뜻을 알리기 위한 의로운 천사이다. 그러므로 일곱째 천사의 나팔소리와 함께 새 시대를 알리는 주님의 새말씀을 선포하는 장엄함을 알린다(10:7).

무지개는 하늘에서 내려오는 천사의 머리 위에 있는데 하나님이 세상과의 약속을 이루려는 징표이다(창9:13). 주님의 재림은 신·구약성경 가운데 무려 318회에 걸쳐 언급된다. 이처럼 주님의 재림은 약속하신 하나님의 언약으로 정녕코 이루신다(사46:11). 무지개는 주님이 반드시 오셔서 섭리하심을 상징적으로 보여준다.

여호와 하나님은 해요 방패이시다(시84:11). 하나님은 얼굴이 해 같이 빛나며 옷이 빛과 같이 희어졌다(마17:2). 여기서 천사의 얼굴이 해와 같다는 것은 하나님의 은혜 가운데 그 뜻과 섭리를 위해 역사하는 선한 천사라는 뜻이다(19:17).

ㄹ. 작은 책 새말씀(1ㅁ:ㄹ-ㄴ)

2.그 손에 펴 놓인 작은 책을 들고 그 오른발은 바다를 밟고 왼발은 땅을 밟고 3.사자의 부르짖는 것 같이 큰 소리로 외치니 외칠 때에 일곱 우뢰가 그 소리를 발하더라 4.일곱 우뢰가 발한 것을 인봉하고 기록하지 말라 하더라

2절에서의 천사가 그 손에 펴 놓인 작은 책을 들고 있는 장면이 묘사됐

다. 이 장면은 에스겔 2:9-3:3까지의 내용이 배경이 다. 즉 에스겔은 하나님으로부터 '두루마기를 먹어라'는 명령을 받고 있다. 예레미야도 내가 주의 말씀을 얻어먹어 주의 말씀은 내게 기쁨과 내 마음의 즐거움이라고 했다(렘15:16).

여기서 '작은 책'은 하늘의 비밀을 반드시 알려주셔야 할 말씀으로 주님의 승리하실 말씀이다(17:14). 작은 책이 '펴 놓였다'는 것은 그 책 안에 담겨 있는 예언의 말씀이 계시되고 성취되어야 한다는 것을 보여준다. 바다와 땅은 불순종하여 타락한 죄악의 세상을 의미하는데(13:1; 12:9; 단 7:3; 사27:1) 죄악 세상에 대한 새로운 구원섭리의 선포를 의미한다.

그 뿐만이 아니라 땅과 바다는 5대양 6대주의 전 세계를 상대하는 것으로 작은 책에 기록된 예언의 말씀이 전 세계적으로 영향력을 크게 미침을 뜻한다(출20:4,11; 시69:34; 98:4,7).

3절에서의 사자의 소리같이 큰 소리로 외치는데 사자 소리는 흔히 위엄이 있는 하나님의 음성으로 비유된다(호11:10; 암3:8). 여기서 천사가 무엇을 외쳤는지 분명하지 않지만 아마도 하나님의 위엄과 메시지를 전달하려는 힘센 천사의 위력적이고 무서운 특성을 나타낸다.

우뢰는 하나님의 응하심이며(출19:16) 하나님의 창조성의 표현이다(시104:7). 여기에서의 '일곱 우뢰'는 재창조 완성을 위한 새말씀의 선포를 위한 하나님의 계시적 활동의 신비로움을 강조한다.

4절에서의 '인봉하고 기록하지 말라'고 함은 아직 주님이 강림하시지 않았기 때문이다(단8:26). 재림을 하실 때 하늘의 비밀인 새말씀이 복음과 같이 이루어진다.

창세로부터 감추어진 것을 드러내는 새말씀이기에 달고 오묘한 말씀이지만 그 말씀이 이루어지는 데는 그리 간단한 일이 아니다. 왜냐하면 주님은 '먼저 많은 고난을 받으며 이 세대에 버림바 되어야 할지니'(눅17:

24,25)라는 말씀 때문이다. 이 말씀은 재림의 때에 인류가 하늘의 깊은 뜻을 이해하지 못해 고난의 노정으로 예시된 것이다. 하물며 그 주님을 따르는 성도들의 고충도 큰 것이다.

3. 천사의 작은 책(10:5-11)

5·내가 본 바다와 땅을 밟고 섰는 천사가 하늘을 향하여 오른손을 들고 6·세세토록 살아계신 자 곧 하늘과 그 가운데 있는 물건이며 땅과 그 가운데 있는 물건이며 바다와 그 가운데 있는 물건을 창조하신 이를 가리켜 맹세하여 가로되 지체하지 아니하리니 7·일곱째 천사가 소리 내는 날 그 나팔을 불게 될 때에 하나님의 비밀이 그 종 선지자들에게 전하신 복음과 같이 이루리라 8·하늘에서 나서 내게 들리던 음성이 또 내게 말하여 가로되 네가 가서 바다와 땅을 밟고 섰는 천사의 손에 펴 놓인 책을 가지라 하기로 9·내가 천사에게 나아가 작은 책을 달라 한즉 천사가 가로되 갖다 먹어버리라 네 배에는 쓰나 네 입에는 꿀같이 달리라 하거늘 10·내가 천사의 손에서 작은 책을 갖다 먹어 버리니 내 입에는 꿀같이 다나 먹은 후에 내 배에서는 쓰게 되더라 11·저가 내게 말하기를 네가 많은 백성과 나라와 방언과 임금에게 다시 예언하여야 하리라 하더라

5절에서의 '바다와 땅을 밟고 서 있는 천사'는 1절에서 나온 '힘센 천사'이다. 이곳에 나오는 힘센 천사의 맹세는 다니엘 12:6,7의 내용이 배경이다. 즉 천사가 종말이 언제 올 것인가에 대한 질문을 받고 맹세하여 말하기를 종말은 '한 때 두 때 반 때'(단12:7)가 지나면 반드시 온다.

여기서 '한 때 두 때 반 때'는 '성도의 권세가 다 깨어지기까지니' 7년 혹은 70년 대환난의 '후 3년 반'(35년 연장 가능)을 의미한다. 즉 이때가 되면 모든 일이 다 끝난다고 했으므로 사탄과 그를 따르는 세력들이 자

기들의 마지막임을 안다. 그들은 본격적인 대환난으로 70년 대환난의 후 35년 동안 큰 박해를 가하는 시기이다(13:5).

6절에서의 힘센 천사가 하나님을 가리켜 '지체하지 아니하리니'라고 맹세하는 장면이 묘사되었다. 이것은 천사가 일곱째 나팔을 울릴 때에 지체하지 않고 '하나님의 비밀'이 성취된다. 여기서 하나님의 비밀은 말세에 이루어질 하나님의 경륜(타락, 복귀, 재창조에 대한 비밀)을 가리킨다. 이것은 곧 일곱째 나팔로 연결되는 일곱 대접의 심판을 통해서 시작된다(11:14,15).

7절에서의 일곱째 나팔이 울리면 '하나님의 비밀'인 마지막 일곱 대접 재앙이 이 땅 위에 임하고 하나님의 통치의 최종적인 모습이 계시된다(11:15-18; 15:1; 19장). 하나님의 복음이 이루어지기 위해서는 먼저 셋째 화가 이 땅(사탄, 적그리스도)에 속한 사람들에게 미치는데 사탄과 그 추종 세력이 최후적으로 성도와 세상을 핍박하고 어지럽히며 하나님을 대적하는 때이다(12:17; 13:1). 이들 적그리스도들은 끝까지 회개치 않으므로 하나님의 진노의 형벌을 받아 무너진다(16장; 19:17-21).

8절에서의 '천사의 작은 책'은 하나님의 비밀의 말씀으로 다시 예언하고 가르쳐야 할 새말씀이다(10:11). 즉 대환난 시에 있을 주님의 새말씀으로 새노래와 같다(14:3; 15:3). 따라서 사도 바울 당시에는 말씀이 거울을 보듯이 희미하였으나(요16:25, 비유와 상징) 끝날에는 얼굴과 얼굴을 맞대어 보는 것 같이 모든 비밀은 풀어 밝혀진다고 했다(고전13:12).

9절에서의 사도 요한은 천사로부터 작은 책을 먹어 버리라는 명령을 받는다. 이러한 환상은 에스겔 2:9-3:3이 배경이 된 것으로 이는 선지자가 하나님의 메시지를 조심스럽게 받아들여 그것을 선포한다는 뜻이다.

10절에서의 그 말씀은 입에는 꿀같이 다나 먹은 후에 내 배에서는 쓰게 된다(10:10). 왜냐하면 하나님의 말씀을 받는 것은 큰 기쁨이지만 그 말씀을 소화하여 실천에 옮기어 행하며 따른다는 것은 결코 쉬운 일이 아니고 그 내용이 갖고 있는 아픔이 있기 때문이다. 즉 예수님의 말씀에서 주님은 먼저 많은 고난을 받으시며 이 세대에 버린 바를 받으실 것이며(눅17:25), 사탄과 싸워 이겨야 하시기 때문이다(17:14; 19:11).

11절에서의 천사의 작은 책에 대해 하나님은 우뢰같은 말씀으로 '인봉하고 기록하지 말라'(4절)고 하셨으나 주님의 재림이 있은 후에 성경에 비유로 하신 모든 말씀을 풀어 밝히신다는 말씀이다. 다시 말해서 요한복음 16:12에서 못 다하신 말씀을 이제 명확하게 말씀하신다. 끝날에는 예언도 방언도 지식도 폐하리라고 했다(고전13:8-10). 그러므로 마지막에는 하나님의 참사랑만이 승리하시게 된다.

사도 요한은 단순히 앞에서 나오는 환상들을 반복하는 것이 아니라 장차 올 하나님의 진노와 종말론적인 역사를 구체적으로 계시했다. 이것은 궁극적으로는 다시 오실 주님의 길을 예비해야 할 사명을 뜻한다. 또한 그 사명을 감당할 대상은 단순히 이스라엘에 국한되는 것이 아니라 전 인류를 포괄하는 것이다.

제11장

세계적 대환난 (I)

11장은 크게 ① 성전 척량의 환상(1, 2절), ② 두 증인에 대한 환상(3-13절)과 ③ 일곱째 천사가 나팔을 부는 장면(14-19절)으로 구성되는데 다니엘 9:27의 '한 이레 동안의 굳게 정한 언약'의 대환난이 시작된다. 특히 두 증인에 대한 환상은 두 부분으로 구분되는데 ① 두 증인의 예언(3-6절), ② 무저갱에서 올라오는 짐승에 의한 두 증인의 죽음과 부활로(7-13절) 실제적인 대환난을 묘사했다.

1. 하나님의 척량(11:1, 2)

[1.]또 내게 지팡이 같은 갈대를 주며 말하기를 일어나서 하나님의 성전과 제단과 그 안에서 경배하는 자들을 척량하되 [2a.]성전 밖 마당은 척량하지 말고 그냥 두라

1절에서의 지팡이나 막대기는 하나님의 심판의 도구로 하나님의 백성인지를 척량을 하신다(사10:5). 지금까지 두 번의 척량을 하였는데 첫 번

째는, 유대백성을 선민으로 세울 때에 척량을 하셨으며 두 번째는, 예수님의 십자가 부활로 하나님의 백성인지를 척량하셨다. 주님이 오실 때에도 하나님의 세 번째 척량이 불가피하다(겔43:10).

성전과 제단(altar)은 예배장소의 개념을 넘어 '하나님 주거'이시며 하나님 임재하시는 곳이다. 역사적으로 이스라엘 성전은 세 번에 걸쳐 세워졌다.

첫 번째는, 솔로몬 때 세웠으나 바벨론 느부갓네살에게 기원전 586년에 파괴됐다(왕하25장).

두 번째는 스룹바벨에 의해 시작되어 에스라와 느헤미야에 의해 완성되었다. 즉 기원전 536년 성전 기초를 놓고 20년 후에 그 공사를 완성했다(학1:1,12; 슥4:9). 그러나 기원전 168년에 안티오커스 에피파네스에 의해 파괴됐다.

마지막 성전은, 헤롯 왕 때에 지어졌으나 서기 70년 디도Titus 대장에 의해 파괴됐다. 지금은 그 자리가 서기 630년에 마호메트에 정복되어 미운 물건이 들어섰으며 서기 682년에 세계에서 세 번째로 중요한 모슬렘 사원이 세워졌다. 이 사원의 이름은 '오마르 사원'(Mosque of Omar)인데 지금은 그보다 '반석의 둥근 지붕'(dome of Rock)이라고 흔히 부른다.

그러나 재림하시는 주님의 시대에 말씀하시는 성전과 제단은 육적으로 말하자면 단순한 교회가 아니라 주님이 임하시는 선민의 나라를 지칭한다. 이러한 제단에 '경배하는 자를 척량하라'는 말씀은 주님을 알아보고 모시는 나라와 성도에게는 크신 은사를 내리시고자 하시는 하나님의 말씀이다.

하나님의 말씀은 성도들이 육체적으로 끝까지 보전된다는 것이 아니다. 주님에게 죽도록 충성하면 비록 적그리스도에 의해 죽임을 당할지라도 그들의 영혼은 구원을 얻는다(7:1-8; 13:7). 그러나 짐승에 경배를 하고 죄를 범한 자는 속이고 주님을 믿는 것처럼 가장한다고 할지라도 구원에서는 제외된다(마7:21; 요일4:1-3).

2a에서의 '성 밖 마당은 척량치 말라'는 말씀은 생과 사의 경계선을 의미하는 것이 분명하다. 지금까지 기존의 신학에서 '성전 밖 마당'이 무엇을 의미하는가에 대하여 두 가지의 견해로 분류된다.

첫째, '성전 밖 마당'은 그리스도인 공동체에 속하지만 실상은 그렇지 못한 거짓 선지자들이다.

둘째, '성전'과 '성전 밖 마당'은 둘 다 똑같이 '교회'를 가리키는 것으로 교회가 처하게 될 두 가지의 다른 양상을 보여 준다. 즉 사탄들에게 제한된 시간 동안 '성전 밖 마당'을 간섭하고 교회를 짓밟는 일이 허락된다. 그러나 주님께서 일찍이 "음부의 권세가 이기지 못하리라"(마16:18)고 말씀하신 대로 '성전'은 척량하여 보존하기 때문에 그들은 하나님의 백성은 결코 어찌할 수 없다.

이상과 같은 두 가지의 견해는 상호보완적 관계로 모두 설득력이 있어 보인다. 그러나 주님은 어떤 특정 종교만의 구원이 아닌 기독교의 세계적 기반 위에서 전 인류를 구원하셔야 되기 때문에 단순히 특정 교회만을 중심으로 활동하시지 않는다.

따라서 여기서의 '성전'은 주님께서 현현하시는 '나라'를 중심하고 주님을 따르는 세계적 범위의 성도를 의미한다. 거룩한 성 예루살렘에서의 '성전'은 참하나님과 참부모님을 뜻한다(21:22).

그러므로 '성전 밖 마당'이 마흔두 달 동안 짓밟힌다는 것은 70년 대환난에 사탄과 그를 따르는 세력들이 주님의 나라를 핍박하고 박해한다는 말씀이다(7절; 13:5,15). 그러나 하나님의 백성들이 육적으로는 핍박과 박해를 받을 수 있으나 영적으로는 승리해 그 환난에 이기고 나온다.

ㄹ. 42달 짓밟힘 (11:2)

2b.이것을 이방인에게 주었은즉 저희가 거룩한 땅을 마흔두 달 동안 짓
밟으리라

여기서 이방인은 앞에서도 언급한 적그리스도 국가들로 사탄의 실체
를 쓴 나라들이다. 결국 이들이 '거룩한 땅'을 마흔 두 달 동안 짓밟는다
는 것인데 이때는 이미 7년 혹은 70년 대환난 중으로 들어간 상태이다.
'거룩한 땅'은 '교회'로 해석하는 것이 일반적 견해이다. 그러나 좀 더 깊
이 생각해 보면 주님이 오실 때의 거룩한 땅은 하나님의 선민이 거하며
주님께서 현현하신 '영적 이스라엘 국가'이며 그 기반을 중심으로 성도
는 세계적으로 뻗어나간다(마28:18,19).

계시록에서 '마흔 두 달'이라는 표현은 본 절과 13:5에서만 나오는데
모두 사탄(짐승)이 땅의 권세를 잡은 시기를 말한다. 또한 '일천 이백육십
일'이라는 기간은 3절과 12:6에 나오며 12:14에서는 같은 기간이 '한 때
와 두 때와 반 때'라는 말로 묘사되었다. 이 기간은 여자가 낳은 아들을
양육하는 기간과 일치한다(12:6). 이 모두는 햇수로 3년 반이라는 기간
을 나타낸다. 이와 같은 '3년 반'이라는 기간은 다니엘의 예언이 그 배경
이 된 것이라는 것을 3장의 '빌라델비아 교회'에서 기술했다(단9:27; 7:
25; 12:11).

두 증인이 '전 3년 반'을 굵은 베옷을 입고 예언을 했다는 것은 70년 대
환난으로 연장될 경우에는 '후 3년 반'을 뜻한 35년간의 슬픔을 상징한
다. '후 3년 반'도 역시 사탄이 권세를 잡은 기간으로 혹독한 시련과 핍박
의 기간으로 70년 대환난 중에 후 35년을 의미한다(단9:24-27). 예수님
은 아우구스투스가 헤롯을 유대 분봉왕에 임명하여 36년간 통치 중에 탄

생하셨다. 예수님 탄생 후 2년 18일 만에 헤롯이 죽게 됨으로써 결과적으로 42달(3년 반)은 헤롯왕의 통치기간 36년을 상징한다.

1) 일제의 만행

실제적으로 한국의 경우를 볼 때에 '이방인에게 성전 바깥마당을 내어주었다'는 것은 종말에 일제에게 나라를 42달(36년간) 동안 짓밟힘의 수난의 길과 같다. 그렇기 때문에 70년 대환난의 전반기 중에 42달을 상징하는 36년간 한국은 일제강점기(1910~1945)로 이스라엘의 나치 정권 아래처럼 무참하게 짓밟힘을 당했다.

한국은 1905년의 카쓰라-태프트 밀약에 이은 한일을사조약으로 한국의 외교권 박탈(1905.11.18)에 이어 한일강제병합(1910)이 됐다. 일본은 임진왜란 침략 때에도 조선반도를 유린한 것까지 생각해 보면 말로 표현할 수 없는 수난을 주었다.

교토에 가면 '귀 무덤'이 있고 오카야마(岡山)에는 코 무덤이 있다. 임진왜란과 정유재란 때에 조선인을 죽이고 그 전공의 징표[13]로써 수많은 사람들의 귀와 코를 잘라 가서 묻은 곳이다.

성경 역사 속에서 다윗이 위대한 왕이라고 평가를 받는 데는 여러 가지의 이유가 있지만 그 중에 중요한 이유는 제국주의로 나가지 않았기 때문이다. 다윗은 싸움에 나갈 만한 20세 이상의 남자의 숫자를 130만 명이나 확보하여 충분한 경쟁력을 갖추었다. 이들의 일정 숫자를 상비군인화 함으로써 군사력을 통해 제국주의로 나갈 수 있었으나 하나님께서 모

---

13) 자신들의 전투공로의 기준이 바로 조선인의 코, 귀, 혀를 베어가는 것이었다. 원래는 수급(머리)을 베어갔으니 부피가 크자 대체를 했다. 교토의 경우 도요토미 히데요시 신사 옆에 '조선인 코 무덤'이 있는데 무덤 위에 커다란 탑모양을 올려놓아 영혼을 짓누르는 짓이라고 한다(http://tadream.tistory.com/5913).

세를 통해 주신 나라의 경계를 넘지 않았다.

앗수르 제국이 주력부대 18만 5천 명의 군인을 데리고 예루살렘을 공격하며 제국주의를 펼쳤던 점을 상기한다면, 다윗 시대 130만 명의 상비군인화가 가능한 숫자는 앗수르식 제국을 만들 수 있는 힘이 있었음을 충분히 보여준다.

우리나라를 말할 때 '백두산에서 한라까지'라고 표현하면 나라 전체가 그림으로 그려진다. 이와 같이 출애굽한 아브라함의 후손들에게 하나님께서 주신 땅, 가나안의 경계는 '하맛 어귀에서 애굽 강까지'(왕상8:65), 또 다른 말로는 '단에서 브엘세바까지'였다(조병호, 2011: 25~26).

한국은 세계 선교 역사상 그 유례를 찾기 힘든 선교사의 직접 전도가 없이 교회가 창시되었다. 소현세자가 병자호란 시에 볼모로 청에 갔다가 기독교를 접촉했다가 서울에 도착했다(1644.11.26). 실학파의 대두 이후 1760년대 관동지방에 상당수의 백성들이 서교 신앙에 인도되었으며 한국 최초의 세례교인 이승훈이 북경 북당北堂에서 세례를 받고(1784.2) 서울 근교에서 선교한 지 5년이 지났을 때에는 신도가 4천이 넘었다. 1785년 최초의 순교자 김범우의 집이 있던 바로 그 자리에 명동 대성당이 장차 건축됐다(민경배, 1985: 53~65).

한편 일제는 제국화의 무장으로 청일전쟁 때인 1895년, 동학농민운동에 가담한 자들을 무차별로 학살하였다. 동학농민전쟁에 참전한 일본군의 병영일기가 처음으로 공개되었는데 '붙잡힌 자들은 심문한 뒤 중죄인은 죽여 주검들이 쌓여 산을 이루었다. 악취가 진동했고 땅은 하얗게 사람기름으로 얼어붙었다'고 적혀있다. 최대 5만 명이 희생된 동학농민전쟁 학살은 일본군 최초의 제노사이드(대량학살)로 규정된다(『한국일보』 2013.7.23).

1919년 3·1운동 때에는 일제에 의해 7,509명이 목숨을 잃었다. 부상

자는 1만 5,961명이었고 검거자는 5만 2,770명에 달했다. 수원 제암리 교회 학살사건(1919.4.15) 외에도 천안 아우내, 정주 곽산, 남원 광한루, 익산 이리 등 전국 각지에서 일제는 시위대에 무차별 총격을 가했다.

그 뿐만이 아니라 우리가 일제의 탄압 속에 있을 당시, 일제는 '간도 참변(1920년, 최대 1만 명 참변), 관동대 지진(1923년, 최대 2만 명 참변)' 등에서 온갖 거짓과 술수로 조선인(한국인)들에게 죄를 뒤집어씌우고 학살을 했다. 이러한 만행은 로마제국의 '도미티안'(재위, 81~96)과 비교해 볼 때 조금도 다르다고 할 수 없다.

만주사변과 중일전쟁으로 전선이 확대되자 일제의 수탈 정책은 극에 달했다. 1931년 만주사변滿洲事變을 일으켜 중국 대륙 침략으로 한국을 그들의 병참기지로 강제 동원했다(리처드 C. 부시, 2013: 29~46). 일제는 1937년 12월부터 석 달 동안 난징시민 30만 명을 학살했다. 무차별 사격을 가하다 총알이 아깝다며 생매장을 하거나 목 베기 시합까지 벌였다. 여성 희생자 8만여 명은 성폭행까지 당했다.

지금도 중국과 일본 사이에는 몇 개의 특별한 마찰이 존재한다. 먼저 그 하나는 센카쿠제도(중국명 다오위다오)가 자리한 광범위한 동중국해와 그 주변을 둘러싸고 있는 해역이다. 이 해역의 밑바닥에는 대체로 가스 매장량은 2000조㎥, 석유 매장량은 1,000억 배럴로 추정되는 거대한 자원보고가 자리한다.[14]

2) 생체실험

일제는 1937년의 중일전쟁(中日戰爭: 支那事變)과 1941년의 태평양전

---

14) 참고로 우리나라 1일 석유사용량은 215만 배럴로 세계 7위이다. 1년으로 하면 7억 8천 5백만 배럴이 된다. 가스는 1년에 약 3,400만 톤을 사용한다고 한다.

쟁에 한국의 인력과 물자를 무차별적으로 강제 동원한 전시동원기로 한국의 미래는 암울함 그 자체였다. 1939년부터 1945년까지 강제 노동에 동원된 한국인은 최대 146만여 명에 달하는 것으로 조사됐다. 일본과 중국 등의 탄광, 금속광산, 군수공장에서 혹사당했으며 '근로 동원'이란 명목으로 초등학생까지 끌려갔다.

1944년에는 징병제도를 실시해 패전 때까진 20만 명의 한국 청년들을 전선에 내보냈다. 또한 12세에서 40세까지의 여성 20만 명을 강제로 징집해 군수공장에서 일하게 하거나 중국과 남양 지방의 전선에 군대 위안부로 보내는 만행을 저질렀다. 끌려간 여성들 중엔 나이 어린 10대 소녀도 수두룩했다. 심지어 9살 여아까지 끌고 가 강제노역을 시켰는데 일제 강점기에 노무에 동원된 조선인 여성의 평균 연령은 16.46세였다(『세계일보』 2013.10.15).

정부는 강제 동원돼 숨진 한국인이 2만여 명에 달하고, 위안부만 10만 명으로 추산되며 위안부 피해자 중에서 한국인은 56명만이 생존해 있으며 이들 평균 나이는 88세이다(『연합뉴스』 2013.10.11). 이 전쟁에서 일제는 제국주의 약탈은 물론 총 300만 명을 죽게 했다.

이 뿐만이 아니라 2차 대전 당시 일본군은 만주에 주둔하던 731부대에 세균전을 준비하도록 하였다. 731부대는 1936년부터 1945년까지 9년 동안 한국인, 중국인, 만주인, 몽골인, 러시아인, 전쟁포로 등 3,000여 명을 대상으로 천인공노할 생체실험을 자행하였다. 통나무라는 뜻으로 흔히 '마루타'라고 불린 이들은 산 채로 세균을 투입하는 세균실험이나 혹독한 겨울에 실외에 방치되는 동상 실험 등의 대상이 되었다. 특히 윤동주, 송몽규[15] 등 젊은 항일 독립운동가를 세균실험으로 죽였다(『매일

---

15) 송몽규(1917~1945.3.7)는 윤동주 시인의 고종사촌 형으로 어린 시절부터 김구와 장제스가 합의하에 만든 낙양군사학교에 입학했다. 만주 일대에서 독립운동을 하

경제신문』 2013.8.28).

세균실험뿐만이 아니라 진공실험이나 가스실험, 생체 해부실험의 대상이 되기도 하였다. 1947년 미국 육군 조사관이 도쿄에서 작성한 보고서에 따르면 731부대에서 만든 인체표본만 해도 페스트 246개, 콜레라 135개, 유행성출혈열 101개 등에 이른다. 이 가운데 한국인이 1,000여 명에 달한다.

위안부 할머니들의 통곡과 아픔이 결코 그분들만의 문제가 아니다. 전국토와 국민이 일제에 유린된 것으로 위와 같은 일제의 만행은 절대로 지워져서는 안 된다. 세계 역사에서 식민지를 받지 않은 나라는 없다. 그러나 일제처럼 한국민족 자체의 말살을 무차별적으로 시도한 잔인한 방법은 세계역사상에 그 유래를 찾기 힘들 정도이다. 과거를 돌아보면 일제는 임진왜란, 한일강제병합, 태평양전쟁이 같은 선상에 있으니 이러한 모진 핍박에도 불구하고 하나님께서는 성전(한국)을 끝까지 보호해 주신 것은 기적과도 같다.

미국 인류학자 루스 베네딕트는 '국화와 칼'에서 일본인 잔혹성의 실마리를 문화적 특징에서 찾았다. 일본인에게 도덕적 의무란 지역적이고 제한적이어서 다른 곳에서는 쉽게 파괴된다고 했다(루스 베네틱트, 2010: 285~332). 현재까지도 인류의 보편적 가치를 저버린 범죄행위를 옹호하는 일본 지도자들의 행동은 일본인과 그들의 후손을 부끄럽게 할 뿐이다.

다 체포된 후에 연희전문학교 문과를 마치고 윤동주와 함께 일본으로 유학을 떠났다. 교토대학 사학과에 입학한 그는 유학생을 조직해 독립운동을 전개하다 체포되어 규슈 후쿠오카 감옥에 갔다. 독립을 몇 달 남기지 않고 미래 조선 지도자가 될 인물이 비참하게 죽었다. 그가 죽기 며칠 전에 윤동주가 생체실험으로 죽었다.

3. 두 증인 (11:3-6)

> [3] 내가 나의 두 증인에게 권세를 주리니 저희가 굵은 베옷을 입고 일천이
> 백육십 일을 예언하리라 [4] 이는 이 땅의 주 앞에 섰는 감람나무와 두 촛
> 대니 [5] 만일 누구든지 저희를 해하고자 한즉 저희 입에서 불이 나서 그
> 원수를 소멸할지니 누구든지 해하려 하면 반드시 이와 같이 죽임을 당
> 하리라 [6] 저희가 권세를 가지고 하늘을 닫아 그 예언을 하는 날 동안 비
> 오지 못하게 하고 또 권세를 가지고 물을 변하여 피 되게 하고 아무 때든
> 지 원하는 대로 여러 가지 재앙으로 땅을 치리로다

3절에서의 하나님의 백성이 받는 박해와 핍박이 앞에서 본 바와 같이
너무도 가혹하여 '두 증인'은 굵은 베옷을 입고 1,260일 동안 예언하며 슬
퍼한다. 즉 두 증인이 굵은 베옷을 입었다는 것은 슬픔을 상징한다. 왜냐
하면 그(재림주님)가 먼저 많은 고난을 받으며 이 세대에 버린바 되어야
할지니라(눅17:25)라는 말씀 때문이다.

4절에서의 하나님 앞의 '두 증인'의 신분에 대하여 구체적으로 주 앞에
서 있는 감람나무이다. 지금까지 두 증인에 대하여 많은 학설이 있다.

첫째, 초기 기독교 시대에선 '에녹과 엘리야'로 동일시했다(Tertullian,
서기 160~240).

둘째, '모세와 엘리야'로 보는 견해로 서기 2세기 초기 기독교에서부터
이를 수용했다(조용기, 2003: 164~166).

셋째, '두 증인'은 구약과 신약의 교회로 보고 교회의 왕과 제사장적 기
능을 가리킨다고 본다. 불은 말씀(마18:18), 물은 엘리야의 기도 능력(왕
상17:1), 물이 피가 됨은 모세의 기적과 같은 것으로 본다(신성종, 1992:
87~88).

넷째, 문크Munck는 베드로와 바울을 두 증인이라고 했으며, 리시Rissi

는 유대인 신자와 이방인 신자들의 대표자라고 했다.

그런데 본 절에 나오는 두 증인은 '두 선지자'라고 불리고 있으며(10절) '이 땅의 주 앞에 서 있는 두 감람나무와 두 촛대'라고 했다(4절). 두 감람나무와 두 촛대는 세상의 빛으로 이미 기원전 500년경 선지자 스가랴에게 보였다(슥4:1-14).

이러한 근거로 일부 기독교에서는 엘리야와 모세의 시체를 하나님이 감추었는데(신34:6) 7년 대환난 중에 사용하시려고 감추었던 시체를 이제 사용키 위해 내려 보냄으로써 두 감람나무와 두 촛대는 모세와 엘리야라는 것이다. 이들은 주님이 재림하실 때 두 증인으로 다시 나타나서 증거하다가 11:7에서처럼 육적으로 죽게 된다. 그리고 11:11의 문자적인 3일 반 후에 하늘로 다시 육적으로 들려 올라간다는 것이다. 이것은 성경을 단순히 문자적으로 해석한 결과로 전혀 타당성이 없다.

그런데 자세히 성경의 내용을 살펴보면 두 증인은 두 감람나무와 두 촛대로서 주 앞에 선 자들이라고 했다(4절). 그러므로 이들은 7장과 14장에서 나온 14만 4천의 인침을 받은 자들로 주님과 함께 하는 것이다. 주님이 승리하실 때 부르심을 입고 빼내심을 얻고 진실한 자들임에 틀림이 없다(17:14). 두 증인의 권세는 5, 6절에서 묘사했는데 비를 막을 수 있고 물을 피 되게 할 수 있는 것으로 누구든지 대적하면 입에서 불이 나서 핍박하는 자들을 소멸할 수 있다. 이것은 재림주님이 오실 종말까지 짐승이 무저갱에 갇혀 있는 시기에는 가능한 일이다.

우리는 두 증인에 대하여 본문의 내용에서 몇 가지의 단서를 찾을 수 있다.

첫째, 두 증인은 개인적으로 나타나지 않고 모든 일을 함께 예언하고 함께 고난을 받고 함께 죽임을 당한다. 이것은 17:6에서 '적그리스도가 성도들의 피와 예수의 증인들의 피에 취한다'는 말씀과 일치한다.

둘째, 짐승과 두 증인 사이에 전쟁이 일어난다(7절). 이들이 단지 문자 그대로 두 사람이라면 전쟁이라는 용어가 이 상황에서 맞지 않는다.

셋째, 본 절에서 전 세계 사람들이 전쟁에 패배하여 죽은 이들의 시체를 본다. 이것은 모든 성도들에 대한 적그리스도들의 박해를 뜻한다.

넷째, 두 증인은 '두 촛대'라고 하였으니 촛대는 1장과 2장에서 '거룩하고 성스러운 자리' 혹은 '주님을 모신 교회'이다.

이와 같은 내용을 종합해 볼 때 두 증인은 어떤 개인이 아니라 주님을 영접하는 무리들임에 틀림없다. 과거 한국에는 박태선 씨를 비롯한 많은 사람들이 자칭 감람나무라고 말했으나 두 증인은 이런 개인이 아니다.

결론적으로 두 증인은 하나님의 창조이신 영적(불가시적) 세계와 물적(가시적) 세계를 상징하는 무리들로 70년의 대환난을 통과할 때에 주님의 뜻을 위해 순교도 불사하는 무리들임을 알 수 있다(17:14; 19:11). 이들은 용(짐승)이 무저갱에서 풀려날 때 육적으로 죽거나 핍박을 받을 수 있지만 18장까지 일곱 천사의 일곱 재앙이 끝나면서 주님이 승리하시고 19장에서 신원의 할렐루야에서 부활한다(20:1-3,6).

ㄴ. 무저갱의 짐승 (11:ㄱ-1ㄴ)

[7.]저희가 그 증거를 마칠 때에 무저갱으로부터 올라오는 짐승이 저희로 더불어 전쟁을 일으켜 저희를 이기고 저희를 죽일 터인즉 [8.]저희 시체가 큰 성 길에 있으리니 그 성은 영적으로 하면 소돔이라고도 하고 애굽이라고도 하니 곧 저희 주께서 십자가에 못 박히신 곳이니라 [9.]백성들과 족속과 방언과 나라 중에서 사람들이 그 시체를 사흘반 동안 목도하며 무덤에 장사하지 못하게 하리로다 [10.]이 두 선지자가 땅에 거하는 자들을 괴롭게 한 고로 땅에 거하는 자들이 저희의 죽음을 즐거워하고 기뻐하

여 서로 예물을 보내리라 하더라 [11]삼일 반 후에 하나님께로부터 생기가 저희 속에 들어가매 저희가 발로 일어서서 구경하는 자들이 크게 두려워하더라 [12]하늘로부터 큰 음성이 있어 이리로 올라오라함은 저희가 듣고 구름을 타고 하늘로 올라가니 저희 원수들도 구경하더라 [13]그 시에 큰 지진이 나서 성 십분의 일이 무너지고 지진에 죽은 사람이 칠천이라 그 남은 자들이 두려워하여 영광을 하늘의 하나님께 돌리더라 [14]둘째 화는 지나갔으나 보라 셋째 화가 속히 이르는 도다

7절에서의 무저갱에서 올라온 짐승이 두 증인과 전쟁을 하여 이긴다 (영적 사망은 아님). 짐승은 '나라'를 상징하는 것으로 다니엘서 2장의 느부갓네살의 꿈에 나타난 우상의 모습과 7장의 짐승의 내용과 관련이 있다. 우상의 머리는 정금, 가슴과 팔은 은銀, 배와 넓적다리는 놋, 그 종아리는 철이요 그 발과 발가락이 얼마는 철이요 얼마는 진흙으로 만들어졌다.

그런데 때가 되어 이러한 우상을 친 돌이 태산을 이루고 온 세계에 가득했다. 다니엘은 정금이 바벨론이라고 했으니 은(로마제국), 놋(전체주의국가), 철(공산주의국가)은 그 뒤를 잇는 나라들이다. 이 예언은 마지막 때에 돌(산 돌, 벧전2:4; 고전10:4; 단2:35,45)을 표징하는 재림주님의 나라가 이들을 쳐부수고 세계를 통치한다는 말씀이다.

다니엘 7장은 다니엘 2장의 예언이 반드시 성취되어야 할 것이므로 좀 더 구체적으로 다시 한 번 확증한 내용이라고 본다. 여기서는 큰 짐승 넷이 바다에서 나왔는데 그 모양이 각각 다르다.

첫째 짐승은, 사자와 같으며 독수리 날개를 갖고 있는데 바벨론을 뜻한다.

둘째 짐승은, 곰으로 로마제국을 뜻하는데 잇 사이는 세 갈빗대를 물고 많은 고기를 먹는다는 것은 천하를 손아귀에 넣고 압제를 의미한다.

셋째 짐승은, 표범으로 전체주의국가를 뜻하는데 날개 넷은 그 신속함

을 묘사하고 머리 넷은 네 왕이므로 전범국가 네 나라를 뜻한다.

넷째 짐승은, 철이(鐵齒牙)를 갖고 천하를 삼키며 밟아 부서뜨릴 것이며 여기서 열 나라가 나온다. 이것은 구소련을 중심으로 한 공산국가와 이후에 열나라가 나와 서로 아귀다툼을 한다는 것을 표징한다. 이들은 한 때와 두 때와 반 때를 하나님에게 대적한다(단7:25). 그러나 심판의 때가 되면 권세를 빼앗기고 멸망하게 된다.

'무저갱의 짐승'은 본서 13:1과 17:3-8의 '바다에서 나온 짐승'과 동일하다. 13:1에서의 짐승은 바다에서 올라왔는데 뿔은 열이요 머리가 일곱이다. 짐승에 대하여 대체적으로 역사적 강대국인 애굽, 앗시리아, 바벨론, 로마제국, 전체주의국가(독일 나치, 일제 등), 구소련 등의 나라를 칭한다(김홍전b, 2012: 18-21).

그런데 70년 대환난을 시점에서의 짐승이 출현한다는 것은 대환난에서 강력한 적그리스도의 도전을 뜻한다. 이들은 나라를 다스릴 권세를 받고 성도들과 주님의 나라를 본격적으로 핍박할 뿐만 아니라 사람들을 미혹하여 우상숭배에 빠지게 한다(13:1이하 참조).

8절에서 소돔과 애굽은 박해받는 곳을 상징하며 '큰 성'은 항상 '바벨론'을 지칭하는데 여기서는 역사적으로 존재했던 나라를 가리키는 것이 아니라 하나님에 대적하는 세상 권력을 총체적으로 가리키는 말이다(17:5). 즉 소돔은 음란의 중심을 뜻하고 애굽은 우상의 중심지로 세상을 뜻한다.

9절에서는 예언자의 말씀을 불신하고 주님을 영접을 못했을 때 피비린내가 나는 처절한 비극을 부른다. 그러므로 주님은 박해받는 분으로 오심을 상징한다(눅17:25).

10절에서의 이 기간 동안 수많은 성도가 육적인 죽음을 당할 수 있으나 하늘에 속한 자는 구원의 은사를 얻는다(2:8). 이러한 내용을 모르는 사탄의 나라는 하나님의 백성이 죽는 것을 보고 즐거워한다.

11절에서의 '3일 반 후'는 70년 대환난의 전 35년이 지난 후라는 뜻이다. 이때에 하나님의 생기가 죽음을 살리심으로 성령의 역사가 불같이 일어나는 것을 예시한다. 한국에서는 나운몽, 박태선 장로 등의 성령운동을 말할 수 있으나 이들은 주님을 만나 증거하지 못하였다.

12절에서는 70년 대환난의 도중이나 그동안 신실한 믿음으로 순교를 당하거나 주님을 따르다 죽은 자들이 영생의 구원을 받아서 하늘로 올라가니 원수들은 그 광경을 부러워한다.

13절에서의 번개와 뇌성은 하나님의 영광과 능력의 신비성을 나타낸다(신32:41; 출19;16; 20:18; 삼하22:14,15; 시97:4; 겔1:13). 지진은 하나님의 현현을 나타내는데(출19:18; 삿5:4; 열상19:11), 사탄에 대해서는 심판과 멸망을 표징한다.

그리고 우박은 하나님의 진노하심의 징계나 형벌의 표현이다(시105:32; 학2:17). 지진으로 땅의 10분의 1을 파괴시킴으로써 조건적으로 전체를 파괴시킨 것과 같다. 이러한 뜻은 사랑의 본체이신 하나님께서는 적그리스도들도 회개하여 본연의 자리로 돌아가 주기를 보여주셨다(행2:24-27; 벧전3:19-22).

또한 지진에 죽은 사람이 7,000이라는 숫자는 땅에서의 7의 완전수에 1,000을 곱한 7×1,000으로 이는 하나님의 징벌이 실수 없이 완전하게 이루어짐을 상징한다.

14절에서는 인류가 회개하지 않으면 셋째 화를 속히 집행하신다는 경고이다. 이것은 적그리스도의 맹활약으로 성도들을 핍박하고 박해를 하므로 하나님의 진노의 대접 재앙을 의미한다.

5. 주님의 왕 노릇 (11:15-19)

15.일곱째 천사가 나팔을 불매 하늘에 큰 음성들이 나서 가로되 세상나라가 우리 주와 그 그리스도의 나라가 되어 그가 세세토록 왕노릇을 하시리로다 하니 16.하나님 앞이 자기 보좌에 앉은 이십사 장로들이 엎드려 얼굴을 대고 하나님께 경배하여 17.가로되 감사하옵나니 옛적에도 계셨고 시방도 계신 주 하나님 곧 전능하신이여 친히 큰 권능을 잡으시고 왕노릇하시도다 18.이방들이 분노하매 주의 진노가 임하여 죽은 자를 심판하시며 종 선지자들과 성도들과 또 무론대소하고 주의 이름을 경외하는 자들에게 상주하시며 또 땅을 망하게 하는 자들을 멸망시키실 때로소이다 하더라 19.이에 하늘에 있는 하나님의 성전이 열리니 성전 안에 하나님의 언약궤가 보이며 또 번개와 음성들과 뇌성과 지진과 큰 우박이 있더라

15절에서의 지금까지 둘째 화가 지나가고 일곱째 천사의 나팔을 불면 새 시대가 임박하여 주님이 만왕의 왕이 되시어 영원히 통치하심을 뜻한다. 여기서 말하는 '왕 노릇'은 20장에 언급되었듯이 무저갱에서 올라온 악의 세력을 전멸시키고 승리하실 때에 하나님의 나라에서 주님이 영원 세세토록 왕 노릇을 하신다는 것을 암시한다(19:6,9).

16절은 새 예루살렘이 성취되면 24장로는 자신들의 보좌에 앉을 수 있다(19:4). 하나님 나라가 이 땅 위에 영원한 왕국이 되었으므로 보좌에 앉으신 하나님께 24장로들이 경배한다.

17절에서는 특별히 하나님의 성호聖呼가 나오는데 1:8에서는 '이제도 있고 전에도 있었고 장차 올 자'라고 묘사됐으나 여기서는 '옛적에도 계셨고 시방도 계신'으로 바뀌었는데, 이것은 하나님께서 마침내 이 땅에서 세상의 통치권을 회복해 가심을 뜻한다(19:6; 눅4:6; 요14:30; 엡6:12).

18절에서의 '이방들이 분노하매'는 지금까지 이방인들이 성도들을 42

달 동안 짓밟았음을 비교해 볼 때 정반대 현상이 일어났다. 이것은 진노하신 하나님의 심판의 때가 온 것이다. '죽은 자'는 사탄의 유혹에 빠져서 짐승을 경배하던 불신자들을 말한다. '땅을 망하게 한 자'는 사탄과 음녀, 짐승 및 거짓 선지자를 가리키는 말이다(17:14; 19:2,11; 20:10).

그리고 의인들에게는 상을 주시며 그들은 하나님을 찬양하고 있다. 하나님의 상급을 받을 사람은 세 분류로 나누고 있다. ① 하나님의 선지자들(18:20; 22:9), ② 순교자 및 성도들(5:8; 8:3,4; 13:7,10; 18:20; 19:8), ③ 하나님의 이름을 경외하는 자들이다(14:7; 15:4). 이와 같이 본 절의 찬양은 뒤에서 나오는 계시록 전체의 내용을 요약한 것으로 앞으로 전개될 종말론적인 사건들을 예언적으로 선포하셨다.

19절에서의 언약궤는 하나님께서 모세에게 만들게 한 것으로 성막이나 성전 안의 지성소에 보관했다(출25:10-22). 여리고성을 공격할 때에도 언약궤를 맨 제사장들이 일곱 양 나팔을 불고 진군하였다. 블레셋전쟁 때에도 백성들의 선두에 언약궤를 세웠다(삼상4:4-7). 하나님의 성전이 열리고 언약궤가 보이는 것은 여호와의 임재하심을 의미한다(수3:3,4; 4:18; 6:6).

언약궤의 '하나님의 나라'는 영원한 '새 하늘과 새 땅'으로 계시록의 전체 주제이다(1:6,9; 5:10; 19:6; 20:4; 22:5). 우리들은 이러한 새 하늘과 새 땅에 대한 하나님의 언약의 신실성을 굳게 믿어야 한다(21:1-4; 22: 1-5; 마6:33).

| 제12장 |

세계적 대환난 (II)

12장은 지금까지의 내용과 큰 차이가 난다. 붉은 용이 하늘에서 내쫓기면서 실체적으로 땅(악주권)에서 필사적인 활동을 한다(12:11). 즉 일곱 머리와 열 뿔을 가진 짐승이 하나님의 백성을 핍박한다. 짐승은 적그리스도의 우두머리로 70년 대환난에서 땅(악)의 권세를 잡는다(11:2; 13:5; 20:3; 단9:27). 짐승의 열 뿔은 열 왕이며 이 뿔은 성도들과 싸워 이긴다(단7:21,24). 그러므로 하나님은 성도를 보호키 위해 이미 주님을 보내주셨으며 주님을 불신한다면 적그리스도의 환난을 피할 수 없다.

1. 해 입은 여자 (12:1)

1.하늘에 큰 이적을 보이니 해를 입은 한 여자가 있는데 그 발 아래는 달이 있고 그 머리에는 열두 별의 면류관을 썼더라

여호와 하나님은 해(태양)요 방패이시며(시84:11) 의로운 해이시다(말4:2). 그러므로 '해를 입은 한 여자'는 하나님의 은혜를 입은 여자를 뜻한

다. 여기서 '해'가 비유라면 '여자'도 사실적인 표현이 아니라 17장에서 나오는 여자와 마찬가지로 상징적 표현이다. 그러나 17장의 여자는 음녀를 상징하고 있지만 여기서는 다른 의미로 쓰였다.

성경에서 여자는 나라를 상징하고 있는데 즉 처녀 딸 시온, 딸 예루살렘 등으로 표현된다(왕하19:21). 그러므로 처녀 이스라엘(암5:2)은 초림 주님이신 예수님이 오신 나라였다. 본 절에서의 여자는 '땅의 임금들을 다스리는 큰 성'으로 재림주님이 오실 나라를 의미한다.

앞에서도 언급한 바와 같이 예수님께서도 이스라엘은 예수님을 불신함으로써 그 형벌은 이방인의 때가 차기까지 짓밟힘을 당하고 하나님의 나라는 빼앗겼다고 하셨다(눅21:20-24; 마21:43; 롬11:11). 즉 육적 이스라엘이 하나님의 독생자이신 예수님을 영접하지 못했으니 하나님의 선민에서 제거될 수밖에 없음을 분명하게 밝히신 말씀이다.

계시록 7:2에서도 주님은 동방의 해 돋는 곳으로 재림을 하신다는 것(사41:25)은 신실한 성도와 교회를 가진 동방의 나라를 통해 재림하신다는 뜻이다. 즉 하나님께서는 당신의 독생자를 믿고 따르지 않는 곳에 또다시 주님을 보내주시지는 않는다. 새로운 하나님의 선민은 평화를 사랑하는 백성이어야 할 것이다. 그리고 하나님의 아들을 해산해야 함으로 그해산의 고통이 따른다. 이스라엘도 그 해산의 고통은 애굽, 앗시리아, 바벨론, 로마제국, 독일 나치 등과 같은 나라로부터 침략과 박해를 받았다.

여기서의 '발'은 평화를 선포하고 복음을 가져오며 구원을 가져오는 주님의 발이시다(사52:7). 달은 어머니의 성령을 가리키며(창37:9) 열두 별의 면류관은 성도들의 승리를 상징한다(마24:29; 막13:24; 눅21:25). 그러나 대환난의 날에는 사탄의 반대역사(8:12)가 강하게 일어남과 동시에 세상이 어두워질 때에 주님이 오신다(막13:24-26).

2. 해산의 고통 (12:2)

^{2.}이 여자가 아이를 배어 해산하게 되매 아파서 애써 부르짖더라

본 절에 등장하는 '아이'가 누구냐 하는 문제로 의견이 분분하다. 그러나 대체로 여기서의 '아이'는 주님임을 알고 있다. 그러한 이유는 성경의 어느 곳에서나 '여인의 아들'이라는 명칭은 성육신하신 예수님을 나타내고 있기 때문이다(창3:15; 갈4:4).

해산의 고통으로 '애써 부르짖더라'는 오직 택함을 받은 하나님의 백성으로서 하나님의 섭리에서 메시아를 탄생시키기 위한 울부짖음이요, 마귀가 아이를 삼키고자하기 때문에 대환난을 맞이하는 때이다(12:4). 해산의 고통은 하늘에 대해 훼방할 권세를 받은 짐승(13:6,7)과 같은 사탄에게 하나님의 백성을 내어주게 된다. 그러므로 계시록 11:2에서의 마흔 두 달 동안 이방인에 의해 짓밟힘을 당하리라는 말씀이다.

구약에서의 이스라엘도 새로운 시대의 도래와 메시아의 강림을 알리는 징표로 언제나 핍박과 박해를 받아왔다(사26:17; 66:7; 미4:10; 5:3). 뿐만 아니라 신약에서도 생명을 구하고자 하는 해산의 고통을 겪었다(요16:21; 고후1:6; 롬8:22; 마24:8; 갈4:19,27; 살전5:3).

이러한 해산의 고통이 수반하지만 주님은 끝내는 사탄과 싸워 이기고 또 이기신다(6:2; 17:14; 19:11; 마4:11). 본 장의 5절과 10절에서도 어린 아이가 하나님의 보좌 앞으로 들려 올라가며 용은 땅에서 내어 쫓김을 당함으로써 승리하시는 주님의 영광스러운 모습으로 묘사됐다.

예수님께서 장차 올 박해에 대해서 말씀을 하실 때 하늘의 백성은 곡하고 애통하나 세상은 기뻐한다고 전제하신 후에 "여자(주님의 나라)가 해산을 하면 그 때가 이르렀으므로 근심하나 아이를 낳으면 그 기쁨으로 인하여 그 고통을 다시 기억하지 아니하느니라"(요16:20,21)고 하셨다.
즉 주님을 잉태한 나라라면 주님이 장성하시고 승리하실 때에 모든 고
통을 잊게 된다는 말씀이다.

3. 붉은 용의 정체(12:3, 4)

> ³·하늘에 또 다른 이적이 보이니 보라 한 큰 붉은 용이 있어 머리가 일곱
> 이요 뿔이 열이라 그 여러 머리에 일곱 면류관이 있는데 ⁴·그 꼬리가 하
> 늘 별 삼분의 일을 끌어다가 땅에 던지더라 용이 해산하려는 여자 앞에
> 서 그가 해산하면 그 아이를 삼키고자 하더니

3절에서의 '붉은 용'은 하나님의 원수로 마귀, 사탄 또는 옛 뱀이라고
보고 있다. 결국 '큰 붉은 용'이라는 말은 거대한 세력과 사납고 잔인하
며 파괴적인 본성을 지닌 사탄 마귀를 상징한다. 큰 붉은 용은 하늘에 대
적하여 하나님의 섭리를 훼방하고 성도와 싸우는 짐승이다(13:6-8). 그
용은 하늘로부터 땅으로 쫓겨 내려와서 온 천하를 꾄 자이다(12:9).

그러므로 용은 하늘에서 땅에 찍힌 '아침의 아들 계명성'(천사장 루시
엘)으로 열국을 엎은 자, 하나님과 비기려는 참람된 자, 북극 집회의 산
(나라) 위에 좌정하여 세계를 황무케 하고 성읍을 파괴한 자로 기록되어
있다(사14:12-17).

구약에서는 하나님의 백성을 삼킨 바벨론 왕 느부갓네살을 용으로 비
유했다(렘51:34). 열 뿔은 대환난기에 일어날 적그리스도의 열 나라를 의
미한다(김승곤, 1979: 173). 오늘날과 같은 말세에 있어서 붉은 용의 정
체는 하나님에게 정면으로 도전하는 적그리스도의 괴수의 나라이다. 그

리스도의 주권을 머리로 나타내듯이(엡1:22; 5:23; 역상29:11) 용의 머리는 사탄 편 괴수로 절대적인 통치권자이다(사9:15; 29:10).

다니엘 7:17-20에서 '또 그것의 머리에는 열 뿔이 있고'라 하며 이 뿔은 왕의 권세이다(17:12; 슥1:18-20). 그러나 '악인의 뿔은 다 베고 의인의 뿔은 높이 들리로다'(시75:10)의 말씀처럼 사탄의 권세가 영원할 수는 없다. 17:10-13에서도 일곱 머리와 열 뿔이 나오는데 '열 뿔은 열 왕'이라고 하였다.

일곱 머리는 여자(음녀)가 앉은 일곱 산山이며 일곱 왕을 가짐으로 산 같은 하나님의 적그리스도 국가를 뜻한다(17:9,10). 역사적으로 하나님을 훼방한 대표적인 7개의 적그리스도 국가로 애굽, 앗시리아, 바벨론, 로마제국, 전체주의(일제, 독일 등), 구소련, 현대의 적그리스도 국가들(라오디게아 교회 상징: 주체사상, 빈라데니즘, 무신론 인본주의, 이단자들) 등으로 열거된다.[16] 이들은 머리에 쓰고 있는 것이 면류관이라고 함으로써 이들은 일시적으로 승리를 쟁취하게 된다.

20세기 초에 대두한 구소련은 일곱 머리 중에 6번째 머리에 해당된다. 구소련의 내적인 '열 뿔'에 해당되는 10대 수뇌首腦는 다음과 같다(2:10). ① 레닌(1917): 1922년 12월 소비에트 연방 결성, ② 몰론토프(1930), ③ 스탈린(1941), ④ 말렌코프(1953), ⑤ 불가린(1955), ⑥ 후르시쵸프(1958), ⑦ 코시킨(1964), ⑧ 브레즈네프(1982): 18년 장기집권, ⑨ 안드로포프(1982.11~1984.2.9): 집권 15개월 만에 사망, ⑩ 체르넨코(1984~1985.3.10): 집권 13개월 만에 사망, ⑪ 고르바초프(1985~1991.12.25)로 이어지는 정권이었다(김일환, 2004: 290~292).

---

16) 페르시아는 기원전 538년 바벨론을 무혈점령하여, 이스라엘인을 해방시켜 본국으로 돌려보냈다. 유대교의 신앙과 제례의식도 허가하여 하나님에게 우호적 나라였다.

사실 코시킨과 브레즈네프는 동일한 시기에 집권한 것이므로 코시킨 (수상)은 브레즈네프(서기장)에 속한다고 봐도 되므로 정확히 열 왕으로 도 볼 수 있다. 또한 코시킨과 브레즈네프를 각각 수장으로 인정을 한다 고 해도 마지막의 고르바초프는 하늘 편의 수장으로 볼 수 있기 때문에 소련은 열 왕으로 망한 것으로도 해석될 수 있다. 또한 구소련은 외적으 로는 적어도 10개국 이상의 위성국을 통하여 절대적인 권력을 행사했다.

본서에서 일곱 머리에 해당하는 현대의 라오디게아 교회를 상징하는 적그리스도 국가들도 심각한 문제가 된다. 한 해 동안 미국인 전체 사망 자의 절반 수준의 사망 원인은 암이나 총기가 아니다. 일종의 느린 자살, 즉 '자제력 부족'이 그 원인이다. 흡연, 과음, 비반, 위험한 섹스 등으로 죽 는 사람이 연간 100만 명에 이른다. 사상 최악이라는 2차 대전 때 미군 총 전사자가 40만 명을 감안하면 어안이 벙벙할 따름이다(대니얼 액스트, 2013: 18~20).

4절에서의 하늘의 별은 성도를 뜻하는데(8:10–13) 붉은 용인 적그리 스도는 하나님의 백성인 성도들을 핍박하고 살해했는데 두 증인을 죽인 것과 같다(11:7). 두 증인은 단순히 주님을 증거하고 죽는 것으로만 알고 있으나 좀 더 깊이 연구하여 왜 죽어야 하며 누구에 의해 죽어야 하는지 를 알아야 한다. 실제로 성경의 예언대로 세계 공산화로 다음과 같이 수 많은 성도(별)와 선량한 백성들이 대학살을 당했다(6:13).

① 구소련의 레닌이 1903년에 조직한 당원은 고작 17명이었다. 그러 나 1917년 10월 17일 혁명 때는 2만 명, 1960년대는 4,300만 명이 됐다. 1917년 10월 레닌이 인민위원장에 있을 때 재정 러시아(자본주의) 정교 회 신부 4만 명 학살, 희랍 정교인 50만 명 학살, 재정 러시아 황제 군대 70만 명을 학살했다(토니 클리프, 2009: 490~531).

스탈린 역시 일인 독재로 레닌의 생존 시에 당 중앙위원 31명 중 29명을 처형하였다. 스탈린의 후계자 후르시쵸프의 연설문을 보면 "스탈린은 1934년에 자기를 집권자로 선출해준 당 중앙위원 137명 중 98명을 총살 숙청했다"고 했다. 그는 자기를 위하여 비밀경찰 600만 명을 두어 감시하게 했다(리처드 오버리, 2008: 831~874).

② 중공 모택동은 1949년 12월 중국을 공산화하고 4천만 명을 학살하였으며 지금까지도 종교의 자유를 허용치 않고 있다.

③ 북한의 김일성은 박해의 좋은 구실을 만들었다. 그들은 북괴 정부 수립을 위한 총선거를 1946년 11월 3일 주일土日에 실시하기로 하고 교회의 태도를 보았다. 그러나 북한의 연합노회의 태도는 확고했다. 김일성은 북한의 민주지사 300만 명을 고향을 등지게 했으며 6·25남침을 감행하여 살상자 5백만 명, 과부 40만 명, 고아 20만 명을 만들었다. 예배당 소실이 2천여 개와 30만 기독교인을 박해하였으며 목사 순교자만 212명에 달했다(민경배, 1985: 455). 1990년대에도 300만 명의 주민이 굶어 죽게 했으며 현재도 만주벌판에 20만여 명의 탈북자들이 생명의 위협을 감수하며 제3국으로의 망명을 노리고 있다.

④ 공산 월맹(1954)은 토지의 농민 분배와 양민을 보호한다는 공약을 했다. 그러나 1975년 진주 후에는 이를 무시하고 60만 명을 몰살하고 토지를 몰수했다.

⑤ 캄보디아 대학살(킬링필드)은 '크메르루즈'라는 무장공산단체가 1975년부터 1979년까지 5년간 캄보디아 인구의 4분의 1에 해당하는 150만 명을 학살한 사건 등이 보고됐다. 이와 같은 세계 공산화로 아시아 전역을 불태운 것만 해도 세계의 땅 3분의 1 이상을 점령했다.

지금은 공산주의가 지구상에서 사라졌다고 하지만 여전히 적그리스도들의 모습을 가지고 교활한 용어 변경 전략으로 인류의 자유와 평화를 파괴하고 있다. 즉 이들은 북한의 주체사상, 빈 라덴 주의, 알카에다 등 다양한 모양으로 변신해 적그리스도의 단체로 맹렬한 활동을 하고 있다.

ㄴ. 철장 권세의 주님 (12:5, 6)

1) 철장의 새말씀 (12:5, 6)

> 5.여자가 아들을 낳으니 이는 장차 철장으로 만국을 다스릴 남자라 그 아이를 하나님 앞과 그 보좌 앞으로 올라가더라 6.그 여자가 광야로 도망하매 거기서 일천이백육십일 동안 저를 양육하기 위하여 하나님이 예비하신 곳이 있더라

5절에서의 철장으로 악인을 깨뜨리며 질그릇같이 부수신다(시2:9). 철장은 하나님의 심판을 상징하는 것으로 말씀의 심판이다(1:16; 2:1;, 9:15, 16; 시2:9; 히4:12; 사11:4). 예수님은 "내가 불을 땅에 던지러 왔으나 이 불이 이미 붙었으면 내가 무엇을 원하리요"하고 탄식하셨다(눅12:49; 렘5:14). '장차 철장으로 만국을 다스릴 남자'는 주님이시다. 주님도 세상을 심판할 때 세속적인 권력이나 이적기사가 아니라 진리의 말씀을 가지고 선포하시고 이로 인해 고난과 버림을 받으시며 박해를 받으면서도 하나님의 나라를 반드시 성취하신다.

6절에서의 '여자가 광야로 도망가매'의 의미에 대해 여러 가지 학설이 있다.

첫째, 문자적으로 해석한 일부 학자들은 초기 그리스도인들이 로마 예루살렘의 침공을 피해 서기 66년 벨라(갈릴리 바다 남쪽 32km지점)로 탈출 사건으로 이해한다.

둘째, 이 여자를 예수의 모친 마리아로 보고 애굽 피난사건으로 본다.

셋째, 유대백성들 중의 일부분이 환난 기간 중에 보존됐다가 주님을 맞게 된다는 미래시간으로 해석하는 경우이다.

넷째, 종말론적 입장에서 유대교인들이 광야 같은 세상에서 7년 혹은 70년의 대환난을 통과하면서 하나님의 보호를 받는다는 등의 설이다. 일찍이 이스라엘은 출애굽을 하여 40년간 광야 생활을 했으며 모세도 엘리야도 광야에서 사탄의 핍박을 광야에서 피했다(출3:1-4; 왕상19:1-8; 행7:38).

결론적으로 광야는 훈련과 시련과 도피의 장소를 의미하는 것이므로 대환난 동안의 환난을 겪으면서 하나님으로부터 보호를 받는 것을 뜻한다(11:3-6). 그러므로 하나님께서는 주님이 오실 나라와 성도를 끝까지 보호해 주신다.

2) 1,260일의 뜻

성경에서 1,260일(3년 6개월)의 뜻은 4가지의 의미를 가지고 있다. 즉

① 두 증인이 예언한 기간이다(11:3).

② 짐승이 해산하는 아이를 삼키고자 하며 하늘을 훼방하는 기간이다(12:4).

③ 하늘 편의 여자가 남자아이를 양육하는 기간이다(12:6).

④ 광야생활과 같은 40수 고난의 기간이다.

실제적으로 1917년 11월 7일 러시아 혁명 이후에 3년 6개월이 지난 1920년경이 재림의 시점이다(단12:11). 그러나 3년 6개월 안에 그 책임에 실패함으로써 7년 대환난이 70년 대환난으로 가중이 되었다(민14:34). 즉 다니엘서 12:11을 근거로 할 때에 1920년에 하나님의 뜻이 이 땅에

이루어진다. 여기에 35년의 기간을 더하면 1954년까지가 70년 대환난의 전반부가 된다.

한반도에서도 이러한 하늘의 비밀을 잘 알고 있는 사탄은 1945년 8월 24일 구소련의 군대가 평양으로 진주하여 1948년 9월 9일 북한 김일성 정권 수립하게 하여 일제보다 더 잔인할 정도로 한국에서 준비된 성도와 교회를 몰살시켰다(단9:27).

그러나 다니엘서의 예언처럼 70년 대환난이 정확하게 종료되는 1989년 이후부터는 공산주의도 사양길로 접어들게 하는 것이 하나님의 섭리이시다. 제아무리 악독한 사탄의 앞잡이인 구소련과 북한의 김일성이라고 할지라도 전능하신 하나님의 적수는 되지 못한다. 북한의 김일성 주석은 49년간 북한을 통치하였으나 갑자기 1994년 7월 8일 오전 2시경 급사急死하였는데 82세의 나이였다.

이처럼 이들의 권세가 70년으로 정해져 있다(단9:27; 민14:34). 그러나 그들은 하나님을 훼방하고 성도와 싸워 이겨서 나온 자들(13:5-7)이기 때문에 주님이 아니고서는 이러한 적그리스도들과 싸워 이길 자가 없다.

5. 대환난의 실체(12:7-17)

1) 붉은 용(12:7-11): 구소련

[7]하늘에 전쟁에 있으니 미가엘과 그의 사자들이 용으로 더불어 싸울 새 용과 그의 사자들도 싸우나 [8]이기지 못하여 다시 하늘에서 저희의 있을 곳을 얻지 못하리라 [9]큰 용이 내어 쫓기니 옛 뱀 곧 마귀라고도 하고 사

탄이라고도 하는 온 천하를 꾀는 자라 땅으로 내어 쫓기니 그의 사자들도 저와 함께 내어 쫓기니라 ^{10.}내가 또 들으니 하늘에서 큰 음성이 있어 가로되 이제 우리 하나님의 구원과 능력과 나라와 또 그의 그리스도의 권세가 이루었으니 우리 형제들을 참소하던 자 곧 우리 하나님 앞에서 밤낮 참소하던 자가 쫓겨났고 ^{11.}또 여러 형제가 어린양의 피와 자기의 증거하는 말을 인하여 저를 이기었으니 그들은 죽기까지 자기 생명을 아끼지 아니하였도다

7절에서의 하늘나라에서의 전쟁은 '그 모형과 그림자'(히8:5)처럼 땅 위에 그대로 재현됨을 예시한 말씀이다. 성도의 보호자 역할을 담당한 천사장 미가엘이 승리함으로써 하늘전쟁에서 패배한 용과 그 사자들이 땅으로 쫓겨남으로 다니엘 예언이 성취됐다(단12:1; 사14:12-15).

그 쫓겨난 용은 하나님과 비기려 한 자로 애굽왕 바로가 사탄과 상대기준을 조성하여 악어로 표현됐다(겔29:3; 32:2). 이것은 마치 베드로가 예수님의 십자가 구속섭리를 방해하는 사탄이 된 것이나(마16:23), 마귀가 시몬의 아들 가룟 유다의 마음속에 들어가 유다가 사탄이 된 이치와도 같다(마26:14-16; 요13:2).

그렇기 때문에 세계적 범위에서 사탄의 도전은 점점 더 심해지고 혹독해지지만 그것은 하나님의 나라가 오기 전에 사탄이 자기 권세를 마지막으로 행사하려는 최후의 시도이다. 따라서 종말에서의 붉은 용은 세계적으로 적그리스도 국가를 대표하는 구소련으로 74년간 세계 근·현대사의 악의 축이 됐다.

8절에서의 붉은 용은 하늘전쟁에서 실패하고 땅에 떨어졌기 때문에 땅에 속한 구소련 위성국을 중심한 적그리스도 국가들에게는 더 많은 핍박과 고통이 가해졌으나 하늘 편 아벨국은 자유민주주의 국가로 됐다.

9절에서의 말세에 마귀 사탄은 붉은 용으로 옛 뱀으로서 온 천하를 꾀

는 자로 땅으로 내어 쫓기어 그를 따르는 사자들도 내어 쫓겼다고 했다 (눅10:18). 현재에도 일곱 머리 중에 여섯 머리는 망하고 마지막 한 머리가 잠깐 동안 계속되고 있다(17:10). 그러나 마귀 사탄은 과거의 영광을 그리워하며 여러 가지 모양으로 실체적으로 변신을 거듭하며 활동한다 (16:11). 마귀 사탄은 근본적으로 하나님의 존재를 부정하는 적그리스도들이니 성도들은 경계를 늦추지 말아야 한다.

10절에서의 미가엘이 승리하기 전에 사탄은 하늘에서도 권세를 가지고 있었으며 하나님의 백성들을 끊임없이 괴롭혔다. 그러나 마귀는 자신의 사자들과 함께 하늘에서 쫓겨났다.

11절에서의 하나님의 백성이 '어린양의 피'(언약의 피, 1:5; 5:9; 7:14; 12:11; 19:13; 히9:11−22)와 새말씀을 증거하기 위해 죽기까지 하였다 (6:9; 11:7; 19:2; 20:4). 사탄도 역시 죽기까지 대들며 증인들의 피에 취한다(17:6). 그러나 최후에는 하늘 편의 승리로 인하여(욥1:9−11; 슥3:1; 눅10:18) 하나님의 능력과 주님을 통한 구원이 재천명되었다.

이 싸움에서 주님의 승리로 인한 하나님의 백성(주님과 함께 있는 자)이 기뻐한다(17:14). 그러나 사탄이 하늘에서의 전쟁에서 패함으로써 땅에서 최후의 발악을 하게 된다. 즉 사탄은 주님의 새말씀 앞에서는 이기지 못하니 땅과 바다에 거하는 악에 사로잡힌 모든 자들을 미혹해 화를 미치게 한다(눅10:18−20).

2) 여자(12:12, 13) : 한국

[12.]그러므로 하늘과 그 가운데 거하는 자들은 즐거워하라 그러나 땅과 바다는 화 있을진저 이는 마귀가 자기의 때가 얼마 못 된 줄을 알므로 크게 분내어 너희에게 내려갔음이라 하더라 [13.]용이 자기의 땅으로 내어쫓긴 것을 보고 남자를 낳은 여자를 핍박하는지라

12절에서의 붉은 용인 적그리스도 국가가 땅 위에 실제적으로 전쟁을 일으킨다는 것을 예시했다(12:13,14). 즉 6·25남침전쟁, 중국의 공산화, 그리고 중동에서의 피비린내 나는 전쟁 등은 하늘에서 내쫓긴 용이 자기의 때가 얼마 못 된 줄을 알고 있다(12:12).

이들은 남자(주님)를 낳은 여자(나라)를 핍박할 뿐 아니라 지상에서 최후의 발악을 한다(12:2,11). 왜냐하면 사탄은 완전히 패하기 전까지는 자신의 패배를 인정하지 않으며 땅과 바다를 향해 모든 힘을 모아 총공세를 펼치기 때문이다(11절).

13절에서의 적그리스도의 괴수를 상징하는 용이 주님의 나라인 여자를 핍박하고 박해한다(17:18; 왕하19:2; 암5:1). 즉 하늘에서 쫓겨난 사탄이 남자(주님)를 낳은 여자를 핍박한다. 여기에서의 여자는 하늘 편 아벨국을 대표하는 한국을 말한다. 한국은 유구한 역사동안 단 한 번도 외침을 한 적이 없으며 오히려 930여 회에 걸쳐 외침을 받았으니 세계적으로 선한 하늘 편의 대표적 아벨국가이다.

본 장의 2절에서는 잉태된 아이(주님)을 핍박하더니 이제 '낳은 아이'라 함은 주님이 이미 활동하고 계신다는 것을 뜻한다. 하나님께서는 "그 작은 자가 천을 이루겠고 그 약한 자가 강국을 이룰 것이라 때가 되면 나 여호와가 속히 이루리라"(사60:22)고 하시며 주님의 영광을 약속하셨다.

3) 독수리(12:14) : 미국

14.그 여자가 큰 독수리의 두 날개를 받아 광야 자기 곳으로 날아가 거기서 그 뱀의 낯을 피하여 한 때와 두 때와 반 때를 양육받으매

14절에서의 '독수리의 두 날개'에 대하여 여러 가지 견해가 있다. 즉 신

앙과 율례를 가리킨다는 견해, 신·구약 성경을 의미한다는 견해 등이 있으나 여기서는 하나님의 보호를 뜻한다는 것이 가장 설득력이 있으며 문맥상에 부합된다.

독수리는 살육과 죽음이 있는 곳에 있으나(마24:28; 욥39:26-30) 하늘 편에서는 여호와를 앙망하는 자이다(사40:31). 그리고 독수리는 하나님의 뜻에 따라 부름을 받은 일꾼을 상징하며 하나님의 보호와 인도하심을 뜻한다(신28:49; 출19:4; 신32:11; 사40:31; 미4:9). 한국의 대환난은 6·25한국동란을 중심으로 일어났다. 먼저 두 날개를 가진 독수리는 미국을 상징하는데 미국은 냉전 체제에서 승리한 세계 초강대국이며 세계 경찰국으로서 세계의 평화를 지키는 수호신과 같은 존재이다.

6·25한국동란에서 미국 젊은이 5만 4천여 명이 머나먼 이국땅에서 숨졌고 7,910명이 실종 상태에 있다.[17] 이렇게 미국은 '뱀의 낯을 피하여 한 때와 두 때와 반 때(3년 반)를 양육받으매'라는 말씀과 같이 한국을 보호해 주었다. 미국과 같은 16개국이 6·25한국동란에 참전하여 한국을 구해 주지 않았다면 남한도 지금의 북한과 같은 생지옥이 되었을 것이다(9:6).

현직 미국 대통령으로서는 최초로 버락 오바마 대통령이 직접 참석한 '한국전 참전용사 정전 60주년 기념일'(2013.7.27 워싱턴)의 축사에서 "한국전은 승리한 전쟁이면서 번영과 평화를 시작하는 날"이라고 했다. 구약에서의 하나님의 말씀에서도 이를 입증하셨는데 "내가 동방(한국)에서 독수리(미국)를 부르며 먼 나라(육적 이스라엘을 떠나심)에서 나의 모략을 이룰 사람을 부를 것이라 내가 말하였은즉 정녕 이룰 것이요 경영하

---

17) 미국이 6·25한국전쟁에 참전해 흘린 피는 헛되지 않았다. 한국은 베트남, 이라크, 아프카니스탄 전장 등에서 미국과 어깨를 나란히 했다. 한국은 2013년부터 7월 27일을 'UN군 참전의 날'로 정하여 6·25 참전 용사의 희생과 헌신을 기리기로 했다.

였은즉 정녕 행하리라"(사46:11)고 하신 말씀이 성취됐다.

그리고 본 절에서 '광야'는 출애굽 당시 하나님께서 이스라엘 백성을 시내 광야로 인도함으로써 적의 손길에서 구출해 내신 것과 같은 장소이다. 당시에 이스라엘 백성들은 모세와 하나가 되지 못하여 곧바로 가나안에 입성하지 못하여 40년 광야노정에 들어갔으나 하나님의 보호를 받으심은 틀림이 없다.

4) 뱀(12:15 - 17) : 북한

15.여자의 뒤에서 뱀이 그 입으로 물을 강 같이 토하여 여자를 물에 떠내려가게 하여 하되 16.땅이 여자를 도와 그 입을 벌려 용의 입에서 토한 강물을 삼키니 17.용이 여자에게 분노하여 돌아가서 그 여자의 남은 자손 곧 하나님의 계명을 지키며 예수의 증거를 가진 자들로 더불어 싸우려고 바다 모래 위에 섰더라

15절에서의 뱀이 물을 강같이 토하여 '여자를 물에 떠내려가게 하려 하되'라는 말씀은 큰 환난을 의미한다. 본래 생수의 근원은 하나님(렘2:13)이요 생수는 성령이지만(요7:38) 뱀의 입에서 나오는 물은 악령이요 독수이므로 대환난을 예시했다.

뱀이 토한 강물은 사실 용의 입에서 나온 강물(16절)이므로 뱀이 용의 하수인 역할을 상징한다. 다시 말해서 여자(한국)를 핍박하는 것은 용이지만 직접 핍박을 가하여 죽이려고 한 것은 용의 앞잡이라고 할 수 있는 뱀(북한 김일성 체제)이다.

이스라엘의 경우에는 적그리스도 국가인 히틀러 나치 정권을 내세워 핍박을 가했다. 지금은 알카에다와 빈라데니즘과 같은 과격한 이슬람주의자가 나치 정권을 대신하여 그 중심에 있다고도 볼 수 있다. 이들의 갈등

의 원인은 종교적 대립으로 시오니즘 대 이슬람주의라고 할 수 있다.

그러나 한국의 경우는, 중동문제와는 다르게 한반도를 중심하고 인간의 본질적인 문제인 이념적·사상적 대립을 한다. 즉 하나님이 '있다'는 유신론과 하나님이 '없다'는 무신론과의 첨예한 대립의 각을 세우고 있다. 여기서 뱀은 '붉은 용'(구소련)의 하수인으로 북한 정권인 사이비 교주 김씨 일가의 인민을 노예화한 집단을 말한다.

(1) 38선의 확정

38선을 확정한 것은 소련군이 '8월 폭풍작전'을 개시한 후, 국무차관보 제임스 던J. Dunn이 1945년 8월 11일에 육군부 작전국에 소련군의 남진에 대응하라고 지시했다. 이에 미국 육군부 작전국의 본스틸(Charles H. Bonesteel, 이후 주한 미군사령관 역임)대령과 미 육군장관 보좌관이었던 딘 러스크(Dean Rusk, 이후 케네디와 존슨 정부에서 국무장관 역임) 중령은 작전국에 걸려 있던 내셔널 지오그래픽사의 벽걸이 지도에 38선을 그어본 후 38선 분할 점령안을 미국 합참과 3부 조정위원회에 보고했고, 이 안이 대통령에게 보고되어 '일반 명령 제1호'로 맥아더 사령관에게 전달됐다. 38선 분할 점령안을 미국이 제안하자 소련은 별 이의 없이 이를 받아들였고, 1945년 8월 23일 개성까지 내려갔던 소련군은 9월 초에 38선 이북으로 철수했다(리처드 오버리, 2003: 387~428).

그러나 스탈린은 1945년 10월 14일, 구소련군 대좌 김일성 괴뢰 정권을 북한에 수립하여 남침계획을 수립했다. 본래 카이로회담[18]에서 한국

---

18) 카이로회담 개최: 프랭클린 D. 루스벨트 미국 대통령, 윈스턴 처칠 영국 총리, 장제스 중국 국민당 총통 등은 1943년 11월 22일 이집트 카이로에서 조선의 미래를 좌우할 회담을 개최했다.

의 독립이 약속되었으나 북위 38도선을 경계로 남과 북에 미 · 소 양국이 분할 진주함으로써 국토의 분단이라는 비참한 운명이 됐다(김기협, 2011: 340~364).

북한의 김일성 정권을 조종하고 있는 구소련은 38도선을 경계로 남북 간의 왕래와 일체의 통신연락을 단절시켰다. 또한 그들은 공산화 통일이 되지 않는 이상 어떠한 통일 정부도 거부하면서 정치적 분단을 강요했다(왕수쩡, 2013: 31~33).

(2) 구소련의 남침지시와 남한의 혼란

6 · 25한국전쟁은 한반도에 친소련 정권을 심고자 했던 스탈린과 통일을 원했던 김일성에 의해 일어났다고 이례적으로 중국 관영의 권위가 있는 매체가 밝혔다(조선일보, 2010.6.18일자).

1947년에 미국과 UN은 단일 정부를 세우기 위해 통일된 한국 정부 수립을 위한 총선거를 실시하려 했으나 1948년 1월 구소련 군정은 이를 거부했다. 결국 1948년 5월 10일 남한 정부에서만 자유 총선거가 실시되어 8월 15일에 대한민국 건국을 선포했는데 이스라엘도 한국과 동일한 해에 건국을 선포했다. 이어서 1948년 9월 9일에 구소련군의 비호 아래 북한지역에도 김일성을 내세워 '조선민주주의 인민공화국'을 선포했다. 그들의 붉은 용인 짐승으로서의 야욕은 곧 본색을 드러냈다.

이러한 상황인데도 불구하고 최근 공개한 미국 정부 극비문서에 따르면, 6 · 25전쟁이 발발하기 직전 미국 정부는 한반도에서 미군을 철수시키는 데 모든 정책의 초점을 맞추었다. 즉, 구소련 · 북한 지도부의 남침 계획을 전혀 감지하지 못한 것으로 확인됐다. 보고서에 따르면 미국 정부는 북한지역에서 구소련군이 철수한 만큼 미군도 1949년 6월 30일까지 남한에서 철수할 준비를 완료하는 것이 최대 당면 목표이며, 한반도에서 미국의 장기적 이익을 보장하기 위해서는 한국을 경제적으로 지원해야 된다고 밝혔다(『세계일보』 2013.11.7). 실제적으로 미국은 1949년 6월, 남한 철수를 시작하자 김일성은 남침 승인을 구소련과 중국에 요청했다.

이와 같은 증언으로 헨리 키신저 전 국무장관의 『중국에 관하여(On China)』(2011)에서도 소련의 스탈린이 김일성의 남침계획을 처음에 반대하다가 갑자기 태도를 바꿔 승인한 것은 한반도를 미국의 극동 방어선에서 제외한 트루먼 행정부의 극비문서를 입수한 것이 영향을 미쳤다고 했다.

1950년 6월 25일 새벽 4시경, 38선상의 여러 지역에서 북한군 야포가 남쪽을 향해 불을 뿜기 시작했다. 또한 유격대와 특수부대가 동해안을 따라 강릉 남쪽 정동진과 임원진에 상륙을 하면서 우리민족의 최대 비극 6·25남침전쟁이 시작됐다. 이 전쟁은 1953년 7월 27일까지 3년 1개월간 지속됐는데 속절없이 남한은 제대로 된 전투 한 번 해보지도 못하고 밀린 이유는 있었다.

일제에서 해방된 후 이승만 정권은 초기부터 우익과 좌익 세력의 반대로 이념적 갈등으로 불안한 정세가 지속됐다. 여기에다 미 군정이 유지시킨 친일 세력을 그대로 수용했기 때문에 민족국가로서의 명분이 부족했다. 더욱이 이승만 정권은 친일파 처단을 위한 반민족행위 특별조사위를 탄압했다(박태균, 2013: 24~26). 이 외에도 이승만 정권에 대한 군부의 반란과 민중들의 저항이 한층 치열했다. 반란군들은 산악지대로 들어가 유격전을 벌임으로써 남한은 정치적·경제적으로 매우 불안한 정국이 됐다.

이와는 달리 북한은 통치 체제를 신속하게 안정시키고 남한 해방의 필요성을 강조했다. 급기야 북한군은 사전에 치밀한 계획을 세워 기습남침으로 서울은 4일 만에 점령됐다(참부모님, 2009: 120-125). 3개월 후에는 대구와 부산 등 일부를 제외한 전 지역을 장악했다.

김일성은 8월 15일까지 남한을 완전히 점령하여 수중에 넣을 것을 독려했다. 38선 일대의 국군 장병들은 즉시 전투태세에 돌입했지만 하루 전 비상경계령이 해제되어 주말이라 많은 병력이 부대에 남지 않았다. 게다가 후방의 북한 게릴라 소탕작전에 투입되어 전선에는 북한군의 4분의 1로 매우 열세였다.

(3) 맥아더 장군의 인천상륙작전

한국의 위태로운 소식이 미국에 전해지자 미국과 UN군은 참전 계획을 3일간 준비한 후 미국의 육·해·공군과 16개국의 UN 국가가 참전하게 됐다. 그런데 기적적인 일은 UN 안전보장이사회 상임이사국인 구소련이 중국문제로 불참 중이었기에 거부권의 행사가 없이 미국의 안이 그대로 신속하게 통과됐다.

이러한 국제적 지원에도 불구하고 상대적인 전력의 열세로 북한군의 남진을 저지하지 못하고 1950년 8월 1일에는 40일 만에 낙동강 전선까지 후퇴하게 된다. 국토의 약 10%에 불과한 낙동강 방어선은 더 이상 물러날 수 없는 최후의 저지선이었다.

<사진 12-1> 미국 24 보병연대 전선 이동 중(1950.7.18)

낙동강 전선이 무너지면 미국을 비롯한 UN군은 한국을 포기하고 철수 계획에 들어간다는 계획이었다. 그야말로 절체절명의 위기에서 낙동강 전선은 세계 공산화를 목표로 한 짐승의 위협을 막아내는데 결정적인 역할을 했다.

이러한 수세를 역전으로 돌린 계기는 맥아더 장군의 인천상륙작전이었다. 당시의 미 본토를 비롯한 모든 UN군 수뇌들은 인천은 조수 간만의 차가 심하여 작전이 실패한다고 하였으나 맥아더 장군은 하늘에 운명을 맡긴 채 작전을 감행했다.

맥아더 장군은 천우신조로 인천상륙작전(1950.9.15)을 승리로 이끈 후 13일 만인 9월 28일 정오 수도 서울은 다시 탈환하여 한국민의 감격적인 사건으로 남아 있다(마이클 샬러, 2004: 351~458). 국군과 UN군은 이 작전으로 약 4천여 명의 병력 손실을 입었고 북한군은 사살 1만 4천여 명, 포로 7천여 명, 전차 손실 50여 대에 달했다.

이 작전 이후 북한군의 공격능력은 거의 소멸되었다. 10월 1일 38선을 통과하고 북진하여 평양을 점령하고(10월 13일) 한반도의 통일을 눈앞에 두고 있었다. 한국군 일부가 압록강 근처 초산까지 진격(10월 26일)을 하였다.

<사진 12-2> 상륙 작전 중 인천 해안 맥아더 사령관(1950.9.15)

최전선의 선발대는 압록강에 흐르는 푸른 강물을 마셨다는 증언도 있다. 그러나 UN군의 북진에 위협을 느낀 중공인민군 100만 명이 인해전술로 압록강을 넘으니(10월 25일) 다시 상황은 역습되고 말았다. 그들은 전쟁 전에 이미 40만군이 국경선에서 대기 상태였다고 한다(세르주 브롱베르제 편, 2012: 267~311).

한국군은 오산까지 후퇴했다가 다시 38도선을 넘어서(1951년 3월 24일) 철원, 금화 일대까지 진출(6월 11일)하고 구소련이 휴전을 제의(6월 23일)하여 휴전 교섭에 들어갔다.

중공군이 공세를 멈추지 않는다면 한반도를 포기하겠다는 미국의 주장에 따라 6·25전쟁 이후 최대의 위기를 겪게 되었다. 이때에 UN군 총사령관 맥아더 장군은 만주를 폭격하고 중화민국의 장개석을 동원하여 중국 남부지방에 제2전선을 선점할 것을 주장하였다. 그러나 세계대전을 우려한 미국 정부에 의해 저지되었고 맥아더 장군은 해임되고 말았다(1951.4.11).

(4) 한미상호방위조약 체결

이러한 위기적 상황에서 UN군은 적의 최대의 피해를 가하면서 진지를 방어하는 휴전 정책을 통해 전쟁을 종료하고자 했다. 이승만 대통령은 휴전 반대운동을 전개했으나 미국은 한미상호안전보장조약 체결, 경제원조, 한국군 증감 등의 조건으로 이를 무마시켰다.

<사진 12-4> 공산군 맹공 흥남 철수 보급품과 장비들(1950.12.11)

1953년 7월 27일 UN군과 북한인민군 사이에 휴전협정이 조인되었으며 한반도 장래문제를 논의하기 위한 1954년 4월 26일 제네바에서 열렸다. 그러나 아무런 성과가 없이 결렬, 남북분단은 확정됐다. 이 전쟁은 적그리스도 국가가 하나님의 나라를 위해 준비하는 교회와 성도들을 박해(12:13)하고 그 근원적인 뿌리를 자르기 위한 스탈린이 일으킨 전쟁이다.

6 · 25남침으로 600여만 명의 사상자를 기록하였는데 전체 참전국의 사망자를 모두 합하면 200만 명에 달한다. 한국의 사망자 중에 군인 전사자는 한국군이 22만 7,748명을 포함하여 백만 명이 넘으며 그 중 85%는 민간인이다(99만 명).

<사진 12-5> 유엔안전보장이사회에서 한국에서 중공군 철수 결의안에
반대하며 손을 드는 소련의 Jacob A. Malik 대표(1950.12)

이 가운데 상당수는 남한 지역을 북한군이 점령하고 있는 동안 인민재판 등의 무자비한 방법에 의하여 '반동계급'으로 몰려 처형당한 억울한 희생이었다(http://cafe.daum.net/kic3629).

<사진 12-3> 북한군에 대량학살 당한 시신 옆에서 오열하는
전주시민(전주, 1950.9.27)

　북한과 중국은 1961년 7월 11일 상대 국가가 군사적 공격을 받아 발발한 전쟁에 자동 개입한다는 내용 등을 골자로 한 북중우호협력원조조약을 체결했다. 이 조약은 유효기간이 20년으로 1981년과 2001년 2차례 자동으로 연장이 됐으며 이번 유효기간은 2021년 만료된다. 한반도에서의 남북은 아직도 전쟁 중이라고 해도 과언이 아니다. 휴전협정 후에 크고 작은 도발과 무력 충돌이 끊이지 않고 있는데 김신조 무장공비침투사건(1968.1.21), 육영수 영부인 피격(1974.8.15), 휴전선 도끼만행(1976.8.18), 아웅산 테러사건(1983.10.9), 김현희 KAL 폭파사건(1987.11.29), 천안함 피격(2010.3.26), 연평도 포격(2010.11.23) 등 그 수를 헤아릴 수 없을 정도이다(이태호, 2013: 32~33).
　역사적으로 6·25한국전쟁은 세계사의 흐름을 바꾸는 결정적인 계기를 제공했으며 하나님을 중심한 유신과 유물론의 이념대립으로 정의되는 냉전 고착의 원인이 됐다. 이 전쟁은 공산주의와 자본주의의 이념전쟁, 남북 간의 민족전쟁, 그리고 강대국이 개입된 국제적이 성격을 모두 가지고 있다. 냉전이 종료된 지금에도 대륙진출의 교두보를 확보하려는 해양 세력과 태평양으로의 진출을 기도하는 대륙 세력의 이해관계가 충돌하는 한반도의 지정학적 의미는 크다.

16절에서의 땅은 '황폐한 땅 예루살렘'(사62:4)처럼 나라를 상징한다(17:18; 애2:1; 사47:1; 계17:18). '땅이 여자를 도와 용이 강같이 토한 물을 삼켰다'함은 한국을 도운 UN 16개국의 군대를 파견한 우방국과 그 외에 의료 병참(5)과 물자지원국(46)을 포함하면 모두 67개국에 이른다. 뱀(북한)은 '새끼 양 같이 두 뿔이 있고 용처럼 말하는 짐승'(13:11)으로 표현되는데 이것은 사탄 편의 가짜 양으로 가짜 아버지를 뜻한다(사9:6).

성경에서 아굴의 잠언을 보면 "내가 심히 기이奇異히 여기고도 깨닫지 못하는 것 서넛이 있나니…… 그 입을 씻음같이 말하기를 내가 악을 행치 아니하였다 하느니라"(잠30:18−20)라는 말씀에서 다섯 가지의 '자취'에 대한 비밀이 나온다. 즉,

① 공중에 날아다니는 '독수리'의 자취,

② 반석 위로 기어다니는 '뱀'의 자취,

③ 바다로 지나다니는 '배'의 자취,

④ '남자'와 '여자'가 함께한 자취,

⑤ '음녀'의 자취 등이다.

이와 같은 다섯 가지 '자취'에 대한 비밀이 계시록의 12장에서 풀렸다. ③과 ⑤는 17, 18장에서 더욱 구체적으로 풀린다.

17절에서의 '여자의 남은 자손'은 하나님의 백성을 뜻한다. 용의 분노는 일제 36년이 지나가고 70년 대환난의 종료와 함께 심판을 받는다(16:16; 19:17−21). 그러나 용은 최후의 순간까지 바다의 모래와 같이 많은

수를 거느리고 회개하지 않고 끝까지 대적하려고 한다(20:8; 16:11). 따라서 용은 13장에서 두 짐승의 적그리스도로 변형되어 보다 심각하게 대적해 온다.

| 제13장 |

두 짐승 적그리스도

13장은 12장과 연결되는 장으로 이제는 두 짐승이 나타나서 하나님의 백성을 핍박한다. 붉은 용이 하늘에서 내쫓기면서 그들의 필사적인 활동(12:11)은 실체적으로 바다와 땅(악주권)에서 나온 두 짐승으로 더욱 강하게 도전해 온다. 이들은 70년 대환난의 후반부에서 총공세를 펼침으로써 아마겟돈 전쟁을 예시했다(16:16; 19:17-21; 단9:27). 우리들은 예수님을 불신한 유대민족처럼 활동하시는 주님을 찌르는 과오를 범하지 말고 깨어 기도해야 할 것이다.

1. 바다의 짐승 (13:1, 2)

^{1.}내가 보니 바다에서 한 짐승이 나오는데 뿔이 열이요 머리가 일곱이라 그 뿔에는 열 면류관이 있고 그 머리들에는 참람한 이름들이 있더라 ^{2.}내가 본 짐승은 표범과 비슷하고 그 발은 곰의 발 같고 그 입은 사자의 입 같은데 용이 자기의 능력과 보좌와 큰 권세를 그에게 주었더라

1절에서의 여호와께서 '바다에 있는 용을 죽이시리라'(사27:1)는 것처럼 바다는 타락한 천사장 루시엘 용(사14:12)이 하늘에서 내쫓겨난 곳이다. 따라서 바다는 악한 사탄의 세력 아래에 있는 불순종한 죄악세상이다. 여기서 70년 대환난의 후 35년의 기간 동안에 첫째 짐승이 바다에서 나온다. 이 짐승은 뿔이 열이요 그 머리가 일곱을 가졌다.

다니엘 7장에서는 바다에서 무섭고 강한 큰 짐승이 나왔는데 성도는 그의 손에 붙인 바 되어 한 때와 두 때와 반 때를 지낸다. 그러나 주님의 승리하심으로 짐승의 권세는 빼앗기고 멸망하는데(17:14; 단7:25,26) 일곱 대접 재앙의 때이다(16장).

2절에서의 바다의 짐승은 표범과 곰의 발과 같다는 것은 날쌔고 우악스럽고 저돌적이라는 것을 묘사했다. 또한 그 입이 사자와 같다고 한 것은 무자비하고 포악스러움을 묘사하므로 한 번 물면 놓지 않는 사탄 마귀의 포악스러운 속성이다.

천사장 루시엘을 상징하는 용은 이러한 포악한 속성들을 그 짐승들에게 주었다고 했다. 이것은 하나님의 실체가 어린양인 것처럼 사탄이 체화한 것이 바로 레닌, 스탈린, 김일성, 빈 라덴, 이단자 등과 같은 적그리스도들의 괴수인 짐승들이다(요13:2; 마16:23).

루터와 칼빈 등과 같은 종교개혁가들은 짐승을 로마 가톨릭 교회 또는 그 집단의 우두머리인 교황으로 보았다. 그러나 말세의 70년 대환난 중에 주님이 오실 때를 맞추어 나온 적그리스도들로 보는 것이 정확하다. 오늘날에서의 짐승은 무신론주의자들, 과격 이슬람주의, 그리고 이단자들 등을 총칭한 것으로 하나님에게 대적하는 적그리스도들이다.

ㄹ. 42달 짐승 권세(13:3-1ㅁ)

³·그의 머리 하나가 상하게 죽게 된 것 같더니 그 죽게 되었던 상처가 나
으매 온 땅이 이상히 여겨 짐승을 따르고 ⁴·용이 짐승에게 권세를 주므로
용에게 경배하며 짐승에게 경배하여 가뢰되 누가 이 짐승과 같으뇨 누
가 능히 이로 더불어 싸우리요 하더라 ⁵·또 짐승이 큰 말과 참람된 말하
는 입을 받고 또 마흔두 달 일할 권세를 받으리라 ⁶·짐승이 입을 벌려 하
나님을 향하여 훼방하되 그의 이름과 그의 장막 곧 하늘에 거하는 자들
을 훼방하더라 ⁷·또 권세를 받아 성도들과 싸워 이기게 되고 각 족속과
백성과 방언과 나라를 다스리는 권세를 받으니 ⁸·죽임을 당한 어린양의
생명책에 창세 이후로 녹명되지 못하고 이 땅에 사는 자들은 다 짐승에
게 경배하리라 ⁹·누구든지 귀가 있거든 들을지어다 ¹⁰·사로잡는 자는 사
로잡힐 것이요 칼로 죽이는 자는 자기도 마땅히 칼에 죽으리니 성도들
의 인내와 믿음이 여기 있느니라

3절에서의 짐승의 '상傷한 머리'를 두고 지금까지 대체로 가톨릭 교회
초기 교황설(그레고리 7세부터 이노센트 3세까지), 네로의 회생설 등이
있으나 말세의 대환난을 설명치 못하여 설득력이 떨어진다. 예수님의 십
자가의 부활 이후 400년 정도의 박해가 있었으나 이후 기독교 교회의 전
승 시대를 맞이했다.

주님의 부활로 사탄 마귀의 짐승은 '머리가 상하여 죽게 된 것'과 같았
다. 붉은 용은 무저갱에 갇힘으로써 때가 차기까지 인봉되어 만국을 미
혹하지 못함을 뜻한다. 그러나 14만 4천의 인침이 끝나면 다시 바람이 불
게 된다. 이것은 무저갱에서 반드시 잠깐 놓임으로 70년 대환난을 예고
했다(20:3). 실제로 세계 1차 대전이 종료된 직후에는 국제연맹[19]의 창시

---

19) 국제연맹은 제1차 세계대전 직후인 1920년에 미국 윌슨 대통령의 제창으로 국제
평화 유지와 협력 촉진을 목적으로 설립된 최초의 국제평화기구이다.

등으로 인류에게 평화가 찾아오는 듯했다. 이때에 짐승은 죽게 된 상한 머리가 일시적으로 치유를 받는 기간으로 국제사회를 기만했다.

4절에서의 바다의 용은 그 소재지가 앗수르와 애굽과 같은 사탄 마귀가 조종하는 짐승의 땅이다(사27:1; 민24:22). 오늘날에도 앗수르, 애굽, 로마제국과 같은 적그리스도 국가들이 존재한다. 그들은 수천만 명의 성도와 선량한 백성들을 살해했으며 강제적으로 이마와 손에 표를 주며 경배를 받아왔다(14:9). 이러한 짐승을 이길 자는 주님 외에는 아무도 없다.

5절에서의 짐승은 '큰 말과 참람된 말'을 하는 입을 받았다. 다니엘 7:8의 넷째 짐승으로부터 돋아난 뿔에게도 '큰 말하는 입'이 주어졌다. 큰 말이란 세상을 지배할 수 있는 권세와 교만한 마음을 뜻하는데 이것을 가지고 하나님에게 대적하는 것이다.

42달이라고 정한 기간은 70년 대환난의 후 35년을 의미한다(민14:34). 이들은 이 기간 동안 큰 권세를 가져서 성도와 싸워 이긴 자들이므로 순순히 물러서지 않는다(12:11; 13:7). 짐승은 철저한 적그리스도의 사상으로 무장하고 하나님으로부터 42달의 권세를 받아 세상을 지배했다(11:2; 13:5).

6절에서의 짐승이 입을 벌린다는 것은 세상을 미혹하는 것으로 그 입으로 장막에 거하는 하나님의 나라와 백성을 훼방한다. 여기서의 장막은 15:5의 증거 장막이 있기 전의 장막으로 선민이 거하는 곳이다(창9:21). 그러나 짐승은 그 결과가 어떻게 된다는 것을 너무도 잘 알고 있다. 그렇기 때문에 6:4에서처럼 땅에서 화평을 제하여 버리고 죽이고자 한다.

7절에서의 짐승은 일시적으로 세계를 미혹하여 그 지배하에 두게 된다. 즉 사탄은 모든 나라를 지배하는 권세를 받아 주님처럼 군림하려고 시도한다(눅4:4-7; 요일5:19). 우리들은 이러한 사탄의 악주권의 유혹에 일시적으로라도 빠져서는 안 된다.

8절에서의 육체적으로는 짐승에 굴복하여 죽임을 당한다고 할지라도 주님처럼 짐승에 굴복하지 않는 자에게 하나님의 생명록에 영원히 기록된다(11:7,21). 생명책이란 본서와 빌립보 4:3에서만 발견되는 것으로 주님의 새언약의 말씀이다(15:5; 출19:5,6; 렘31:31; 히8:8). '창세 때부터'라는 의미는 사람이 하나님의 부르심에 응답을 하지 못하면 생명책에서 그 이름이 지워진다는 권위를 암시한다.

9절에서의 말씀은 환난의 때에 하나님의 뜻을 새겨들을 것을 강조하신 말씀이다. 환난의 때가 되면 사탄이 성도들을 핍박하고 죽일 것인데 이러한 악의 권세 앞에서도 믿음과 인내를 지켜야 할 것을 권면하셨다. 우리들은 스스로 악을 지배하는 성숙성을 보여야 한다. 하나님은 가인에게 '너는 죄를 다스릴지니라'고 하셨으나 가인이 그 아우 아벨을 쳐서 죽였다(창4:7,8).

10절에서의 어투가 예레미야 15:2, 43:11과 같은 의미를 내포하고 있다고 대부분의 학자들은 일치된 견해를 보인다. 즉 예레미야는 이스라엘 백성들은 포로가 되고 기근을 당하고 병을 앓고 칼로 죽임을 당할 것이라고 예언했다. 그러므로 사로잡히기로 작정한 사람은 아무래도 사로잡히게 된다.

그러나 칼을 쓰는 자는 칼로 죽을 것이니 환난을 견디며 순교를 감수하라는 것이다. 붉은 말 탄 자는 큰 칼을 받은 자(6:4)이지만 끝내는 칼로 망하게 된다. 성도들은 마지막 환난을 침착하게 견디면서 하나님을 향한 각자의 인내와 충성심을 표해야 한다(2:10; 3:5,10; 빌1:28).

3. 땅의 짐승 (13:11 - 17)

1) 거짓 메시아 (13:11 - 15)

> ¹¹·내가 보매 또 다른 짐승이 땅에서 올라오니 새끼 양같이 두 뿔이 있고 용처럼 말하더라 ¹²·저가 먼저 나온 짐승의 모든 권세를 그 앞에서 행하고 땅과 땅에 거하는 자들로 처음 짐승에게 경배하게 하니 곧 죽게 되었던 상처가 나은 자니라 ¹³·큰 이적을 행하되 심지어 사람들 앞에서 불이 하늘로부터 땅에 내려오게 하고 ¹⁴·짐승 앞에서 받은 바 이적을 행함으로 땅에 거하는 자들을 미혹하며 땅에 거하는 자들에게 이르기를 칼에 상했다가 살아난 짐승을 위하여 우상을 만들라 하더라 ¹⁵·저가 권세를 받아 그 짐승의 우상에게 생기를 주어 그 짐승의 우상으로 말하게 하고 또 짐승의 우상에게 경배하지 아니하는 자는 몇 이든지 다 죽이게 하더라

11절에서의 두 번째의 짐승은 땅에서 나왔는데 두 뿔이 있는 가짜 양으로 다니엘 8:3-27을 배경한 것이다. 이 짐승은 하나님을 훼방하는 거짓 선지자요, 양의 탈을 쓴 적그리스도이다. 적그리스도들은 감언이설로 지상낙원의 실현을 말하나 실상은 사탄의 사주를 받은 자들이며 인간의 영혼을 말살하는 자들이다.

12절에서의 말씀처럼 적그리스도들은 스스로 인류의 태양이요, 불멸의 신으로 개인숭배를 강요했다. 이들은 공통적으로 하나님이 없는 지상낙원을 부르짖으며 태초에 하나님에게 이들은 하나님에 불순종한 천사장 루시엘(짐승)을 섬겼다(9:6; 사14:12).

13절에서의 사탄의 불은 하나님의 말씀(야3:6; 렘5:14)이 아니고 적그리스도의 허황된 사상과 궤변을 뜻한다.

14절에서의 짐승의 우상을 만들고 신격화하는 것은 그 유래를 찾아 볼

수 없는 세습 체제이다. '칼에 상했다가 살아난 짐승을 위하여 우상을 만들라'는 뜻은 패배 일보 직전까지 몰렸다가 다시 회생한 것을 의미한다.

(1) 빈 라덴의 테러 공격

70년 대환난이 1920년부터 시작하여 종료되는 1989년부터 세계적으로 공산 정권이 서서히 붕괴하기 시작하였으며 새로운 변화를 가져왔다. 실제로 1984년 12월 중국 공산당은 마르크스 레닌주의 한계를 인정하고 실용주의 노선을 선택했다.

구소련 공산당 서기장인 고르바초프도 1986년 2월 당시 제 27차 공산당대회 기조연설에서 1961년의 '후르시쵸프 강령'은 근거 없는 환상이라고 선언했다. 구소련 경제개혁의 실무 책임을 맡고 있던 리슈코프 소련 총리도 1990년 6월 17일, 공산주의는 가까운 장래에 불가능한 요원한 이상이라고 하여 공산주의 현실을 부인했다.

러시아 공화국 대통령 보리스 옐친도 "능력에 따라 일하고 필요에 따라 분배받는 공산주의의 궁극적 이상사회는 꿈속에나 존재하는 유토피아"라고 단언했다(『TIME』紙 1991년 8월호). 이렇게 세계적으로 공산주의의 종언이 선포됐지만 짐승은 다른 얼굴로 하고 나타났는데 그것이 빈 라덴 주의, 북한의 주체사상, 교조적 이단자 등이라고 할 수 있다.

빈 라덴의 경우, 2001년 9월 11일 화요일 오전 8시 48분, 전 세계를 경악케 한 비극이 시작됐다. 미국 무역센터를 비행기로 공격하여 5천여 명의 인명을 순식간에 살상시킨 빈 라덴과 알카에다와 같은 적그리스도의 모습으로 나타났다.

역사상 유례가 없는 혼란을 겪는 와중에서도 미국사회를 움직이는 엘리트들의 생각은 달랐다. 종래 9 · 11관련 담론은 '테러의 폭력성'과 '자본주의 묵시록'으로 상징됐다. 사태 직후 배터리파크시티 주민들도 9·11 희생자를 추모하고 아픔을 함께 하였지만 추모관련 메모리얼이 자기 지역에 세워지는 것은 못마땅하게 여겼다. 방문객이 빚어낼 혼잡함과 그로 인한 소음 등이 자신들의 사생활을 방해한다고 여겼기 때문이다(그레고리 스미스사이먼, 2013: 233-266). 이것은 혐오시설에 대한 님비현상이다.

<사진 13-1, 2> 무너지는 세계무역센터

"확인됐는지는 모르겠습니다만 사고를 낸 건 비행기라고 합니다"

29분 후, 북측 건물이 대략 십초 만에 주저앉으며 따라서 무너진다

　　2011년 5월 빈 라덴이 사살된 이후 한동안 잠잠한 듯했던 알카에다가 또다시 세계를 뒤흔들고 있다. 최근에도 알카에다의 테러 모의가 미국에

발각됐다. 이들은 아프리카와 동남아까지 침투했으며 시리아 내전, 이집 트 유혈사태 등 이슬람권의 종교와 정파간 반목의 정세혼돈을 틈타서 그 세력을 확장했다.

한발 더 나아가 미국, 아프리카, 아라비아반도, 유럽 등 과거 주요 테러 대상 지역이 아니었던 곳까지 마수를 뻗치고 있다. 특히 2010년 '아랍의 봄' 이후 일부 이슬람권 국가에서 독재 타도와 민주화가 진행됐지만, 오 히려 이것이 또 다른 혼란의 씨앗이 됐다.

<그림 13-1> 빈 라덴 제거에도 되살아난 9 · 11 공포

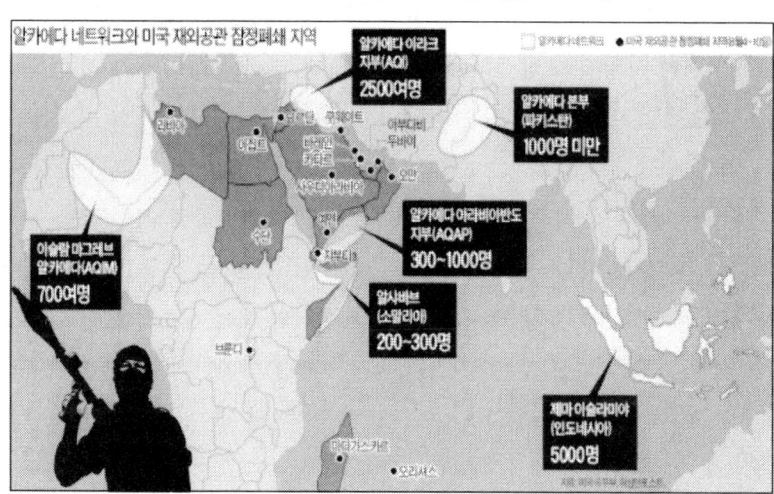

출처: 한국경제(2013.8.9)

(2) 아랍의 봄과 유혈사태

'아랍의 봄'이 촉발됐던 튀니지에선 지난 2013년 2월과 7월에 야권 지 도자가 잇따라 암살됐다. 2011년 무아마르 카다피 대통령이 축출되면서 민주화 열망이 거세졌던 리비아에서도 2013년 7월 26일 야권 정치인이

자 유명 변호사인 압둘 살람 알무스마리가 사원에서 새벽기도를 마치고 나오던 도중 괴한의 총에 맞아 숨졌다.

이집트에선 대규모 반정부 시위와 쿠데타로 무함마드 무르시 대통령이 권좌에서 밀려났지만, 무르시 전 대통령을 지지하는 이슬람 원리주의 파 무슬림형제단이 과도정부와 날카롭게 대립 중이다. '아랍의 봄' 이후 최악의 사상자수를 낸 이집트 유혈사태는 이슬람주의와 세속주의의 갈등이 최고조로 치달았다.

현재의 대치 상황이 누그러질 기미를 보이지 않아 일촉즉발의 내전 위기 상황이다. 2013년 8월 20일 현재, 일주일 정도의 이집트 유혈사태로 1,300명의 사망자가 발생하여 지난 2011년 호스니 무바라크 전 대통령이 축출됐던 '아랍의 봄' 이후 최악의 참사이다(『중앙일보』 2013.8.20).

이집트 갈등의 양 축 중 한쪽은 무슬림 형제단으로 대표되는 강경 이슬람주의 세력이고, 이들의 반대편에는 세속주의자들과 기독교인, 온건 이슬람주의자들이 군부와 손잡은 채 이들과 대립각을 세우고 있다. 세속주의와 이슬람주의 세력의 대치 상황은 좀처럼 개선 신호가 보이지 않고 있다. 이미 이집트의 한 국영 미디어는 무슬림 형제단과 그 동맹 세력을 '테러리스트'로 규정했고, 당국에 이슬람주의자들에 대한 강경한 입장을 주문한 상태이다.

이란에서도 성직자 출신의 하산 로하니가 2013년 8월 4일 신임 대통령으로 취임하면서 향후 이란의 외교노선 변화 여부에 관심이 쏠리고 있다. 로하니가 중도 온건파라고는 하지만 이란의 실질적 최고 지도자이자 반미주의자인 아야톨라 알리 하메네이는 여전히 건재하다.

최근 일련의 중동 사태 중 가장 심각한 것은 알제리와 시리아 내전이다. 알제리에서는 지난 1991년 군부가 선출된 뒤 이슬람 세력들의 정권

복귀를 막고 있으며, 이후 10년 넘게 이어진 유혈사태로 20만 명 가까운 희생자가 발생했다.

시리아 내전은 현재진행형으로 2011년 1월 말 바샤르 알아사드 대통령의 독재에 항의하는 반정부 시위로 시작되었다. 이 내전은 이슬람 양대 종파인 시아파와 수니파의 충돌로 번졌다. 이윽고 이웃 국가 레바논의 과격 시아파 무장 정치단체 헤즈볼라가 알아사드 대통령의 편에 서서 이 내전에 끼어든 데 이어 미국이 반군을 지지하면서 대리전 양상으로 치닫고 있다.

2013년 8월에는 민간인에게 화학무기(맹독성 사린가스)를 사용하여 1,800명을 순식간에 즉사시켰다는 보도로 세계를 경악하게 했다. 유엔은 현재까지 이 내전으로 10만 명 이상이 사망했다고 추산하였다. 1994년 이후 전 세계 국외난민은 최악으로 1,050만 명이 유랑생활을 한다는 것이다.

2011년 5월 1일 버락 오바마 미국 대통령은 빈 라덴을 사살한 성공을 발표하면서 "알카에다는 이제 과거의 그림자가 됐다"고 말했다. 미국이 마침내 '테러와의 전쟁'에서 이겼다는 자신감을 과시했다. 그러나 이후 만 2년이 흐른 지금 미국의 현실은 초라하다. 지난 2013년 8월에는 예멘과 이집트, 이라크 등 이슬람권 국가 22개국의 외교공관을 잠정적으로 폐쇄했다. 예멘에 근거지를 둔 '알카에다 아라비아반도 지부'(AQAP)가 미국을 비롯한 서방 국가에 대한 테러를 계획 중이며, 이 테러 규모는 9·11 테러를 능가할 수 있다는 것이다.

브루스 호프먼 미국 조지타운대 교수는 "알카에다 자체는 힘이 약해졌을지 몰라도 이념은 계속 살아남아 새 지지자들을 끌어 모으고 있다"고 지적하였다. AP통신도 "10년 전의 알카에다가 중앙 집권 체제였다면 현재의 알카에다는 지방 분권 체제"라며, "알카에다의 최고 지도자이

자 주요 전략을 짜고 있는 아이만 알자와히리가 노리는 것은 조직을 분산시켜 테러 단속과 예측을 더욱 어렵게 만드는 것"이라고 보도하였다 (2013.8.8).

(3) 북한 사이비 교주 김씨 일가

15절에서의 우상에게 생기를 주고 경배를 하며 이에 거부를 하면 얼마든지 죽인다고 한다. 여기서 '생기'(헬, 프뉴마)는 '영혼'이라는 뜻을 가진 말로 우상에게도 영혼을 불어넣는 것이다. 이를 통해 거짓 선지자의 권능을 절정에 달하게 하여 하나님의 흉내를 내는 지경에 이르게 된다. 이것은 사탄의 기만적인 술책에 지나지 않는다. 이들의 궁극적인 목표는 사람들에게 생명을 제공하는 것이 아니라 생명을 빼앗는다.

오늘날 북한 정권의 충성 강요는 사이비 교주 김씨 일가의 부귀영화를 위해 인민을 노예화하는 수단에 불과하다. 그들의 주체사상은 '인민이 주인이다'라고 하면서도 그 최정점에는 김씨 일가를 놓고 사이비 우상화를 펼치고 있다.

이 문제는 중동의 종교적 갈등과는 다르게 이념적인 문제이다. 북한의 주체사상은 새로운 종교로 인정받고 있다. 미국에서 종교 관련 통계를 조사해서 공개하는 '어드히런츠 닷컴adherents.com'자료에 의하면, 북한의 주체사상은 1,900만 명의 신자로 세계 10대 종교로 랭크됐다.

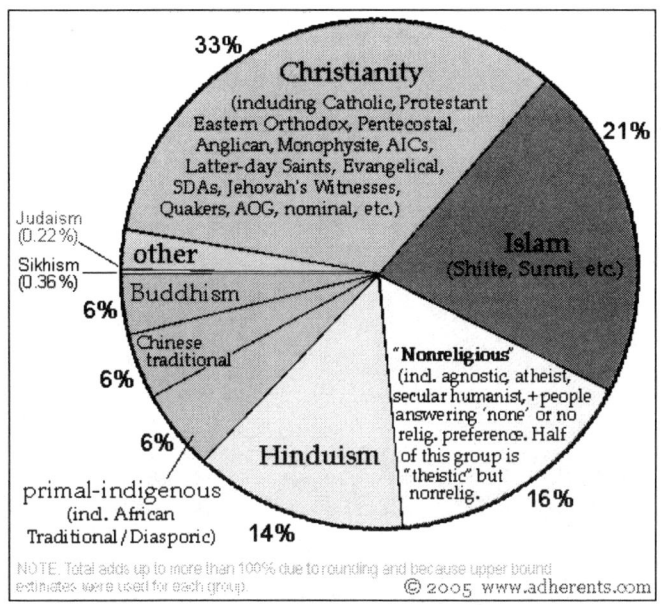

<그림 13-2> 북한의 주체사상 세계 종교 분포도

33%
Christianity
(including Catholic, Protestant
Eastern Orthodox, Pentecostal,
Anglican, Monophysite, AICs,
Latter-day Saints, Evangelical,
SDAs, Jehovah's Witnesses,
Quakers, AOG, nominal, etc.)

21%

Judaism
(0.22%)

Sikhism
(0.36%)

other

Buddhism
6%

Chinese
traditional
6%

6%

Hinduism

primal-indigenous
(incl. African
Traditional/Diasporic)
14%

Islam
(Shiite, Sunni, etc)

"**Nonreligious**"
(incl. agnostic, atheist,
secular humanist, + people
answering 'none' or no
relig. preference. Half
of this group is
"theistic" but
nonrelig.
16%

NOTE: Total adds up to more than 100% due to rounding and because upper bound
estimates were used for each group.
© 2005 www.adherents.com

<그림 13-2>에서 세계 종교 분포도를 보면, 1위는 기독교 21억 명
(가톨릭, 프로테스탄트, 정교회 등 포함), 2위 이슬람 13억 명, 3위 무종교
11억 명, 4위 힌두교 9억 명, 5위 중국 전통종교 약 4억 명(도교, 유교), 6
위 불교 3억 7,600만 명, 7위 원시 토착 종교 3억 명(아프리카를 제외한
전 세계의 토착 종교), 8위 아프리카 토착 종교 1억 명, 9위 시크교 2,300
만 명, 10위 주체사상 1,900만 명, 영지주의 1,500만 명, 유대교 1,400만
명 등으로 나타났다. 북한은 일찍부터 전 인민의 간부화라고 외칠 정도로
'군대 국가'라고 할 수 있는데 이제는 '거대한 종교국가'로 우상화에 열을
올린다.

북한은 종북주의자들이 생각하는 사회주의, 공산주의를 추구하는 지
상낙원이 아니다. 히틀러의 아우슈비츠와 유사한 수용소를 운영하면서

체제를 반대하는 민주화 세력을 3대에 걸쳐 멸족시키는 행위를 한다. 한 마디로 북한은 사회주의를 추구하는 것이 아니라 사이비 세습독재에 불과한 집단이다. 자신들의 체제를 유지하기 위해 수백만 명의 아사餓死도 가볍게 넘기며 개혁을 거부하는 민족 반역집단이다.

<사진 13-3> 주체탑, 개선문, 문화궁전 등

출처: www.hankooki.com

(4) 광신도의 문제

광신적 이단종교집단도 문제가 된다. 한 예를 보면, 1993년 미국 연방 수사국 FBI와 총기단속국(ATF)이 광신도 집단 다윗파를 진압하려던 중 다윗파가 은신해 있던 건물 안에서 갑자기 화재가 발생했다. 이 사고로 다윗파 신도 83명이 사망, 그 중 28명은 어린 아이였던 것으로 밝혀져 모든 이들을 충격에 휩싸이게 했다.

<사진 13-4> 웨이코 사건 다윗파 83명 집단 사망

출처: MBC <서프라이즈> 캡쳐

다윗파는 지구 종말론을 믿고 있는 일명 광신도들의 집합체였다. 총기단속국(ATF)은 FBI에 이 다윗파가 세금도 내지 않은 채 총기를 소유하고 있다는 제보로, '웨이코 사건'의 시발점을 알렸다. FBI와 다윗파의 대치는 51일 동안이나 지속됐다. 결국 1993년 4월 19일 FBI는 상황 종료를 위해 장갑차까지 동원, 다윗파가 은신해 있던 건물을 압박해 나갔다. 이 과정에서 화재 때문에 건물이 폭발하며 교주 데이비드 코레시를 포함해 83명이 사망했다. 살아남은 신도는 고작 9명이었다.

다시 2년 뒤에 오클라호마 폭탄 테러가 발생했고 미국 시민들은 또 한 번 경악하게 됐다. 테러를 저지른 티모시 멕베이는 웨이코 사건에 복수하기 위해 테러를 자행했다고 주장했기 때문이다.

이상에서와 같이 현대에 있어서 성도들을 미혹하는 적그리스도의 모습이 정말 다양하게 나타나고 있다. 이러한 적그리스도들은 17:10의 '다섯은 망하였고 하나는 있고 다른 이는 아직 이르지 아니하고'에서 '아직 이르지 아니한 머리'가 나타난 것과 같다. 그 시대에 따라 사탄 마귀의 모습이 나타나는데 주님에 대한 절대 신앙과 실천궁행만이 사탄 마귀를 굴복시킬 수 있다.

2) 666수(13:16, 17)

[16]저가 모든 자 곧 작은 자나 큰 자나 부자나 빈궁한 자나 자유한 자나 종들로 그 오른손에나 이마에 표를 받게 하고 [17]누구든지 이 표를 가진 자 외에는 매매를 못하게 하니 이 표는 곧 짐승의 이름이나 그 이름의 수라 지혜가 여기 있으니 총명 있는 자는 그 짐승의 수를 세어 보라 그 수는 사람의 수니 육백육십육이니라

16절에서의 사람들이 짐승으로부터 오른손과 이마 등에 징표를 받는

다는 것은 악령에 사로잡힌 자, 적그리스도의 사상으로 사탄의 성품을 닮은 꼭두각시 인간형으로 개조했다는 뜻이다. 어떤 현장에서 일어난 단순한 사건이 아니다. 하나님의 인침은 구원의 역사로 예수님을 '아버지 하나님의 인치신 자'(요6:27), '우리에게 인치시고 보증으로 성령을 우리 마음에 주심'(고후1:21,22), '믿어 약속의 성령으로 인치심'(엡1:13)으로 표현된다.

17절에서의 짐승의 표를 가진 자 외에 매매를 못하게 함은 자유와 평화를 말살시키는 독재자들의 탄압 정책을 말한다. 주님을 따르는 무리가 14만 4천 명의 인침이듯이 붉은 용인 짐승을 따르는 무리의 수가 666수를 상징한다. 이것은 하나님에게 불순종으로 타락한 수로 하나님을 전적으로 부정하는 무리들이다.

666이란 완전수인 7에서 1이 모자란 불완전한 수 6을 3개 포개어 놓은 것이다. 이것은 인간의 불완전성과 완전에 대한 사탄 마귀의 모방, 현혹성, 환난, 저주 등을 의미하는 사악한 마귀의 수이다. 그러므로 666수는 짐승의 완전한 타락한 수를 상징하므로 부정한 악의 실체 또는 반역적인 모방을 뜻한다.

| 제14장 |

세 천사의 경고

14장은 일곱 교회의 서신처럼 칭찬이 먼저 나오고 책망과 권면의 형식으로 전개된다. 주님은 시온산에서 14만 4천 무리에게 새노래(새말씀)와 처음 익은 열매에 대한 소망을 주셨다. 그러나 지금까지 짐승의 핍박과 박해와 남은 마지막 재앙에도 인내와 믿음을 강조하셨다. 음행과 우상에 경배하면 진노의 포도잔을 받을 것이다. 음녀와 짐승의 사주를 받는 무리들이 끝까지 회개하지 않으므로 세 천사가 나타나서 하나님의 진노의 심판이 임박하였다고 강한 경고를 보낸다.

1. 시온산의 14만 4천 (14:1-5)

[1]또 내가 보니 보라 어린양이 시온산에 섰고 그와 함께 십사만 사천이 섰는데 그 이마에 어린양의 이름과 그 아버지의 이름을 쓴 것이 있도다 [2]내가 하늘에서 나는 소리를 들으니 많은 물소리도 같고 큰 뇌성도 같은데 내게 들리는 소리는 거문고 타는 자들의 그 거문고 타는 것 같더라 [3]저희가 보좌와 네 생물과 장로들 앞에서 새 노래를 부르니 땅에서 구속함

을 얻은 십사만 사천인 밖에는 능히 이 노래를 배울 자가 없더라 ⁴이 사람들은 여자로 더불어 더럽히지 아니하고 정절이 있는 자라 어린양이 어디로 인도하든지 따라가는 자며 사람 가운데서 구속을 받아 처음 익은 열매로 하나님과 어린양에게 속한 자들이니 ⁵그 입에 거짓말이 없고 흠이 없는 자들이더라

1) 재림의 장소 시온산 (14:1 - 5)

1절에서의 시온Zion산은 높이가 765미터로 본래 예루살렘 남동쪽 여부스 사람들의 요새로 구약에서 무려 152차례 언급된다. 이 성을 공략한 사람이 다윗이라 처음에는 성경에도 다윗성으로 기록됐다(삼하5:6,7; 왕상2:10; 8:1). 솔로몬이 성전을 세우고 언약궤가 옮겨진 후에 시온산으로 불리기 시작했는데 이것은 여호와 하나님이 거하시는 산성이기 때문이다(사2:3,4; 28:16; 59:20; 왕상8:1).

또한 시온은 복의 근원(시128:5), 구원의 근원(시14:7), 왕을 세운 곳(시2:6)으로 묘사되기도 한다. 시온산은 다윗의 무덤(행2:29), 최후의 만찬 장소, 마가의 다락방, 베드로의 통곡 교회 등이 있는 이스라엘의 정신적 고향이다. 구약 성경과 예언적 전승들에서 시온은 메시아가 오셔서 구속받은 자기 백성들을 모으는 장소이기도 하다(시48:1; 사24:23; 욜2:32; 미4:1,7; 슥14:10).

그리고 산은 피신의 장소로 노아의 아라랏산, 소돔의 심판 시에 롯이 피한 곳도 산이며, 주님도 말세에 산으로 도망하라고 하셨다(마24:16). 그런데 하나님의 맹렬한 진노에는 각 섬과 산악은 간 데도 없어진다(16:20).

따라서 시온산은 단순히 육적인 지명을 뜻하는 것이 아니라 주님께서 재림하시는 동방의 나라이며 주님의 보호를 받는 14만 4천 무리들을 뜻한다(7:2). 구약에서도 시온이 바벨론 성에 붙잡혀 있었다(슥2:7)는 말씀

과 '이스라엘 산들아 주 여호와의 말씀을 들으라'(겔6:3)라는 말씀에서 볼 때 시온과 산은 모두 의로운 사람을 뜻한다.

진노하신 하나님은 시온의 영광을 노래하기 전에 선민을 먼저 치셨다. 그러나 그 진노가 그치면 이방인들이 성벽을 쌓을 것이며 이방의 왕들이 봉사케 하신다. 그 성문은 주야로 항상 열려 열방에서 제물을 가져온다. 시온을 섬기지 않는 백성과 나라는 파멸할 것이며 그 백성은 반드시 진멸하신다(사60:9-14).

2절에서의 '하늘에서 나는 소리'는 천사들의 기쁨을 나타내는 소리다. 땅에서의 승리는 하늘 보좌에도 기쁨으로 전달된다는 것을 알 수 있다.

3-5절에서의 새 노래를 배울 수 있는 자는 땅에서 구속함을 입은 14만 4천 무리들이다. 구속받은 14만 4천 무리의 자격을 4가지로 묘사했다.

① 이 사람들은 여자(음녀)로 더불어 더럽히지 아니하고 정절을 지키는 자이다.

② 이 사람들은 어린양(주님)이 어디로 인도하든지 따라가는 자들이다.

③ 이 사람들은 구속받은 첫 열매로 하나님과 어린양(주님)에 속한 자들이다.

④ 이 사람들은 거짓말이 없고 흠이 없는 자들이다.

이처럼 우리는 하나님 앞에 흠이 없는 자가 되기 위해서는 정직하게 행동하고 공의를 실천하며 진실한 말을 하는 자들이 돼야 한다(시15:1,2; 엡1:4; 5:27; 골1:22).

1, 3절에서의 14만 4천은 하나님의 뜻을 위한 전체를 대표한 수이지 문자 그대로를 뜻하는 것이 아니다. 본 절에서의 14만 4천은 주님과 함께 70년 대환을 맞아 핍박과 박해를 함께 받고 있는 자들로 처음 익은 열매(14:4)이지만 그 추수는 어린양 혼인잔치에 청함을 받아야 한다(19:9). 그런데 여기에서 등장하는 14만 4천 무리는 7장에서 나오는 14만 4천 무리

와 동일인이라고 하드래도 그 격의 차원이 전혀 다르다.

다시 말해서 7장에서의 14만 4천 명은 아직까지 70년 대환난을 본격적으로 겪지 않았으나 여기서는 70년 대환난을 통과하면서 신천신지 새 예루살렘을 위해 주님과 고난을 함께 한다. 이제 그들에게는 어린양 혼인잔치에 복을 입고 아버지의 이름이 새겨질 것이다(19:9).

이것은 지금까지 역사상에 없었던 하나님의 순수한 백성을 뜻한다(렘 31:1). 진정한 하나님의 백성이란 인류의 구세주로 오시는 재림메시아를 믿고 따르는 의로운 혈통이다. 이러한 혈통은 하나님과 주님의 존전에 진실과 청결함으로 흠이 없는 자들이다. 모든 인류는 승리하신 주님으로 말미암아 사탄의 혈통을 끊고 하나님의 혈통으로 완전하게 중생해야 한다(요1:13; 약1:18).

에덴동산에서는 여자로 인해 원죄가 들어왔으나 주님 이후의 시대는 선의 혈통으로 중생됨으로써 '때가 차매 하나님이 그 아들을 보내사 여자에게서 나게 하시고'(갈4:4)라는 말씀이 성취됨과 같이 재림의 때에도 어린양 혼인잔치로 하나님의 3대 축복을 성취하게 하신다(19:9; 창1:28).

ㄹ. 세 천사의 경고 (14:6-13)

1) 심판의 시간(14:6, 7)

[6]또 보니 다른 천사가 공중에 날아가는데 땅에 거하는 자들 곧 여러 나라와 족속과 방언과 백성에게 전할 영원한 복음을 가졌더라 [7]그가 큰 음성으로 가로되 하나님을 두려워하며 그에게 영광을 돌리리라 이는 그의 심판하실 시간이 이르렀음이니 하늘과 땅과 바다와 물들의 근원을 만드신 이를 경배하라 하더라

6절에서의 말세에 처한 인류에게 주는 천사들의 세 가지의 경고가 나온다. 첫째 천사의 경고는 사람들에게 영원한 복음을 믿고 하나님을 경외해야 한다. '영원한 복음'은 10:11의 '많은 백성과 나라와 방언과 임금에게 다시 예언'할 것을 약속한 것으로 영원히 보전되고 계승되어야 할 말씀이다(벧전1:24,25). 그러나 하나님에게 영광을 돌리지 않으므로 심판받을 시간이 됐다.

7절에서의 천사가 큰 음성으로 심판의 때가 왔다고 알린다. 피조만물을 지으신 하나님을 두려워하며 영광을 돌려야 하는데 우상을 섬기며 음행을 하기 때문이다.

2) 바벨론의 멸망(14:8)

> [8]또 다른 천사 둘째가 그 뒤를 따라 말하되 무너졌도다 무너졌도다 큰 바벨론 성이여 모든 나라를 그 음행으로 인하여 진노의 포도주로 먹이던 자로라 하더라

8절에서의 둘째 천사의 경고는 바벨론에 대한 멸망이다. 바벨론을 음녀라고 한 것은 음녀가 본 남편을 배반하듯이 그들이 마땅히 섬겨야 할 하나님을 배반했기 때문이다(겔16:16; 6:9; 렘3:6–14; 호6:7; 2:4,5; 7:4; 9:1). '큰 성 바벨론'은 음행으로 모든 나라에 진노의 포도주를 마시게 함으로써 멸망한다. 원래 바벨론Babylon[20]이라는 뜻은 아키드어 '바빌'에서 유래된 것으로 '신의 문'이다. 그러나 성경에서의 바벨론은 '땅의 음녀들과 가증한 것들의 어미'(17:5), '귀신의 처소, 각종 더러운 영의 집합소'(18:2) 등으로 사탄의 본거지에 불과하다.

---

20) 바벨론은 기원전 586년에 이스라엘을 쳐부수고 백성들을 포로로 잡아간 최초의 이방 국가이다.

예레미야 51:34에 "바벨론 왕 느부갓네살이 나(하나님)를 먹으며 나를 멸하며 나로 빈 그릇이 되게 하며 용같이 나를 삼키며 나의 좋은 음식으로 그 배를 채우고 나를 쫓아내었으니"라고 말씀하셨다.

현대에 있어서의 바벨론은 적그리스도 국가, 포도주는 메시아니즘, 진노의 포도주는 적그리스도의 사상이라고 할 수 있다. 선민이라고 할지라도 하나님을 불신하고 탐심에 사로잡혀 우상의 노예가 되면 진노의 포도주를 마실 수밖에 없다(14:9-11).

3) 짐승과 우상에 경배한 자(14:9 - 11)

9.또 다른 천사 곧 셋째가 그 뒤를 따라 큰 음성으로 가로되 그의 우상에게 경배하고 이마에나 손에 표를 받으면 10.그도 하나님의 진노의 포도주를 마시리니 그 진노의 잔에 섞인 것이 없이 부은 포도주라 거룩한 천사들 앞과 어린양 앞에서 불과 유황으로 고난을 받으리니 11.그 고난의 연기가 세세토록 올라가리로다 짐승과 그의 우상에게 경배하고 그 이름의 표를 받는 자는 누구든지 밤낮 쉼을 얻지 못하리라 하더라

9절에서부터 11절까지의 셋째 천사의 경고는 누구든지 짐승과 그의 우상에게 경배를 하고 이마에나 손에 표를 받는 자에 대한 경고이다. 그 심판은 3가지로 묘사했는데,

① 하나님의 진노의 포도주를 마시게 된다는 것이다. '진노의 포도주 잔'은 하나님의 진노가 매우 맹렬하여 한번 당하면 도저히 회복할 수 없을 정도이다(10절).

② 타락자들은 거룩한 천사들과 주님 앞에서 불과 유황으로 고통을 당하게 된다. 즉 이것은 최종적인 심판을 의미하며 지옥의 고통을 맛보게 된다(10절).

③ 주님을 배반하고 적그리스도와 우상을 경배하면 그 이마와 손에 표를 받게 되며 고난의 연기가 세세토록 올리게 됨으로써 사탄의 종이 되고 밤낮 쉼을 얻지 못한다(11절). 여기서 고난의 연기는 19:3에서의 하나님 나라의 할렐루야 찬양으로 영광의 연기가 세세토록 올라가는 것과 완전히 정반대가 된다.

이와 같이 세 천사의 경고는 일곱 천사의 마지막 재앙을 남겨 두고 다시 한 번 회개를 바라는 하나님의 사랑과 자비가 담겨 있다. 앞에서 독수리의 경고(8:13)도 있었으나 음녀에 사로잡힌 인간은 끝까지 회개치 않으므로 심판을 받을 수밖에 없다(16:11).

계시록에는 하나님의 종말론적 심판에 관한 세 가지의 비유가 있다. 즉 진노의 포도잔(14:10), 이한 낫으로 곡식의 추수(14:14-16), 그리고 이한 낫으로 포도송이의 추수(14:17-20) 등이다.

4) 성도의 인내(14:12, 13)

12.성도들의 인내가 여기 있나니 저희는 하나님의 계명과 예수 믿음을 지키는 자니라 13.또 내가 들으니 하늘에서 음성이 나서 가로되 기록하라 지금 이후로 주 안에서 죽는 자들은 복이 있도다 하시매 성령이 가라사대 그러하다 저희 수고를 그치고 쉬리니 이는 저희의 행한 일이 따름이라 하시더라

12절에서는 세 천사의 경고가 무시된다면 주님을 따르는 성도는 반드시 인내하고 고난을 받을 수밖에 없음을 뜻한다(눅17:25). 사도 바울도 신앙은 사탄과 싸우기 이전에 자기와의 싸움이라고 했다(롬7:21-24). 인내는 하나님의 뜻을 행한 후에 약속을 받기 위함이다(히10:36). 재림하시는 주님도 행한 대로 갚아 주리라고 하셨다(22:12). 그 행하는 신앙은 입

에는 꿀같이 달지만 배에는 쓰다고 하셨다(10:9,10).

13절은 일곱 천사의 마지막 일곱 재앙의 혹독함이 있기 때문에 주님을 모시다가 순교한다면 이보다 더 큰 축복이 없다는 것을 말씀하셨다. 천하에 범사가 기한이 있듯이 한 번 죽는 것은 정한 이치이다(히9:27). 하나님께서 사도 요한을 통하여 주시는 말씀은 6천 년간 고대하셨던 땅위에 하나님의 나라를 세우는 것이다(마6:33). 그러므로 어떠한 핍박과 고난이 오더라도 능히 이를 이기고 끝까지 인내를 하라는 말씀이다.

3. '행한 일'에 대한 심판 (14:14-20)

14.또 내가 보니 흰 구름이 있고 구름 위에 사람의 아들과 같은 이가 앉았는데 그 머리에는 금면류관이 있고 그 손에는 이(利)한 낫을 가졌더라 15.또 다른 천사가 성전으로부터 나와 구름 위에 앉은 이를 향하여 큰 음성으로 외쳐 가로되 네 낫을 휘둘러 거두라 거둘 때가 이르러 땅에 곡식이 다 익었음이로다 하니 16.구름 위에 앉으신 이가 낫을 땅에 휘두르매 곡식이 거두어지니라 17.또 다른 천사가 하늘에 있는 성전에서 나오는데 또한 이한 낫을 가졌더라 18.또 불을 다스리는 다른 천사가 제단으로부터 나와 이한 낫을 가진 자를 향하여 큰 음성으로 불러 가로되 네 이한 낫을 휘둘러 땅의 포도송이를 거두라 그 포도가 익었느니라 하더라 19.천사가 낫을 땅에 휘둘러 땅의 포도주를 거두어 하나님의 진노의 큰 포도주 틀에 던지매 20.성 밖에서 그 틀이 밟히니 틀에서 피가 나서 말굴레까지 달았고 일천육백 스다디온에 퍼졌더라

14절 이하의 말씀은 앞 절에서 말씀하신 저희의 '행한 일'을 놓고 하늘 편(땅의 곡식)과 사탄 편(땅의 포도송이)의 극명한 심판을 예시하셨다. 구름은 하나님의 임재와 성도를 의미한다(출19:9; 민12:5; 히12:1). 천사장

루시엘은 가장 높은 구름에 올라 지극히 높은 자와 비기려고 했다(사14: 13,14).

그러나 이제 주님은 사탄을 이기시고 흰 구름 위에 앉으시고 많은 증인들 가운데 현현하시는 영광스러운 모습을 보여주셨다. 금면류관은 주님의 영원불변의 승리와 영광을 상징한다(17:25). 주님의 손에 이한 낫이 들렸다는 것은 추수를 뜻한다(마4:26-29; 마3:12). 하나님께서는 사람의 씨와 짐승의 씨를 이스라엘 집과 유대 집에 뿌리신다고 하셨다(렘 31:27,31).

여기서 씨는 2천 년 전부터 주님의 피로 뿌리신 것으로 이제 추수 때가 되니 계시록에서 새언약과 새말씀으로 추수하신다. 밭은 세상이요, 좋은 씨는 천국의 아들이며 가라지를 심은 원수는 마귀요, 추수 때는 세상 끝이요, 추수꾼은 천사들이다(마13:38,39). 주님께서는 땅의 이 끝에서 저 끝까지 그 택하신 자들을 모으신다(마25:32; 24:31; 욜3:12,13).

15절에서의 '또 다른 천사'는 하나님의 뜻을 전하는 천사임을 알 수 있다. 여기서 천사의 임무를 통해 추수의 때와 시기는 오직 하나님의 권한임을 알 수 있다. '성전'은 하나님의 거룩한 제단을 의미한다. 이처럼 추수의 비유는 하나님의 심판을 의미하는 것으로 특히 구약에서는 바벨론의 심판을 할 때에 사용됐다(렘51:33; 호6:11; 욜3:13). 또한 예수님도 마지막 심판을 땅의 추수로 비유하신 적이 있다(마13:30-43).

16절에서의 수확 비유는 땅에서 하나님께서 택하신 성도들을 모으는 장면으로 묘사했다. 그러나 뒤에 나오는 포도 수확의 비유는 불신자들에 임할 심판을 의미한다(17-20).

17절에서의 또 다른 천사는 불신자들에 대한 심판을 상징하는 것으로 하나님의 진노를 의미한다.

18절에서 이 천사는 불(새말씀, 10:11)을 다스리는 천사의 말을 따라 땅에 낫을 휘둘러 땅의 포도를 거둬 하나님의 진노의 큰 포도주 틀에 던진다. 이 천사의 낫과 추수는 요엘 3:12, 13의 "내가 거기 앉아서 사면의 열국을 다 심판하리로다. 너희는 낫을 쓰라 곡식이 익었도다"라는 말씀대로 주님의 날에 있을 최후의 심판을 의미한다.

또한 마태복음 13:27-30의 가라지와 알곡의 추수 가운데 가라지의 추수이며(사63:2-6), 로마서 2:5의 "다만 네 고집과 회개치 아니한 마음을 따라 진노의 날 곧 하나님의 의로우신 판단이 나타나는 그 날에 임할 진노를 네게 쌓는 도다"라는 말씀을 성취하신다.

이사야 5:2-6에 최상품의 포도나무를 심어 좋은 포도가 맺기를 원했는데 들포도가 맺혔다고 한 말씀에서 최상품의 포도는 하늘의 포도요 들포도는 땅의 포도를 의미한다. 그래서 들포도 즉 땅의 포도가 맺힌 것에 대해 심판을 하신다(사5:4-6; 렘2:21). 그 심판은 울타리를 걷어 먹힘을 당하게 하고 담을 헐어 짓밟히게 하고 그것으로 황무케 하신다.

19절에서 진노의 포도주는 악에 비유하며(엘3:13) 회개치 않으면 진노의 포도주 틀을 밟으시고 심판을 하신다(사63:2-6). 이것은 마치 포도를 포도주의 틀에 넣고 즙액을 내어 포도주를 만들듯이 잡것을 걸러서 순수한 진액이 나오도록 정화시키는 대역사와 같다.

20절에서의 1,600스다디온이라는 뜻은 사방성을 의미하는 4의 자승 수에 완전수 100을 곱한 수로 악을 멸망시키고 정화시키는 처방이다. '피가 나서 말굴레까지 닿았고'라는 것은 악인의 피가 말 가슴과 배에 닿았다. 이 말씀은 악한 자들이 당하게 될 비참한 최후를 언급한 것으로 마지막 심판 때에 일어날 일을 미리 예고해 주셨다. 이러한 심판은 주님의 권세로만이 가능하다(마28:29; 행20:24; 고전9:16).

제15장

일곱 대접 재앙의 소개

일곱째 천사의 나팔은 11:15절에서 불었으나 그 재앙의 내용은 이제야 15장에서 나오게 됐는데 그것도 일곱 대접의 재앙을 집행하기 위한 준비 과정이다. 그만큼 하나님께서 회개할 수 있는 시간을 주셨다. 본 장에서는 음녀와 짐승의 유혹에서 이긴 자들이 불이 섞인 유리 바닷가에 서서 주님의 새말씀을 영원히 노래할 수 있으며 하늘에서는 증거장막의 성전이 열리고 하나님의 진노의 대접이 나온다. 마지막 일곱 대접 재앙이 마치기까지는 하나님의 성전에 연기가 가득차서 능히 들어갈 자가 없다는 것을 명심해야 한다(15:8). 일곱 대접 재앙으로 하나님의 진노는 마치게 된다.

1. 일곱째 천사 나팔 (15:1)

[1]또 하늘에 크고 이상한 다른 이적을 보매 일곱 천사가 일곱 재앙을 가졌으니 곧 마지막 재앙이라 하나님의 진노가 이것으로 마치리로다

1절에서의 사도 요한이 본 '크고 이상한 다른 이적'이라고 묘사한 이유는 이 일곱째의 나팔 재앙이 하나님의 진노의 완성으로 마지막 재앙일 뿐만 아니라 이 재앙들의 파괴성과 무서운 성격 때문이다. 하나님의 진노는 두 가지 방향에서 나타난다(롬1:18; 롬6:23).

① 하나님의 백성이 언약을 파괴할 경우,

② 이방인이 하나님이 선택하신 백성을 억압했을 경우이다.

네 생물 중에 하나가 하나님의 진노를 가득히 담은 금대접 일곱을 그 일곱 천사에게 줌으로써(15:7) 16장에서부터 일곱 대접 재앙이 악인들에게 본격적으로 시작된다.

근. 유리 바다 (15:근 - 4)

2.또 내가 보니 불이 섞인 유리 바다 같은 것이 있고 짐승과 그의 우상과 그의 이름의 수를 이기고 벗어난 자들이 유리 바닷가에 서서 하나님의 거문고를 가지고 3.하나님의 종 모세의 노래, 어린양의 노래를 불러 가로되 주 하나님 곧 전능하신이시여 하시는 일이 크고 기이하시도다 만국의 왕이시여 주의 길이 의롭고 참되시도다 4.주여 누가 주의 이름을 두려워하지 아니하며 영화롭게 하지 아니하오리까 오직 주만 거룩하시니이다 주의 의로우신 일이 나타났으매 만국이 와서 주께 경배하리이다 하더라

2절에서의 '불이 섞인 유리 바다'는 하나님의 성결성(불, 말씀)에 대할 때 나타나는 자기의 모습을 비춰볼 수 있다. 짐승과 우상의 미혹에서 이기고 나온 자는 선의 자녀로 살아가는 이상세계가 유리 바다이다. 4:6에서는 하나님의 보좌 앞에는 수정과 같은 유리 바다였다.

3절에서의 구속받은 백성들이 부르는 '모세의 노래 어린양의 노래'를 부르는데 이는 모세의 인도로 출애굽한 이스라엘이 홍해에서 여호와의 승리를 찬양하고 기념한 노래를 배경으로 한다. '모세의 노래'는 출애굽기 15:1-8에 나오는데 고대 회당에서는 우주를 다스리시는 하나님의 주권을 찬양하기 위해 오후 예배 때마다 이 노래를 불렀다.

이 노래는 모세의 출애굽과도 같은 어린양의 승리에 모두 하나님의 영광을 찬양하는 영광송이다. 모세의 경험에서 자신을 계시하셨던 하나님과 주님의 의로운 행위에 감격하여 찬양의 새노래(새언약)를 부를 수 있다.

그런데 모세가 있던 당시의 이스라엘 민족은 그와 함께 있으면서도 여호와를 거역하였거든 하물며 모세가 죽은 후의 일이랴 더욱 패역하고 목이 곧게 될 것이 염려됐다. 그들은 모세의 노래를 잊지 말아야 하지만 스스로 부패하여 말세에 재앙을 당하리라고 말씀되어 있다(신31:27-30; 렘31:31).

4절에서의 승리하신 재림주님의 의로우신 승리를 예시하고 있다(19:1-9). 일곱 천사의 일곱 재앙이 마칠 때에 그 영광에 만국이 와서 주께 경배하게 된다(21:24-26).

3. 증거 장막 (15:5-8)

[5]또 이 일이 후에 내가 보니 하늘에 증거 장막의 성전이 열리며 [6]일곱 재앙을 가진 일곱 천사가 성전으로부터 나와 맑고 빛난 세마포를 입고 가슴에 금띠를 띠고 [7]네 생물 중에 하나가 세세에 계신 하나님의 진노를 가득히 담은 금대접 일곱을 그 일곱 천사에게 주니 [8]하나님의 영광과 능

력을 인하여 성전에 연기가 차게 되매 일곱 천사의 재앙이 마치기까지
는 성전에 능히 들어갈 자가 없더라

5절의 '증거 장막'은 하나님의 선민의 장막(13:6)에서 주님의 고난과 함
께하여 승리한 14만 4천의 인침을 받고 어린양 혼인잔치에 청함을 입으
며 마지막 아마겟돈 전쟁과 흰보좌 심판에서 승리하는 자들로 거룩한 성
예루살렘을 뜻한다(17:14; 19:9, 17-21; 20:11-15; 21:2; 21:22). 당연히
일곱 천사의 일곱 재앙이 마치기까지는 하나님의 성전에 능히 들어갈 자
가 없다(15:8).

본래 '증거 장막'은 이스라엘 민족이 정착하기 전, 광야생활 중에 여호
와의 법궤를 모시고 예배를 드리던 곳이다(출38:21; 민1:50-53; 10:11;
18:2; 17:7,8; 역하24:6). 법궤가 들어 있는 지성소는 여호와의 영광이 임
재하시는 곳으로 여기서 일곱 재앙을 가진 천사들이 나왔다. 즉 일곱 대
접 재앙의 진노가 바로 하나님으로부터 시작됐다는 것을 뜻한다. 또한
이것은 어떤 시대 어떤 상황에서도 율법을 결코 무시할 수 없다는 율법
의 의義를 증명한다.

6절에서의 주님이 직접 치리하시는 시대에 종말론적 대심판의 날이 임
박했음을 뜻한다. 흰색은 하늘색, 세마포는 의와 성결(19:8), 금띠는 왕권
(1:13)을 의미하는 권위이다. 세마포는 제사장의 옷으로 흰 세마포에 황
금실로 수놓은 띠를 가슴에 두른 것은 대제사장이 착용하던 옷인데 대제
사장은 당시의 이스라엘 백성들에게 있어서 하나님의 대리자였다. 그러
므로 일곱 천사들은 하나님의 진노를 집행할 하나님의 대리자였다.

또한 세마포는 왕들이 입는 옷으로 천사들이 이 옷을 입었다는 것은
왕 중 왕의 권위를 가졌다. 빛나는 흰 옷은 하늘에서 내려온 자들이 입는
옷으로 그리스도의 빈 무덤에 나타났던 젊은 천사도 흰 옷을 입고 있었

다(마28:3; 막16:5). 즉 이 천사들은 하늘에 사는 자들로 이 땅 위에 하나님의 명령을 수행하기 위해 내려온 자들이다.

7절의 네 생물(4:6-9; 5:6,8,11,14; 6:1-7; 7:11; 14:3; 19:4)은 하나님의 섭리를 주관하는 천사들이며(겔1:5-28), 일곱 천사도 하나님의 마지막 대심판에 참여하는 의로운 천사들이다. 일곱 천사의 일곱 재앙이 마치기까지는 하나님의 나라인 천상천국의 문은 닫혀있다(8절). 금대접은 5:8에서 성도의 정성을 뜻하는 향이 가득찬 금대접으로 주님을 표징한다고 했다. 그러므로 금대접 일곱은 '정한 종말까지 진노가 황폐케 하는 자'(단9:27)에게 쏟아지는 하나님의 진노가 가득히 담긴 일곱의 완전수를 뜻하는 말씀심판이 있다는 뜻이다.

8절에서 하나님의 임재를 상징하는 연기나 구름이 성막이나 성전에 머물러 있을 때는 아무도 하나님의 성전(천국)에 들어갈 수 없다(시18:8; 사6:4). 여기서 성전에 연기가 차게 됐다는 것은 그만큼 하나님의 진노가 가득하여 불붙듯 하다는 말씀이다(사30:27). 물론 연기가 하나님의 인도하심을 묘사하는 경우도 있다(사34:10). 이제 하나님의 진노의 일곱 대접의 말씀심판이 짐승에게 쏟아질 준비가 끝났다. 우리는 이 마지막 재앙을 하나님께서 내릴 수밖에 없다는 사실을 기억하고 주위 사람들에게 새언약의 새말씀을 전해야 한다(히8:8; 렘31:31; 32:40; 출19:5,6; 호6:7).

일곱 대접의 마지막 일곱 재앙을 마치면 일곱 천사 중 하나가 요한에게 신부 곧 어린양의 아내를 보이며 성령으로 요한을 크고 높은 산으로 데리고 올라가 하나님께로부터 하늘에서 내려오는 거룩한 성 예루살렘을 보게 했다(21:9,10). 이것은 인류의 타락으로 사탄에게 빼앗긴 에덴동산을 회복시키시려는 하나님의 재창조의 계시임을 알 수 있다.

| 제16장 |
일곱 대접 재앙

일곱 대접 재앙은 내용 면에서 일곱 나팔 재앙과 많은 유사점이 있다. 대접은 토기장이(하나님) 만든 그릇으로 하나님의 비밀을 아시는 주님을 상징한다(5:8; 10:7; 사64:8; 45:9; 롬9:21-24; 렘18:6). 일곱 재앙의 수는 완전한 심판으로 적그리스도들을 '지체함이 없이'(10:6), '일시간에'(18:10), 모든 재앙을 '하루 동안에'(18:8)라는 말씀을 통해 볼 때 속히 응징하시고자 하는 하나님의 뜻을 담고 있다. 대접 재앙은 나팔 재앙과 마찬가지로 첫째는 땅, 둘째는 바다, 셋째는 강과 샘물, 넷째는 태양, 다섯째는 어두움, 여섯째는 유브라데강, 일곱째는 번개, 천둥, 지진 등의 심판이다. 나팔 재앙은 대상의 삼분의 일에만 그치는 반면 일곱 대접 재앙은 우주 전체에 걸치므로 더 범위가 크고 엄중하게 나타난다.

<표 16-1> 일곱 나팔 재앙과 일곱 대접 재앙의 비교

일곱 나팔 재앙(8-11장)	일곱 대접의 재앙(16장)
피 섞인 우박과 불이 내려와 수목의 삼분의 일과 각종 푸른 풀들이 타버림 (8:7)	첫 대접이 지상에 쏟아지자 짐승을 경배하던 자들에게 악하고 독한 헌데가 생김(2절)
불붙은 큰 산이 바다에 던져져 바다의 삼분의 일이 피가 되어 그 가운데 거하는 피조물과 배의 삼분의 일이 파멸 (8:8)	바다가 죽은 자의 피와 같이 변해 바다 가운데 거하는 모든 생물들이 죽게 됨 (3절)
큰 별들이 하늘에서 떨어져 물들의 삼분의 일이 쓰고 독이 있게 되어 많은 사람들이 죽게 됨(8:10,11)	강과 샘들이 피가 되는데 이는 악한 자들에 대한 하나님의 징벌이라고 선언함 (4-6절)
해와 달과 별의 삼분의 일이 침을 받으므로 낮의 삼분의 일이 어두워짐(8:12)	해가 뜨거워져서 사람들을 태우나 그들은 회개하지 않고 계속해서 하나님을 모독함(8-9절)
별이 하늘로부터 심연으로 떨어지며 무저갱으로부터 악독한 연기와 황충이 나와 사람들을 해친다. 사람들이 죽기를 구하나 죽지도 못하고 끊임없는 고통을 당하게 됨(9:1-12)	짐승의 나라 위에 흑암이 덮이고 사람들은 종기와 아픔으로 고통을 당하면서도 계속해서 하나님을 훼방하고 회개치 않음(10-11절)
유브라데강에 결박되어 있던 네 천사가 놓여나고 악한 마병들이 동방으로부터 와서 사람들의 삼분의 일을 죽임 (9:13-21)	유브라데강 물이 말라서 동방에서 오는 왕들의 길이 예비되고 귀신의 영들이 이적을 행하여 하나님과 싸우려고 천하의 모든 임금들을 히브리어로 아마겟돈이라고 불리는 곳에 모음(12-16절)
하늘에서 승리를 선포하며 하늘성전에 언약궤, 번개, 음성들, 지진, 큰 우박 등이 있음(11:15)	하늘에서 다 됐다는 음성과 함께 뇌성과 지진과 번개와 큰 우박이 내림(17-21절)

위의 표를 볼 때 두 가지 재앙들 간에 많은 공통점이 있지만 일곱 나팔 재앙은 그 파괴력과 미치는 범위가 항상 제한되어 있는 반면에 일곱 대접 재앙은 짐승을 경배하는 자들에게 완전한 심판과 철저한 파멸을 준다. 이것은 주님의 승리를 표징한 것이다.

1. 첫째 대접: 땅 재앙 (16:1, 2)

[1]또 내가 들으니 성전에서 큰 음성이 나서 일곱 천사에게 말하되 너희는 가서 하나님의 진노의 일곱 대접을 땅에 쏟으라 하더라 [2]첫째가 가서 그 대접을 땅에 쏟으매 악하고 독한 헌데가 짐승의 표를 받은 사람들과 그 우상에게 경배하는 자들에게 나더라

1절에서의 '대접'은 하나님과 타락한 인간을 연결케 하는 접점(接點, interface)과 같은 중보자의 사명을 가지신 주님을 표징한다. 즉 대접은 기차역의 승강장이 사람을 기차에 태우는 공간이듯이 모든 것을 연결시키는 장場이다. 또한 정치·경제·사회·문화·종교 등의 전체적인 '개방성'을 가진 접점의 역할과 경계의 연결장이다(정시구, 2002: 33-55).

이러한 대접에 하나님의 진노가 담긴 것이다. 하나님의 진노의 대접은 5:8에서 성도들의 기도를 가득 담은 금대접이 있었는데 이러한 성도들의 순교적 기도는 하나님의 진노의 말씀으로 심판하신다(요12:48). 일곱 대접 재앙은 재림주님의 새말씀의 심판으로 적그리스도를 회개시킬 것이다(벧전3:19).

2절에서의 첫 번째의 재앙은 악하고 독한 헌데의 재앙으로 여기서 나오는 '헌데'(헬, 엘코스)는 출애굽기 9:8-11에 나오는 '독종'과 같은 말로 하나님께 불순종한 결과로 생긴 고통(신28:35)이나 욥의 악창(욥2:7) 등과 같다고 볼 수 있다. 첫 번째 대접 재앙은 모세 때 애굽에 내렸던 여섯 번째 재앙과 같은 것으로 애굽 사람들이 독종을 앓았듯이 짐승을 경배하는 자들도 이 병을 얻게 된다. 역사적으로도 헤롯 아그립바 1세의 독종에 의한 죽음(행12:23)이나 네로 황제 당시 로마에 독창이 유행했다.

그러나 오늘날은 의술이 발달하여 독창과 같은 피부병은 별로 문제가

되지 않는다. 그러므로 본문에서의 독한 헌데는 치유될 수 없는 영적 · 이념적 · 사상적 불치병을 의미하므로 주님의 새말씀이 아니고서는 치유될 수 없다.

땅은 하늘에서 범죄를 하여 내쫓긴 천사장 루시엘 사탄의 장소이다(12: 9; 사14:12 - 14). 적그리스도들을 향한 하나님의 진노로 짐승의 표를 받거나 우상에게 경배한 자는 진노의 포도주를 받아 심판을 받는다(14:9). 첫째 대접 재앙(하나님의 진노를 담은 주님의 말씀심판)은 성령을 거역하여 짐승 같은 존재로 전락한 적그리스도들에게 쏟아졌다(창6:3; 골3:5; 마12:32).

실제적인 역사를 볼 때에 중국 개혁파인 후야오방(胡曜邦) 전 당 총서기 사망(1989.4.15)으로 촉발되어 수천 명이 희생된 것으로 추정되는 천안문 사태(1989.6.4), 독일 통일을 위한 베를린 장벽 붕괴(1989.11.9, 공식 기록 1990.10.3), 구소련의 해체(1991.12.25, 고르바초프 대통령 사임) 등은 우연이 아니다.

구소련은 1917년 11월 7일(10월 혁명이라고도 함, 13일 정도 늦은 율라우스력), 볼셰비키 혁명 이후 무참하게 수많은 양민들을 살해하였으나 그들의 이상을 실현해 보지도 못했다. 결국 불과 74년 만인 1991년 8월 18일 '비상사태위원회'가 고르바초프의 권한을 박탈하고 크림지역으로 휴가 간 그를 체포하고 전국에 계엄령을 선포했다.

쿠데타 발생 몇 시간 뒤 옐친은 러시아공화국의 통제권을 자신이 장악함을 선언하고 불법 쿠데타에 대한 반대를 시민에게 촉구, 이후 고르바초프가 소련 대통령직을 사임하고 권력은 옐친에게로 집중되어 갔다. 그해 12월 민스크 선언,21) 소비에트 연방 구성 15개 공화국 전체 독립국가

---

21) 발트 3국 등 여러 연방국가들이 독립을 선언하면서 마침내 슬라브계 세 공화국(러시아, 벨로루시, 우크라이나)의 지도자가 벨로루시 민스크에 모여 독립국가연합

선언 등의 일련의 사태를 겪으면서 구소련은 붕괴됐다.

이와 같은 적그리스도인 붉은 용이 창궐하는 말세에 있어서 이들에게 이기시는 분은 오직 하나님의 아들이신 주님이시다. 세상을 구하시는 주님은 그 열매를 보고 판단해야지 적그리스도에게 미혹되어서는 안 된다 (17:14; 19:11; 마7:16-20).

2. 둘째 대접: 바다 재앙 (16:3)

[3]둘째가 그 대접을 바다에 쏟으매 바다가 곧 죽은 자의 피 같이 되니 바다 가운데 모든 생물이 죽더라

둘째 대접의 재앙은 모세 때 애굽에 내린 첫 재앙과(출7:17-21) 두 번째 나팔 재앙과 거의 비슷하다. 바다의 물이 오염된 피로 변하므로 모든 바다의 생물이 죽게 된다. 바다는 리워야단(욥41:1, 뱀 같은 악의 세력)과 용이 있는 곳으로 불순종한 죄악의 세상이며(사27:1) 짐승과 우상을 숭배하는 사람들이 만들어 낸 우상숭배와 거짓 교리 및 세상 권력을 총칭하는 의미이다.

나일강의 물을 피로 변화시킨 애굽의 재앙(출7:20)은 일부 지역에 국한 됐다. 여기서는 피의 혁명이라고 불리는 적그리스도 국가들의 등장과 빈 라덴 주의 등의 세계적 적그리스도들로 볼 수 있다. 이것은 인간의 인위적인 힘으로는 치유될 수 없는 대혼란을 가져왔다.

(CIS, Commonwealth of Independent States) 협정에 조인하고 소비에트 연방의 소멸을 선언했다.

3. 셋째 대접: 강·샘물 재앙 (16:4-7)

> ⁴·셋째가 그 대접을 강과 물 근원에 쏟으매 피가 되더라 ⁵·내가 들으니 물을 차지한 천사가 가로되 전에도 계셨고 시방도 계신 거룩하신 이여 이렇게 심판하시니 의로우시도다 ⁶·저희가 성도들과 선지자들의 피를 흘렸으므로 저희로 피를 마시게 하신 것이 합당하니이다 하더라 ⁷·또 내가 들으니 제단이 말하기를 그러하다 주 하나님 곧 전능하신 이시여 심판하시는 것이 참되시고 의로우시도다 하더라

4절에서의 강은 주의 복락의 강수로 생명의 원천이며(시36:8) 생수의 강은 더러움을 씻는 성령을 의미한다(요7:38; 슥13:1). 강과 물의 근원은 하나님의 성소이며 생명의 피이다(창9:4; 신12:23). 그러나 셋째 대접의 재앙은 인간 생활의 근본이 되는 강과 샘이 피로 오염되는 재앙이다. 이 재앙 역시 모세 때에 첫째 재앙으로 나일 강과 애굽의 모든 물의 근원을 피로 변화시켰던 재앙과 유사하다.

당시는 이 재앙이 애굽에만 한정되었지만 여기서는 세상의 모든 물이 피로 변한다는 것을 볼 수 있다(8:10,11; 출7:17-21). 이것은 역시 세계적인 대재앙으로 보아야 한다.

5절에서의 '물을 차지한 천사'라는 언급이 나오는데 유대인들 생각에는 모든 자연적인 힘(바람, 해, 비, 물 등)에는 그것들을 다스리는 천사들이 있다고 생각했다.

6절에서의 이처럼 물을 피로서 심판할 때에 회개하지 아니하는 자들에 대한 하나님의 진노가 의롭다고 선포하고 있는데 이는 그동안 하늘 백성들이 흘린 피에 대한 하나님의 정당한 보복이기 때문이다.

7절에서의 결국 하나님의 심판의 공정성과 의로움이란 주님의 새말씀

의 승리와 구원을 의미하는 반면 짐승을 경배하는 자들에 있어서는 형벌과 멸망에 대한 경고이다.

4. 넷째 대접: 해 재앙 (16:8, 9)

> 8.넷째가 그 대접을 해에 쏟으매 해가 권세를 받아 불로 사람들을 태우니
> 9.사람들이 크게 태움에 태워진지라 이 재앙들을 행하는 권세를 가지신 하나님의 이름을 훼방하며 또 회개하여 영광을 주께 돌리지 아니하더라

넷째 나팔의 재앙에서는 해가 빛을 잃고 하늘의 삼분의 일이 어두워진 반면(8:12) 넷째 재앙은 해가 오히려 뜨거워져서 사람들을 불로 태운다. 태양은 하나님께서 인간에 제공한 유익이다(눅4:19; 사61:2). 그러나 그 반대로 형벌의 수단으로 죄악을 태울 말씀(진리) 심판이다(야3:6; 눅12:49; 요12:48; 5:24; 살후2:8; 사11:4; 렘5:14).

말씀으로 심판하시는 이유는 말씀으로 천지를 창조하셨기 때문에 재창조도 말씀으로 하신다(요1:3; 요5:22). 이러한 천계의 변화는 누가복음 16:19−31에 묘사된 지옥의 고통을 상징한다. 넷째 나팔의 재앙으로 잃었던 해(하늘)의 권세가 회복됨을 뜻한다(6:12; 8:12; 말4:1; 막13:24−26).

9절에서의 이러한 재앙에도 불구하고 사람들은 회개하지 않고 오히려 하나님의 이름을 훼방하며 모독하는 것을 볼 수 있다. 이것은 짐승을 경배하는 자들은 수난이나 재앙을 통해서도 결코 정화되지 않는다는 사실을 보여준다. 마치 애굽왕 바로가 모세의 세 권능과 열 재앙에도 도리어 더 강퍅했다. 이와 같이 사탄의 최후의 발악도 동일하게 나타날 것을 예시했다.

우리는 짐승을 경배하는 자들이 하나님을 알고 있으면서도 회개치 않고 오히려 죄악 되고 이기적인 것이 얼마나 비참한 결과를 보여준다는 것을 보게 된다. 그러나 큰 바벨론인 적그리스도들의 음행(하나님의 불신)으로 진노의 포도주를 마심으로 악의 세력은 무너진다(14:8).

5. 다섯째 대접: 어둠 재앙 (16:10, 11)

> [10·]또 다섯째가 그 대접을 짐승의 보좌에 쏟으니 그 나라가 곧 어두워지며 사람들이 아파서 자기 혀를 깨물고 [11·]아픈 것과 종기로 인하여 하늘의 하나님을 훼방하고 저희 행위를 회개치 아니하더라

다섯째 대접의 재앙을 짐승의 보좌에 쏟음으로 그 나라가 어두워지고 사람들은 종기로 인해 고통을 당하게 된다. 여기서 '짐승의 보좌'는 적그리스도의 심장부로 전 세계에 걸쳐 우상숭배의 거대한 제도를 다스리고 유지하는 사탄의 위位를 상징한다.

이러한 나라에 임한 어두움은 아파서 자기의 혀를 깨물 정도로 짐승의 사회에 널리 퍼져 있는 영적 흑암으로 그들은 사실상 매일같이 공포 속에서 살아간다. 왜냐하면 그들 속에는 빛과 소망이 전혀 없이 육체적인 병보다는 영적인 병이기 때문이다.

11절에서의 적그리스도들은 하나님의 진노의 심판에 혹심한 고통에도 불구하고 오히려 하나님을 훼방하고 회개치 않고 있다. 그러나 그들은 미래에 대한 불안과 고통은 지워버릴 수 없을 것이며 오히려 더욱 큰 혼란으로 빠져 들어간다.

6. 여섯째 대접: 유브라데강 재앙 (16:12-16)

> 12.또 여섯째가 그 대접을 큰 유브라데에 쏟으매 강물이 말라서 동방에서 오는 왕들의 길이 예비되더라 13.또 내가 보매 개구리 같은 세 더러운 영이 용의 입과 짐승의 입과 거짓 선지자의 입에서 나오니 14.저희는 귀신의 영이라 이적을 행하여 온 천하 임금들에게 가서 하나님 곧 전능하신 이의 큰 날에 전쟁을 위하여 그들을 모으더라 15.보라 내가 도적같이 오리니 누구든지 깨어 옷을 지켜 벌거벗고 다니지 아니하며 자기의 부끄러움을 보이지 아니하는 자가 복이 있도다 16.세 영이 히브리 음으로 아마겟돈이라 하는 곳으로 왕들을 모으더라

12절에서 동방의 왕들인 악의 세력들이 하나님을 대적하는 전쟁을 위해 모여든다. 유브라데는 애굽왕 바르느고와 바벨론왕 느부갓네살이 자주 싸운 전쟁터(렘46:2-10)로 최후의 날에 하늘 편과 사탄 편의 마지막 싸움의 날을 예시했다(렘46:10-14).

13절에서 '개구리 같은 세 더러운 영'은 용, 짐승, 거짓 선지자의 입에서 나오는데 땅의 음녀와 가증한 것들의 어미이다(17:5). 실제적으론 사탄과 세상 권력이 연합한 동방의 임금들을 말한다. 예로부터 유대인들은 개구리를 부정한 동물로 여겼으며 어거스틴Augustine도 개구리를 '가장 수다스러운 동물'로 여겼다. 이것은 '더러운 영'의 말이 인간에게 있어 들을 만한 가치가 없는 무익하고 무의미한 것을 상징한다. 페르시아의 종교인 조로아스터교에서도 개구리를 재앙을 가져오는 동물인 동시에 흑암 권세의 대리자로 빛의 사자인 오르므드Ormud와 싸우는 존재로 보았다.

14절에서의 '귀신의 영'은 세상의 권세로 악령에 붙들리어 비진리로서 세상을 현혹시킨다. '거짓 선지자'는 어린양을 부정하는 자들로 불온한 사상을 통하여 악용한다. 그들의 실체는 적그리스도로서 짐승으로 나타

났다(13:11). 이들은 선(종교)으로 위장하여 연합전선을 구축하지만 결국 하나님이 승리하신다(17:14; 19:11).

15절에서 주님께서 '도적같이 오리니'(3:3)는 깨어 있지 않으면 주님을 영접할 수 없으니 음녀의 타락을 경계하라는 말씀이다. 이 말씀은 아마겟돈 전쟁에 대비한 성도들에 대한 경고이다. 계시록에서의 칠복 중에 셋째 복을 언급하셨다.

16절에서 세 더러운 영이 아마겟돈 전쟁을 위해 왕들을 모은다. 아마겟돈은 이스라엘 예루살렘 서북쪽 갈멜산 아래 있는 므깃도(삿5:19) 광야를 말한다. 이곳은 아시아 대륙과 아프리카 대륙의 통로로써 고대로부터 중세에 이르기까지 세계의 가장 큰 전쟁터 중에 하나였다.

아마겟돈은 육적 이스라엘 나라 북쪽 평원 지대 언덕에 위치해 전쟁터로 적합한 장소였다. 즉 기원전 1500년에는 토트메스Thotmes, 기원전 1350년에는 라메세스Rameses, 기원전 722년에는 사르곤Sargon, 기원전 710년에는 산헤립Sennacherib, 기원전 606년에는 느부갓네살Nebuchadnezzar, 기원전 197년에는 프톨레미Ptolemy, 기원전 168년에는 펌페이Pompei, 서기 70년에는 디도Titus, 서기 614년에는 페르샤의 왕 코스루Khosru, 서기 637년에는 오마르Omar, 서기 909년에는 프랑스의 성聖 루이스 휘하에서 십자군이, 서기 1187년에는 살라딘Saladin이, 서기 1576년엔 오토만Ottoman의 군대 등이 이곳 아마겟돈에서 싸웠다.

이처럼 므깃도는 유명한 전쟁터이므로 주님이 오실 때에 사탄의 세력과 마지막 일전의 장소로 생각하는 것은 당연하고 자연스러운 것이다(슥12:11).

한편 '할 므깃도'가 의미하는 바에 대해 다른 주장이 제기되고 있다. 어떤 학자들은 이 말이 '집회의 산'이라는 의미인 헬라어 '하르 모에르'에서 유래한 것으로 보고 바벨론 왕이 교만한 마음을 품고 집회의 산, 즉 하나님의 보좌에 오르려고 시도한 이사야 14:12−15와 연결되는 것이라고 주장했다.

또 다른 학자들은 '아마겟돈'을 상징적인 의미로 해석하고 있는데 이들은 이 말의 뜻이 '군대를 모아들이는 그의 장소'가 된다. 그러므로 '아마겟돈'은 어떤 지리적인 장소를 의미하는 것이 아니라 하나님께서 악의 세력과 대결하여 그들을 패배시킬 종말론적인 영적 전쟁이다. 사사기 5:31에서도 므깃도에서 여호와의 원수들이 전멸된 곳이라고 했다.

ᄀ. 일곱째 대접: 공중 재앙 (16:17−21)

17.일곱째가 그 대접을 공기 가운데 쏟으매 큰 음성이 성전에서 보좌로부터 나서 가로되 됐다 하니 18.번개와 음성들과 뇌성이 있고 또 큰 지진이 있어 어찌 큰지 사람이 땅에 있어 옴으로 이같이 큰 지진이 없었더라 19.큰 성이 세 갈래로 갈라지고 만국의 성들도 무너지니 큰 성 바벨론이 하나님 앞에 기억하신 바 되어 그의 맹렬한 진노의 포도주 잔을 받으매 20.각 섬도 없어지고 산악도 간 데 없더라 21.또 중수(重數)가 한 달란트나 되는 큰 우박이 하늘로부터 사람들에게 내리매 사람들이 그 박재(雹災)로 인하여 하나님을 훼방하니 그 재앙이 심히 큼이러라

일곱째 대접 재앙이 공기 가운데 쏟아지자 번개와 요란한 뇌성과 지진이 일어나 땅이 황폐해지고 큰 우박이 내려 사람들을 죽이거나 상하게 만들었는데 이는 유사 이래 가장 큰 재앙이다. 사실 이러한 재앙은 모세의 세 이적과 열 재앙처럼 하나님께로 돌아가기 위한 채찍이다.

17절에서의 '공기 가운데'란 공중을 의미하며 용과 짐승이 권세를 잡고 있는 곳이었다. 따라서 일곱째 대접 재앙을 공중에 쏟는 것은 불순종한

영이 공중의 권세를 잡고 있기 때문이다(엡2:2; 벧후3:10). 하나님의 마지막 재앙이 내려 사탄 권세가 무너지게 되었음으로 '다 됐다'고 선언하셨다. '됐다'에 해당하는 헬라어 '게고넨'은 '성취하다' 또는 '완성하다'의 뜻으로 하나님의 최종적이고 완전한 진노를 나타내는 언어로 사탄 역사의 종말을 선언하셨다. '공중재앙'은 마지막 재앙으로 지금까지 땅의 재앙이 종료되었으므로 천상의 하나님 나라의 재창조를 위한 심판이다. 그러나 사탄은 최후 저항을 하는데 '곡과 마곡의 전쟁'을 일으킨다(16:11; 20:7-10).

18절에서의 번개와 음성은 하나님 능력과 신비이며(출19:16-18; 삼하22:14,15; 시97:41; 삿5:4; 열상19:11) 뇌성과 우박은 하나님의 징벌이다(출9:22-34; 시78:43-40; 학2:17). 요한은 일곱 번째 대접 재앙으로 인해 생긴 번개와 뇌성과 지진이 지금까지 있었던 어떤 재앙보다도 심하고 극렬한 것이었다.

19절에서의 하나님의 진노의 심판은 큰 성 바벨론이 세 토막으로 산산이 부서지고 도시와 나라들은 황폐해진다. 선민이라고 하드래도 모든 가증한 일을 하면 이방인의 목전에서 전무후무한 하나님의 진노를 받는다(겔5:8-12).

20절에서 마침내 귀신의 처소인 큰 성 바벨론이 하나님의 진노의 포도주를 받고(16:19) 삼분되고 더 이상 유지할 수 없음을 예시한다. 각 섬과 산악이 간 데 없음은 세상에 더 이상 사탄이 발붙일 자리가 사라진다. 산악은 피난처인데 피난처를 더 이상 찾지 못하니 사탄 세력의 종말을 고한다(6:16; 창14:10; 마24:16; 눅23:30).

21절에서 우박은 징벌(출9:22-34; 10:5; 시78:47; 105:32; 학2:17)에 의한 하나님의 심판이다. 달란트를 기준으로 하는 크기는 시대에 따라 크게 다르기 때문에 일률적으로 말할 수 없으나 약 30kg 정도 된다고 하니 그 피해의 정도를 알 수 있다.

어떠한 물리적 재앙이나 진노보다도 더 무섭고 심각한 재앙은 하나님을 받아들이지 않는 죄악의 마음이다(14:10; 16:11; 히12:27). 하나님과 관계를 맺지 못하고 부정하거나 대적하는 인격은 그 자체가 멸망이요 사망이다.

| 제17장 |

적그리스도 심판 (I)

16장에서 하나님께서는 적그리스도들과 그 우상에게 경배하는 자들에게 일곱 대접의 재앙을 전부 쏟으셨다. 17장과 18장은 이들에 대한 구체적인 심판을 다루는 하나의 연속된 주제를 다루고 있다. 17장에서의 '음녀'는 문자 그대로 창녀라기보다는 '우상숭배'(겔16:15−22)를 의미한다. 음녀는 하나님과 비기려는 적그리스도이며 일곱 머리와 열 뿔을 가진 짐승을 타고 다녔다. 본 장에서는 음녀의 정체가 무엇인지를 구체적으로 밝히며 그 종말이 얼마나 비참한지를 잘 묘사하고 있다.

1. 땅 임금들의 음행(17:1−4)

[1]또 일곱 대접을 가진 일곱 천사 중 하나가 와서 내게 말하여 가로되 이리 오라 많은 물 위에 앉은 큰 음녀의 받을 심판을 네게 보이리라 [2]땅의 임금들도 그로 더불어 음행하였고 땅에 거하는 자들도 그 음행의 포도주에 취했다 하고 [3]곧 성령으로 나를 데리고 광야로 가니라 내가 보니 여자가 붉은 빛 짐승을 탔는데 그 짐승의 몸에 참람된 이름들이 가득하

고 일곱 머리에 열 뿔이 있으며 ^{4.}그 여자는 자주 빛과 붉은 빛 옷을 입고
금과 보석과 진주로 꾸미고 손에 금잔을 가졌는데 가증한 물건과 그의
음행의 더러운 것들이 가득하더라

1절에서의 '일곱 천사 중 하나'라는 말이 나오는데 이는 본 장에 언급되어 있는 '큰 음녀'(적그리스도)에 대한 환상이 전장의 일곱 대접의 재앙과 연결된 것임을 알 수 있다. 즉 마지막 대접 심판을 부연 또는 보충한다.

사도 요한은 '많은 물 위에 앉은 큰 음녀'를 보았는데 그녀는 음행과 우상숭배를 일삼고 있었다. 고대 세계에서는 어디서나 제식祭式 때 음행이 성행했는데 이러한 음란한 일들을 비유적으로 들어 니느웨(나3:4), 두로(사23:16,17), 그리고 우상을 섬기는 예루살렘(겔16:15)의 추악성을 밝히는데 사용됐다.

그러므로 음녀인 바벨론을 단순히 과거의 로마나 예루살렘으로 보는 것은 잘못된 견해이다. 큰 음녀는 '많은 물 위에 앉아'있는데 이는 성 둘레에 많은 운하를 통해 무역으로 부를 축적하여 음란해진다는 것을 상징한다. 즉 하늘 편 물은 생수의 근원인 하늘(렘2:12), 성령(요7:38), 정화수(겔16:4, 레11:32)를 상징하지만 사탄 편 물은 불순종한 타락으로 적그리스도의 세계이다(17:15).

2절에서의 땅의 임금들은 행음치 아니한 곳이 없으며 음란과 행악으로 땅을 더럽혔는데 푸른 나무 아래로 가서도 행음했으며 돌과 나무로 더불어서도 행음했다(렘3:2-9). 음행은 '남자의 우상을 만들어 음행'(겔16:15-22)하는 우상숭배이다. 사마리아와 예루살렘을 비유에서도 우상숭배를 음행으로 본다(겔23:1-21). 즉 음행은 마땅히 하나님을 섬겨야 할 인간들이 하나님을 배반하고 적그리스도로 전락하는 것이다.

3절에서의 음녀가 붉은 빛 짐승을 탔다는 것은 붉은 말 탄 자(6:3)와 일

치한다. 또한 큰 음녀가 타고 있는 이 짐승은 13:1에 나오는 바다에서 올라온 짐승이다. 그리고 그 짐승은 12장에서 나오는 일곱 머리와 열 뿔을 가진 용과도 같은 적그리스도이다.

이 짐승의 붉은 빛은 하나님에게 대한 모독을 나타낸 것으로 충성되고 진실한 성도들이 흰 옷을 입고 흰 말을 탄 것과 대조된다. '짐승의 몸에 참람(모독)된 이름들이 가득'이라는 것은 오늘날에도 있는 적그리스도들의 이론적 허구와 궤변을 말한다.

4절에서의 '가증한 물건이 담긴 금잔'은 예레미야 51:7에 언급되어 있는데 이것은 많은 사람들을 미혹할 우상숭배를 묘사했다. '음행의 더러운 것들'은 악한 영들, 우상숭배, 그리고 제식祭式의 음행 등이다.

ㄹ. 음녀의 죄악 (17:5, 6)

> [5.]그 이마에 이름이 기록되었으니 비밀이라, 큰 바벨론이라, 땅의 음녀들과 가증한 것들의 어미라 하였더라 [6.]또 내가 보매 이 여자가 성도들의 피와 예수의 증인들의 피에 취한 지라 내가 그 여자를 보고 기이히 여기고 크게 기이히 여기니

사도 요한이 계시록을 기록할 당시 로마의 창녀들은 제 이름을 새긴 머리띠를 이마에 장식으로 두르는 관례가 있었다. 본 절도 이러한 역사적 사실에 근거하여 음녀를 묘사한 것 같다. 이 큰 음녀의 이름은 두 가지가 있다. 그 두 이름 앞에는 '비밀'이라는 단어가 나오는데 이것은 독립된 이름이 아니라 음녀의 이름이 비밀스럽고 신비한 것으로 사탄의 정체를 숨기고 있다.

그 음녀의 첫 번째 이름은 '큰 바벨론'인데 바벨론은 유대인에 있어서 교만하고 우상숭배와 억압의 상징이다. 바벨론이란 말은 성경에 260번 이상 나오는데 예레미야 50-51장에서만 37번이나 나온다. 바벨론은 원래 열국의 영광이었는데 하나님을 불신하여 소돔과 고모라와 같은 성이 됐다(사13:19,20).

그 음녀의 두 번째 이름은 '땅의 음녀들과 가증한 것들의 어미'로 역사상의 모든 악한 세력들은 그녀로부터 출발한다는 것으로 온갖 우상숭배와 타락의 원천이다.

인간 시조인 아담도 하나님의 말씀을 불신하는 우상숭배와 간음으로 타락하게 됐다. 그러한 원죄가 이어오는 것이므로 우리들은 어린양 혼인 잔치에 청함을 입고 최종적인 흰보좌 심판을 통과해야 최종적인 천국 백성이 될 수 있다(20:11-15).

6절에서의 사도 요한은 이 음녀가 성도들의 피와 예수의 증인들의 피에 취해 있는 것을 보고 크게 기이히 여겼다. 이처럼 음녀는 성도들을 핍박하며 순교자의 피를 흘리게 한 장본인이다(6:9; 7:9; 18:24).

따라서 오늘날 적그리스도들은 분명히 존재하시는 창조주이신 하나님을 부정하고 지상천국 유토피아 세계를 만든다니 그야말로 참람된 이름이 아닐 수 없다. 그러나 여자(음녀)는 땅의 임금들을 다스리는 큰 성(17:18) 바벨론은 타락한 적그리스도들이므로 하나님으로부터 '맹렬한 진노의 포도주를 받은 자'(16:19)이다.

3. 말세의 일곱째 머리 (17:7-10)

7·천사가 가로되 왜 기이히 여기느냐 내가 여자와 그의 탄 바 일곱 머리와

열 뿔 가진 짐승의 비밀을 네게 이르리라 ⁸네가 본 짐승은 전에 있었다가 시방 없으나 장차 무저갱으로부터 올라와 멸망으로 들어갈 자니 땅에 거하는 자들로서 창세 이후로 생명책에 녹명되지 못한 자들이 이전에 있었다가 시방 없으나 장차 나올 짐승을 보고 기이히 여기리라 ⁹지혜 있는 뜻이 여기 있으니 그 일곱 머리는 여자가 앉은 일곱 산이요 ¹⁰또 일곱 왕이라 다섯은 망하였고 하나는 있고 다른 이는 아직 이르지 아니하였으나 이르면 반드시 잠깐 동안 계속하리라

7절에서의 짐승의 비밀을 밝히는 말씀이다(11:7; 12:3). 음녀가 타고 있는 이 짐승은 13장에 나오는 바다에서 올라온 짐승과 20장 1-3절의 붉은 용과 동일한 짐승이다. 즉 '전에 있었다가 시방 없으나 장차 무저갱으로부터 올라올'이라는 말이 20:3에 언급된 '무저갱에 던져 잠그고 그 위에 인봉하여 천 년이 차도록 세상을 미혹하지 못하게 하다가 그 후에는 반드시 잠깐 놓이리라'는 말과 일치한다.

8절에서의 '전에도 있다가 장차 올라올' 것이라는 표현은 1:8에 언급된 하나님의 신성神性을 모방한 것으로 하나님을 대적하고 하나님처럼 되려고 하는 마귀 사탄의 정체를 보여준다(3:12; 21:2,10).

9절에서의 음녀가 타고 있는 짐승은 일곱 머리와 열 뿔을 가졌는데 여기서 '일곱 머리'는 '일곱 산'과 '일곱 왕'을 가리킨다. 따라서 음녀는 많은 물 위와 짐승 위에만 앉아 있는 것이 아니라 일곱 산 위에도 앉아 있다. 그래서 대부분의 학자들은 일곱 산은 로마에 있는 일곱 산을, 일곱 왕은 로마의 일곱 황제를 가리킨다고 주장했다.

그러나 지금은 과거의 로마를 지칭하는 것은 의미가 없다. 구약 성경의 예언서에는 산을 이 세상의 권세를 비유하고 있는 곳이 많다(사2:2; 렘51:25; 단2:35; 슥4:7). 일곱 산은 문자 그대로의 산이 아니라 일곱 왕을 가리키고 있다.

10절에서의 일곱 왕에서 '다섯은 망하였고'라는 의미는 7년 혹은 70년 대환난 중이거나 그 이전에 다섯 왕은 망했다는 뜻이다. 즉 사라진 다섯 머리는 역사상 나타났던 사탄 국가의 큰 산을 의미한다. 즉 애굽, 앗시리아, 바벨론, 로마제국, 전체주의(일제, 독일 나치, 이탈리아 무솔린) 등을 의미한다.

'하나는 있고'의 뜻은 70년 대환난 중에 계속 존재하였던 현대의 바벨론으로 하나님에게 정면으로 도전한 구소련을 중심한 공산주의를 지칭한다(12:3). 우리들은 지난 과거를 잊어서는 안 된다. 이들을 배후에서 조종한 사탄 마귀는 현재는 또 다른 모습으로 나타나기 때문이다.

'다른 이는 아직 이르지 아니 하였으나'라는 존재는 70년 대환난의 후반기에 나타나는 것으로 현대를 상징하는 라오디게아 교회처럼 하나님의 존재와 세계평화를 위협하는 또 하나의 적그리스도들이다. 이들은 이르면 반드시 잠깐 동안 계속된다(12절, 열 뿔에 해당함).

ㄴ. 적그리스도 열 국가들 (17:11 - 13)

> 11.전에 있었다가 시방 없어진 짐승은 여덟째 왕이니 일곱 중에 속한자라 저가 멸망으로 들어가리라 12.네가 보던 열 뿔은 열 왕이니 아직 나라를 얻지 못하였으나 다만 짐승으로 더불어 임금처럼 권세를 일시 동안 받으리라 13.저희가 한 뜻을 가지고 자기의 능력과 권세를 짐승에게 주더라

11절에서의 '여덟째 왕'은 전에 있었다가 시방 없어진 짐승으로 일곱 중에 속한 자인데 결국 멸망으로 들어갈 것이라고 묘사했다. 여덟째 왕

이 무엇을 가리키는가에 대하여 크게 두 가지의 견해로 분류된다.

첫째, 어떤 학자들은 여덟째 왕이 환생한 네로로서 디도의 후임인 도미티안(Domitian, 81~96) 황제를 의미한다고 한다.

둘째, 이를 상징적으로 해석하여 여덟째 왕은 8절의 '전에 있었다가 시방 없으나 장차 무저갱으로부터 올라올' 짐승이라는 설이다.

여기서 역사상의 인물을 지칭하기 보다는 여덟째 왕은 일곱 머리 중에 속한 적그리스도임에 틀림이 없다. 현실적으로 볼 때 과거의 망령이 되살아 난 것이라고 볼 수 있는데 분명한 것은 그 망령은 다시 멸망으로 들어간다는 것이 중요하다(예, 아베 정권의 일제 망령).

이를 속히 끝내기 위해서는 인간들이 하나님의 뜻을 깨닫고 실천하는 일이다. 2차 대전 전범국인 독일은 죄인 신세였으나 지금 독일은 국제사회의 존경받는 지도국가로 인정받는다. 외교적 고립을 자초하는 일본과 천양지차이다.

12절에서의 '열 뿔'은 10절에서의 '아직 이르지 아니한' 머리를 말씀한 것이다. 즉 열 뿔은 열 왕으로 짐승과 더불어 잠시 동안 임금처럼 일할 권세를 받는다고 했다. '10'이라는 숫자는 상징적인 수로 여러 번 되풀이 되는 수 또는 무한정의 수를 뜻할 뿐 아니라 일곱처럼 완전함과 충만함을 의미하는데 여기서의 '10'이라는 수는 짐승의 권세를 따르는 많은 국가들 및 조직체이다.

현대에 있어 이들은 라오디게아 교회를 상징하는 북한, 중국, 쿠바, 베네수엘라,[22] 이란, 이라크, 시리아, 빈라데니즘(알카에다) 체제, 무신론적 인본주의 체제들이다. 이러한 국가들은 임금과 같은 권세를 잠깐 동안 받

---

22) 2013년 3월 차베스 사망 후 베네수엘라의 '쿠바화'는 가속화됐다. 최근 국회에서는 야당 의원들이 폭행을 당했다. 쿠바의 악명 높은 사회통제 방법인 연좌제를 도입하며 사회를 군대식으로 조직함으로써 군사통치의 길로 가고 있다.

지만 오래 가지 못하고 결국은 멸망한다고 예언됐다.

　13절에서의 열 왕은 자신들이 받은 모든 능력과 권세를 짐승에게 주어
주님을 상대하고자 한다. '동방에서 오는 왕들'(16:12, 아마겟돈 전쟁)이
라고 기록되어 있는데 이들은 최후의 아마겟돈 대접전에서 짐승과 동맹
할 '땅의 임금들'이기 때문이다(16:12-14; 16:19; 19:19-21).

　이들이 '동방'에서 오는 이유는 7:2에서 주님께서 동방의 해 돋는 데서
14만 4천의 인침 역사를 하셨기 때문이다. 즉 적그리스도들도 최후의 아
마겟돈 대전쟁을 위해 14만 4천 무리의 인침과 같은 허세를 부렸다. 일곱
머리 중에 근현대사를 대표하는 세 머리(일제, 구소련, 북한)가 동방에 속
해 있다. 현재도 북한의 사이비 교주 김씨 일가와 일본의 우경화는 교조
적인데 아베 총리는 자신을 '군국주의자'라고 해도 좋다는 발언까지 하
였다.

5. 만왕의 왕 주님 (17:14-18)

^{14.}저희가 어린양으로 더불어 싸우려니와 어린양은 만주의 주시요 만왕
의 왕이시므로 저희를 이기실 터이요 또 그와 함께 있는 자들 곧 부르심
을 입고 빼내심을 얻고 진실한 자들은 이기리로다 ^{15.}또 천사가 내게 말
하되 네가 본 바 음녀의 앉은 물은 백성과 무리와 열국과 방언들이라
^{16.}네가 본 바 열 뿔과 짐승이 음녀를 미워하여 망하게 하고 벌거벗게 하
고 그 살을 먹고 불로 아주 사르리라 ^{17.}하나님이 자기 뜻대로 할 마음을
저희에게 주사 한 뜻을 이루게 하시고 저희 나라를 그 짐승에게 주게 하
시되 하나님 말씀이 응하기 까지 하심이니라 ^{18.}또 네가 본 바 여자는 땅
의 임금들을 다스리는 큰 성이라 하더라

14절은 계시록에서 뿐만이 아니라 성경 66권 중에 가장 중요한 말씀 중에 하나다. 왜냐하면 재림주님은 고난 중에서도 최종적인 아마겟돈 대전쟁에서 승리하심으로 어린양 혼인잔치를 하실 수 있기 때문이다(눅 17:25).

여기서 '저희'는 짐승과 열 왕들과 같은 사탄의 동맹체를 말한다. 그들은 '더불어'라는 '한 뜻'(헬, 그노메)을 가지고 어린양에게 대적하고자 한다. 그러나 어린양은 만주의 주시요 만왕의 왕이시기 때문에 사탄이 멸망할 수밖에 없다. 그런데 주님의 부르심을 입고 빼내심을 얻고 진실한 자들은 14만 4천의 시온산으로 어린양 혼인잔치에 청함을 입은 생명나무의 '참열매'가 된다.

15절에서의 음녀가 앉은 물이 백성과 무리와 열국과 방언들이라 함으로써 적그리스도의 영향력이 우주적이고 땅의 가장 비천한 자들로부터 왕들에 이르기까지 모두에게 미친다는 뜻이다.

16절에서 중대한 일이 발생한다. 처음에는 음녀가 열 뿔 가진 짐승 위에 앉아 있는 모습으로 짐승과 음녀는 서로 동맹 관계였다. 그런데 짐승과 열 왕이 과거의 정부情婦이던 음녀에게 등을 돌렸다. 악은 그 자체 속에 항상 분열의 소지를 가지고 있다. 주님은 "사탄이 만일 사탄을 쫓아내면 스스로 분쟁하는 것이니 그리하고야 저의 나라가 어떻게 서겠느냐"(마 12:26)고 적그리스도의 파멸을 말씀하셨다. 결국 자체적으로 그 동맹이 무너져 스스로 파멸한다.

악의 권세는 스스로 자멸한다는 것을 보여주는데 그것도 한 때에는 혈맹의 관계였던 음녀가 그녀의 수족이었던 짐승과 그 뿔들에 의해 참혹한 죽음을 당했다. 결국 어린양의 승리로 하나님의 뜻에 의해 사탄은 최후의 심판을 받는다는 것을 생생하게 보여준다.

이처럼 음녀에 대한 배반과 그녀의 죽음은 음녀의 성 예루살렘과 두로에 내리는 하나님의 심판과, 음행한 제사장의 딸에게 가해지는 형벌에 대한 구약 성경의 내용에서 잘 나타났다(레21:9; 겔16:32,40; 23:25-27).

17절에서 알 수 있는 것은 지금까지 하나님께서는 사탄의 행위를 지켜보실 수밖에 없었으나 주님의 승리로 말미암아 사탄도 마음대로 움직이신다. 하나님께서는 악의 세력까지도 심판의 도구로 사용하셨다(렘25:9-14; 눅20:18).

종말에는 하나님께서 악주권을 멸하시고 하나님의 나라가 이루어지고 (마6:33) 이 세상의 참된 지배자는 오직 하나님 한 분 밖에 없다. 그런데 계속해서 인간이 하나님의 자녀로 회개하고 돌아오지 않는다면 짐승과 음녀와 같은 적그리스도를 통하여 심판을 하신다는 사실이다(6:4).

한편 현대의 적그리스도들은 이미 13장에서 언급한 알카에다와 빈 라덴의 이슬람 과격파, 북한의 주체사상, 이단자 등과 같은 하나님의 존재를 부정하는 존재들이라고 했다. 이러한 적그리스도들은 6:8에서의 청황색 말을 탄 자들이며 검(말씀심판, 히4:12)과 흉년과 사망과 '땅의 짐승'으로 상징된다. 현재 이를 상징하는 과격파 빈 라덴과 같은 이슬람주의자들이 대표적으로 지구촌의 평화를 해치고 있다.

사실상 2012년까지만 해도 이슬람주의자들이 자기네 내부의 갖가지 차이점을 극복하고 상호 협력할 수 있는 것처럼 보였다. 그러나 이들은 2013년 6월경부터 계시록의 예언처럼 죽기 살기의 대규모 골육상쟁을 갑자기 시작했다. 이들은 비슷한 우월주의와 이상향의 목표를 공유하는 단일운동 세력을 여전히 이루고 있으나, 다양한 종족적 구성·방법·철학 등에 따라 분열돼 있다.

터키와 이란 사이에는 수니파와 시아파의 긴장관계를 볼 수 있다. 이들 두 파벌 간의 분쟁은 레바논, 시리아, 이라크, 이집트에서도 벌어진다. 이집트에서는 무슬림형제단이 이스라엘 상대의 외교에서 하마스와 대립하고, 국내 정책에서는 살라피파와 갈등을 빚는다. 예멘에서는 살라피파가 시아파인 후티 부족 반군과 갈등을 벌인다.

이란은 '알리 하메네이'와 '마흐무드 아흐마디네자드' 간에 동일 종파이면서도 갈등을 하는 대표적 사례라고 한다. 이런 유형의 마찰은 터키, 이라크, 사우디아라비아, 시리아, 이집트, 수단, 튀니지 등 거의 모든 아랍 국가에서 일어난다고 한다(『조선일보』 2013.8.17).

그들은 문명의 지배에 실패한 채 지난 역사상의 뒤안길의 전철을 밟을 수도 있다. 이슬람주의 세력 간에 직면한 이런 체제적 충돌은 낙관적으로 방심할 수만은 없다. 참하나님의 크신 사랑과 자비를 하루 속히 깨닫기를 바라는 바이다.

18절에서의 음녀와 땅의 임금들은 하나님을 대적하는 악한 땅의 모든 권세를 지배하며 성도들과 교회와 나라를 미혹하는 적그리스도들임을 다시 한 번 주지시키신다. 지금까지 일곱 천사의 일곱 재앙이 서서히 마무리 되는 과정을 묘사했다. 천사의 마지막 일곱 재앙은 18장까지이며 19장부터 어린양 혼인잔치를 위한 새로운 장이 시작된다.

| 제18장 |

적그리스도 심판 (II)

18장은 17장의 연장으로(17:18) 앞에서 기술한 내용을 반복, 강조함으로써 이들 두 장은 16장에서의 일곱 대접 재앙을 좀 더 확대하고 심화했다. 17장에서는 일곱 대접의 재앙을 통해 땅의 음녀들과 가증한 것들의 어미인 적그리스도에 대한 심판이었다. 18장은 적그리스도들의 처참한 최후의 모습을 보다 더 구체적으로 생생하게 볼 수 있다. 그 체제가 주는 달콤함을 주는 조력자들은 물론 제대로 저항하지 못한 백성도 책임이 있다. 아무도 잘못을 지적하지 않고 저항하지 않는 체제는 반드시 타락한다.

1. 음행·사치·치부(18:1-3)

^{1·}이 일 후에 다른 천사가 하늘에서 내려오는 것을 보니 큰 권세를 가졌는데 그의 영광으로 땅이 환하여지더라 ^{2·}힘센 음성으로 외쳐 가로되 무너졌도다 무너졌도다 큰 성 바벨론이여 귀신의 처소와 각종 더러운 영이 모이는 곳과 각종 더럽고 가증한 새의 모이는 곳이 되었도다 ^{3·}그 음행의 진노의 포도주를 인하여 만국이 무너졌으며 또 왕의 왕들이 그로

더불어 음행하였으며 땅의 상고들도 그 사치의 세력을 인하여 치부하였
도다 하더라

1절에서의 '이 일 후'는 음녀가 받은 심판을 보여준 이후를 뜻한다. 이
제 주님은 짐승에게 승리하심으로써 하늘 권세의 천사가 현현하였다(17:
14; 19:11). 그러므로 이 천사는 땅이 환해질 만큼의 영광스러운 광채를
가진 천사이다.

사도 요한은 적그리스도들이 멸망하게 된 직접적인 원인을 세 가지로
지적했는데, ① 음행, ② 사치, ③ 극도의 치부致富라고 했다. 여기서 음행
은 사실적 일수도 있겠지만 하나님을 불신하는 행위이기도 하다. 우리들
도 이러한 음행은 물론 사치와 치부를 경계해야 해야 한다.

2절에서의 귀신의 처소와 각종 더러운 영이 모이는 큰 성 바벨론이 '무
너졌도다'를 2번 거듭 강조함으로써 사탄의 악한 짐승의 종말을 고했다
(14:8). '각종 더럽고 가증한 새'는 솔개로 사탄에 비유한 악령을 상징한
다(창15:11). 이러한 것은 반드시 하나님의 심판을 받게 된다.

사도 요한은 바벨론의 멸망이라는 비유를 통하여 현대의 음행과 사치
를 고발했다고도 볼 수 있다. 사실 당시의 로마도 음행과 우상숭배가 극
도로 성행하여 게르만족에 의하여 로마의 멸망에 직접적인 원인이 됐다.

3절에서의 하나님께서는 '음행의 진노의 포도주'로 인류의 구세주로
오시는 주님을 부인하고 음란(우상숭배 포함)과 향락에 빠진 적그리스도
들이 하나님에게 대적하는 것을 심판하신다.

또한 '땅의 상고들도 그 사치의 세력을 인하여 치부하였도다'에서 '사
치'(헬, 스트레노스)는 신약 성경에서 이곳에만 나오는 단어로써 동사로
는 본 장 7, 9절에 나오며 디모데 전서 5:11에서는 복합어로 나온다. '사
치'의 뜻은 괴잉된 부富와 잉여물 때문에 생겨나는 교만과 방종과 음란을

의미한다. 사치에 대한 경고는 소아시아에 위치한 라오디게아 교회에서
도 주어졌다(3:17). 현대는 라오디게아 교회와 같은 모습을 그대로 보여
주고 있으므로 하나님의 경고에 귀를 기울여야 한다.

己. 선민의 호출 (18:4 - 8)

> ^{4}·또 내가 들으니 하늘에서 다른 음성이 나서 가로되 내 백성이 거기서
> 나와 그의 죄에 참예하지 말고 그의 받을 재앙들을 받지 말라 ^{5}·그 죄는
> 하늘에 사무쳤으며 하나님은 그의 불의한 일을 기억하신지라 ^{6}·그가 준
> 그대로 그에게 주고 그의 행위대로 갑절을 갚아주고 그의 섞은 잔에도
> 갑절이나 섞어 그에게 주라 ^{7}·그가 어떻게 자기를 영화롭게 하였으며 사
> 치하였든지 그만큼 고난과 애통으로 갚아주라 그가 마음에 말하기를 나
> 는 여황으로 앉은 자요 과부가 아니라 결단코 애통을 당하지 아니하리
> 라 하니 ^{8}·그러므로 하루 동안에 그 재앙들이 이르리니 곧 사망과 애통과
> 흉년이라 그가 또한 불에 살라지리니 그를 심판하신 주 하나님은 강하
> 신 자 이심이라

4절에서의 하나님은 당신의 백성을 향해 불의와 재앙에서 벗어나기를
간구하신다. 그러나 인간은 타락성에서 빠져나오는 것이 쉽지 않다.

5절에서의 하나님께서는 지속적으로 '내 백성아 거기서 나오라'는 말
은 사무친 죄에서 빠져나오라는 뜻이다. 즉 우상숭배(물질 만능 사상)에
서 벗어나 하나님의 백성이 되라는 말씀이다. 하나님은 적그리스도들에
대한 심판을 앞두고 먼저 선민을 호출하여 선한 백성은 구원하신다.

하나님께서는 대홍수 전에 노아를 불러 방주를 준비시키셨으며(창7장)
소돔과 고모라를 멸망하기 전에는 롯을 불러 내셨다(창19:12 - 14). 또한

고라의 당을 멸망시키기 전에 선민들을 떠나게 하셨다(민16:23-26). 하나님께서는 예레미야서에도 선민을 호출하셨다(렘51:45). 사도 바울도 고린도 교인들에게 비슷한 경고를 했다(고후6:14-18). 이 호출은 죄악에서 구별시켜 구원을 뜻한다.

사도 요한은 계시록 2, 3장에서도 사탄의 속임수의 올무에 대하여 경고를 했다. 만약에 우리들은 그 경고에 자신들을 분리하기를 거절한다면 그 죄에 참여하게 되고 하나님의 심판을 면할 수 없다.

6절에서 하나님께서는 보복하시는 방법에 대하여 말씀하셨다. 여기서 우리는 원수를 갚는 것은 하나님께만 속한다는 것과 악인이 필연적으로 당하게 될 심판에 대한 두 가지 진리를 배울 수 있다.

첫째, 하나님께서는 심은 대로 거두게 하신다.

둘째, 인간의 오만과 불손은 창피를 당하고야 만다는 사실을 배울 수 있다. 두로는 그 아름다움을 자랑하고 부요와 성공에 취하여 하나님을 대적하는 오만함을 부리다가 결국 수치와 허무밖에 없다는 것을 알게 됐다(겔27:3).

7절에서의 음녀는 자신을 영화롭게 하며 스스로 '여황으로 앉은 자'라고 하는데 이것은 황금만능주의와 우상숭배로 교만해져 하나님을 두려워하지 않는다는 뜻이다. 그러나 그들은 하나님의 진노를 받아 사망과 애통과 흉년이라는 재앙을 맞게 된다.

8절에서는 하나님에게 대적한 적그리스도들이 당하는 재앙을 통하여 사탄의 종말을 고했다. 모든 재앙이 '하루 동안에'라는 것은 음녀에게 순간적으로 갑자기 재앙이 닥친다는 진노의 심판을 뜻한다.

그리고 '불에 살라질' 것이라고 했는데 이것은 제사장의 딸이 음행을 했을 때 받은 징벌(레21:9)이 그 배경이 되었는데 그것은 적그리스도의 완전한 멸망이다. 이것은 예상도 못하는 때에 홀연히 나타나는 재앙과 같다(사47:8-11). 그러므로 성경에는 하나님의 나라는 볼 수 있게 나타나는 것이 아니요, 또 여기 있다 저기 있다고도 못하리니 하나님의 나라는 너희 안에 있느니라고 하셨다(눅17:20).

이와 같이 지옥의 청산과 사탄세계의 멸망은 눈으로 확연히 볼 수 있는 것이 아닐지라도 사탄은 아무도 알지 못하는 가운데 계속 멸망의 길로 간다. 그러다가 마지막에 가서 사탄세계의 멸망이 눈앞에 확연히 드러나는 때가 온다. 그러므로 "네가 이것을 알라 말세에 고통하는 때가 이르리니…… 쾌락을 사랑하기를 하나님 사랑하는 것보다 더하며 경건의 모양은 있으나 경건의 능력은 부인하는 자니 이 같은 자들에게서 네가 돌아서라"(딤후3:1-5)고 하셨다.

3. 적그리스도 멸망에 탄식한 자 (18:9-20)

[9]그와 함께 음행하고 사치하던 땅의 왕들이 그 불붙는 연기를 보고 위하여 울고 가슴을 치며 [10]그 고난을 무서워하여 멀리 서서 가로되 화 있도다 화 있도다 큰 성 견고한 성 바벨론이여 일시간에 네 심판이 이르렀다 하리로다 [11]땅의 상고들이 그를 위하여 울고 애통하는 것은 다시 그 상품을 사는 자가 없음이라 [12]그 상품은 금과 은과 보석과 진주와 세마포와 자주 옷감과 비단과 붉은 옷감이요 각종 향목과 각종 상아 기명이요 값진 나무와 진유와 철과 옥석으로 만든 각종 기명이요 [13]계피와 향료와 향과 향유와 유황과 포도주와 감람유와 고운 밀가루와 밀과 소와 양과 말과 수레와 종들과 사람의 영혼들이라 [14]바벨론아 네 영혼의 탐하던 과실이 네게서 떠났으며 맛있는 것들과 빛난 것들이 다 없어졌으니 사람들이 결코 이것들을 다시 보지 못하리로다 [15]바벨론을 인하여 치부한 이 상품의 상고들이 그 고난을 무서워하여 멀리 서서 울고 애통하여 [16]가로되 화 있도다 화 있도다 큰 성이여 세마포와 자주와 붉은 옷을 입

고 금과 보석과 진주로 꾸민 것인데 [17]그러한 부가 일시에 망하였도다 각 선장과 각처를 다니는 선객들과 선인들과 바다에서 일하는 자들이 멀리 서서 [18]그 불붙는 연기를 보고 외쳐 가로되 이 큰 성과 같은 성이 어디 있느뇨 하며 [19]티끌을 자기 머리 위에 뿌리고 울고 애통하여 외쳐 가로되 화 있도다 화 있도다 이 큰 성이여 바다에서 배 부리는 모든 자들이 너의 보배로운 상품을 인하여 치부하였더니 일시간에 망하였도다 [20]하늘과 성도들과 사자들과 선지자들아 그를 인하여 즐거워하라 하나님이 너희를 신원하시는 심판을 그에게 하셨음이라 하더라

위에서 사도 요한은 바벨론을 상징하는 적그리스도에 협력을 하다가 멸망으로 탄식하는 자들을 묘사했다. 적그리스도의 멸망을 보고 탄식한 자들은 세 부류로 나눌 수 있다.

첫째는 왕들이다. 이들은 권세와 영광을 누린 세력가들로서 그들이 애통해 하는 것은 속물들이 불에 타서 사라질 뿐만이 아니라 자신들도 고난당할 것을 무서워한다.

둘째는 여러 상품을 사고파는 상인들이다. 그들은 상품을 매매할 일이 없어지기 때문에 애통해 한다.

셋째는 바다의 선장 및 선객들이다. 그들 역시 순식간에 망하기 때문이다.

9, 10절에서의 우선 적그리스도와 함께 하나님을 불신하고 사치하던 세상의 임금들이 그들이 멸망하여 불타는 모습을 멀리서 보고 애곡한다. 이들의 애곡과 슬픔은 악한 것으로 회개의 눈물이 아니라 그들이 누리던 특권과 악한 질서가 망하는 것을 슬퍼하고 있다.

11절에서의 세상의 장사꾼들과 무역업자들이 음녀의 성 적그리스도의 멸망을 보고 자기들의 장사할 자리가 없어짐을 애곡하고 있다. 오늘날에도 금권주의를 경계하라는 말씀으로 받아들여야 할 것이다.

12, 13절에는 상인들의 상품 내용은 모두 스물여덟 가지로 다시 일곱 가지의 범주로 나눌 수 있다. ① 각종 보석류(금, 은, 보석, 진주), ② 각종 의류(세마포, 자주비단, 붉은 옷감), ③ 각종 기명(향목, 상아, 진유, 철, 옥석기명), ④ 각종 향품(계피, 향료, 향유, 유황), ⑤ 각종 식료품(포도주, 감람유, 고운 밀가루, 밀), ⑥ 각종 운반수단(소, 양, 말, 수레, 종들), ⑦ 사람의 영혼들 등이다.

여기서 특이한 것은 사람의 영혼을 상품으로 취급하고 있다. 고대 바벨론뿐만이 아니라 현대에 들어와서도 사람은 상품의 하나로 취급되어 노예와 창녀들을 매매된다. 로마제국은 약 6천만 명의 노예를 가지고 있었다. 한 사람이 400명 이상의 종을 거느린 것은 흔한 일이었다고 한다. 로마 문명 자체는 노예제도에 기반을 두고 있다고 해도 과언이 아니다.

14절에서의 사도 요한은 극도의 사치와 방종, 오만에 빠져 있을 뿐만이 아니라 사람의 생명과 인격에 대한 무관심과 천대가 일반화된 로마제국을 바벨론에 비유하여 강하게 비판했는데 이것은 오늘날에도 적그리스도들을 두고 한 말이 된다.

15, 16절에서의 이와 같은 사치와 음행과 교만 및 인간 생명과 인격에 대한 천시가 그 기반이 된 사회는 반드시 하나님의 진노를 받아 망하게 된다. 오늘날에도 라오디게아 교회에서 물질적 풍요와 사치로 인하여 하나님의 존재를 느끼지 못하였던 것처럼 영적인 면에서는 빈곤한 존재가 인간의 모습이다.

오늘날까지 '시장'이라는 것은 인류의 문명 중에 가장 위대한 메카니즘 중에 하나이다. 그러나 일부 정보와 자원을 장악한 사람들이 시장을 왜곡시키고 부당한 사취를 하여 부富의 양극화를 획책하여 문제가 된다. 즉 이러한 것들 때문에 '시장실패'라는 현상이 나타나는데 정부개입의 빌미를 제공했다. 그런데 정부를 관리하는 존재가 역시 인간이라 그 한계가 나타나는 것으로, '정부실패'라는 것도 문제가 된다(김병섭 외, 2008: 329−353).

17절에서의 세 번째로 적그리스도들의 멸망을 보고 애통하며 통곡한 자들은 주로 바다를 항해하는 배의 선장, 선객, 선인 등 바다에서 일하는 자들이다. 이들은 일반적인 바다의 선원이 아니라 적그리스도들과 같은 패거리들로 치부한 자들이다.

18절에서의 그 불붙는 연기를 보고 외치며 이 큰 성이 어디로 사라지는가하고 애통해 한다. 그러나 그들은 적그리스도의 멸망을 진정으로 애석해 하지 않는다.

19절에서의 그들이 애석해 하는 이유는 그들이 실어 왔던 값진 상품과 물질이 불타 버리는 데에 대한 아까운 마음에서 나왔다. 바다에서 일하는 사람들이 지금까지 세계 각지로부터 각종 보화와 향료, 식료품, 장식품 등에서 온갖 사치품을 싣고 와서 치부한 것을 생각하면 그 멸망에 대해 애곡함은 무리가 아니다.

20절은 애통하는 세 부류와는 달리 성도들의 찬양과 기쁨의 소리가 들린다. 적그리스도의 멸망은 바로 하나님의 공의와 악주권에 대한 선주권의 승리를 노래한다. 또한 그 기쁨은 하나님의 공의로우신 심판에 대한 전적인 신뢰를 드리는 모습이다.

4. 적그리스도의 최후 (18:21−24)

[21]·이에 한 힘센 천사가 큰 맷돌 같은 돌을 들어 바다에 던져 가로되 큰 성 바벨론이 이같이 몹시 떨어져 결코 다시 보이지 아니 하리로다 [22]·또 거문고 타는 자와 풍류하는 자와 통소 부는 자와 나팔 부는 자들의 소리가

결코 다시 네 가운데서 보이지 아니하고 물론 어떠한 새공업자든지 결코 다시 네 가운데서 들리지 아니하고 또 맷돌소리가 결코 다시 네 가운데서 들리지 아니하고 ^{23.}등불이 결코 다시 네 가운데서 비취지 아니하고 신랑과 신부의 음성이 결코 다시 네 가운데서 들리지 아니 하리로다 너의 상고들은 땅의 왕족이라 네 복술로 인하여 만국이 미혹되었도다 ^{24.}선지자들과 성도들과 및 땅 위에서 죽임을 당한 모든 자의 피가 이 성 중에서 보였느니라 하더라

여기서는 사탄 마귀의 최후가 기록되어 있는데 이것은 예레미야 51:63, 64엔 나오는 고대 바벨론에 대한 예레미야의 멸망에 대한 예언이 배경이 됐다.

21절에서 맷돌은 유대인 생활필수품으로 빚이 있어도 담보로 잡을 수 없도록 법으로 금지할 정도로 중요하다(신24:6). 힘센 천사가 큰 맷돌을 바다에 던진 것은 사탄 마귀도 이처럼 망한다는 것을 상징한다. 큰 맷돌이 바다에 가라앉은 후에는 다시는 뜰 수 없는 것처럼 철저한 멸망을 뜻한다. 바벨론 왕 느부갓네살에게 유대백성을 치게 할 때에 '맷돌소리가 끊어지리라'고 함으로써 유대 온 땅을 황무케 하고 70년 동안 바벨론 왕을 섬겼다(렘25:10,11).

22절의 거문고, 풍류, 퉁소, 나팔 등은 세속적인 향락을 의미한다. 세공업자는 우상을 제작하거나 퇴폐적인 향락도구를 만드는 자들의 상징한다. 멸망할 적그리스도의 모습은 어떠한가? 이들의 멸망할 모습을 다섯 가지로 묘사되었다.

① 인간정서의 표현인 음악소리가 들리지 않는다는 것은 인간예술의 종지부를 찍는 것을 의미한다.

② 세공업자가 보이지 않는다는 것은 하나님을 대적하는 국가의 경제 파탄을 의미한다.

③ 맷돌 소리가 들리지 않는다는 것은 모든 공장들의 파괴를 의미한다.

④ 등불 빛이 비치지 않는다는 것은 완전 폐허 상태를 의미한다.

⑤ 신랑과 신부의 음성이 들리지 않는다는 것은 인간사회의 기초인 가정의 파괴를 뜻한다.

23, 24절에서 적그리스도 멸망의 이유를 두 가지로 보충해 주고 있다.

① 복술로써 만국을 미혹한 죄로 음란(우상숭배)으로 창조주 하나님을 거역한 죄이다.

② 선지자와 성도의 피를 흘리게 한 죄로 하나님의 백성을 핍박하고 죽인 죄이다. 에스겔 선지자는 '피 흘린 성읍이여 화있을진저'(겔24:6)라고 선언했다. 또한 하나님께서는 성도들이 흘린 순교의 피에 반드시 보상을 하신다(19:1,2; 마23:25).

이처럼 우리들은 라오디게아 교회를 상징하는 현대의 물질만능주의와 복술과 같은 우상숭배를 경계해야 한다. 또한 성도들에 대한 핍박은 반드시 하나님의 진노의 심판을 받는다는 사실을 기억하고 새말씀의 반석 위에 굳게 서야 한다. 4-18장까지의 내용을 표로 정리하면, <표 18-1> 일곱 인봉된 하나님의 주요계시 내용(6:1-18:24)과 같다.

<표 18-1> 일곱 인봉된 하나님의 주요계시 내용(6:1-18:24)

인순서	1	2	3	4	5	6	7(일곱)인 중에 하나씩을 떼니(6:1-8:1)													
							일곱 나팔 재앙(8:2-15:8)													
							1	2	3	4	5	6	일곱째 나팔(11:15, 왕 노릇, 셋째 화 도래, 진노의 심판)							
													일곱 대접 재앙(16:1-18:24)							
													1	2	3	4	5	6	7	
재앙의 종류	흰말과 그 탄자 활→재림주님의 승리	붉은 말과 그 탄자 칼→공산주의 사망권세	검은 말과 그 탄자 저울→인본주의 영적 주림 갈등	청황색 말과 그 탄자 사망 음부 검→이슬람사상 실천력	재림시에 순교당한 영혼들의 신원	큰 지진과 해가 검어지고 달이 피같이 됨 진노의 큰 날	피섞인 우박과 불로 땅과 수목이 탐	불붙는 큰 산 같은 것을 바다에 던짐	불타는 큰 별이 강과 물샘에 떨어짐	해·달·별의 1/3이 침을 받아 빛이 없음	무저갱을 여니 황충괴물의 재앙	유브라데 네 천사가 풀려 사람 1/3 죽임	우상에 경배한 자에 독한 종기	바다가 죽은 자의 피같이 됨	물 근원에 쏟아 피가 됨	해의 불로 사람을 태움	나라의 어둠과 고통에 혀를 깨묾	아마겟돈 전쟁 위해 왕들을 모음	큰 지진과 큰 우박의 재앙	
재앙수				1/4			1/3	1/3	1/3			1/3								

Ⅳ. 하나님 나라의 완성

일곱 천사의 일곱 재앙을 마친 후 완전한 하나님 나라의 통치로 19장은 「지상의 하나님 나라」, 20장은 「천상의 하나님 나라」를 묘사한 말씀이다. 19장에서의 할렐루야 찬송의 절정은 하나님 나라의 통치로 어린양의 혼인잔치가 열리며 성도들은 어린양의 혼인잔치에 참예할 수 있는 영광을 얻는다. 짐승은 아마겟돈 최후의 심판으로 완전히 패망한다. 20장에서의 천상 하나님의 나라는 곡과 마곡의 전쟁과 흰보좌 심판으로 영원한 신천신지를 묘사하고 있다.

| 제19장 |

지상의 하나님 나라

19장은 인류의 구세주로 오신 주님께서 사탄을 굴복시키신 전 승기록의 결정판이다. 6천 년간 전 인류를 구원하시기 위한 하나님의 섭리에 찬양과 감사를 드려야 한다. 19장은 '네 번의 할렐루야', '어린양 혼인잔치', 그리고 '아마겟돈 전쟁의 승리'로 70년 대환난의 승리가 묘사됐다. 성도로서 가장 복된 자리는 어린양 혼인잔치에 청함을 입는 것이다(19:9). 어린양 혼인잔치 이후에 아마겟돈 전쟁이 마지막에 나오는 것은 잔치에 활짝 문을 여신 하나님의 크신 사랑과 자비를 나타내신다.

1. 네 번의 할렐루야 찬양 (19:1-6)

1) 신원 할렐루야 (19:1, 2)

[1]이 일이 있은 후 내가 들으니 하늘에 허다한 무리의 큰 음성 같은 것이 있어 가로되 할렐루야 구원과 영광과 능력이 우리 하나님께 있도다 [2]그의 심판은 참되고 의로운지라 음행으로 땅을 더럽게 한 큰 음녀를 심판

하사 자기 종들의 피를 그의 손에 갚으셨도다 하고

1절에서의 할렐루야 찬송은 신원伸寃에 대한 할렐루야이다. 다섯째 인을 떼실 때 순교자와 같은 희생의 피로 신원을 애원했는데 이제 그 영인들을 신원해 주셨다(6:9,10). 그 이유는 어린양의 승리로 말미암아 이제 하나님의 천국이 열렸기 때문이다. 즉 재림주님께서 18장까지의 사탄과의 싸움에서 승리하심으로써 그 신원을 들어주셨다(17:14; 19:11). 이에 대한 할렐루야 찬양으로 영계의 순교자들의 한이 신원伸寃됐다.

'이 일 후'는 16-18장에서의 음녀인 큰 성 바벨론을 중심으로 하는 짐승과 열 왕이 패망하고 난 후를 말한다. 그러므로 이제 6천 년 만에 하나님의 구원, 영광, 그리고 능력이 나타났다. 6천 년간 하나님을 대적해 온 사탄을 굴복시키고 승리하신 참하나님과 주님에게 네 번에 걸친 할렐루야 찬양으로 계시록의 절정을 이룬다. 신약에서는 다른 아무데도 할렐루야란 말이 나오지 않는데 여기에서만 연속적으로 네 번이 나온다.

그 첫 번째 할렐루야는 「신원伸寃의 할렐루야」다. '할렐hallel'이란 말은 '찬양하라'는 뜻이고 '우u'란 '너희'란 뜻이며 '야yah'는 '야훼' 즉 여호와의 준말이다. 다시 말하면 '너희는 여호와 하나님을 찬양하라'는 뜻이다. 원래 할렐루야 찬양은 아담가정에서부터 나왔어야 했다.

구약에서는 시편을 중심으로 24번 할렐루야라는 말이 나온다. 시편에서는 하나님이 세상을 창조하실 때와 이스라엘 역사에서 출애굽을 통해 그들을 해방하셨을 때 능력과 지혜의 하나님으로 찬양한다(시104-106편; 135편).

할렐루야가 많은 시편들(146-150편)은 하나님의 과거와 현재와 미래에 행하시는 일들에 대하여 찬양한다. 그 예로 "호흡이 있는 자마다 여호와를 찬양할지어다 할렐루야"(시150:6)라고 쓰였다. 할렐루야는 하나님께서 영광을 받으시도록 신앙고백의 의미로 쓰여야 한다.

2절에서 「신원伸寃의 할렐루야」에 대한 이유로 자기 종들의 피를 그의 손으로 갚으셨기 때문이다. 이어 곧바로 3-6절에서 연속해서 두 번째의 생육·번성·주관을 뜻하는 3대 축복의 할렐루야, 세 번째 할렐루야는 참하나님 즉위식, 그리고 네 번째 할렐루야는 참하나님 통치 할렐루야다.

2) 3대 축복 할렐루야(19:3)

[3.]두 번째 가로되 할렐루야 하더니 그 연기가 세세토록 올라가더라

3절에서의 '그 연기가 세세토록 올라가더라'는 말씀은 지상에 하나님의 창조목적인 "생육하고 번성하여 만물을 주관하라"(창1:28)는 3대 축복이 출발됐다는 말씀이다. 즉 이 땅 위에서 억만사탄을 물리치신 재림주님(참부모님)의 영광스런 승리를 뜻한다. "대저 의인은 일곱 번 넘어질지라도 다시 일어나려니와 악인은 재앙으로 인하여 엎드러지느니라"(잠24:16)는 말씀이 성취됐다. 하나님의 제1축복은 하나님을 중심한 개성을 완성하는 것을 뜻한다.

제2축복은 개성을 완성한 아담과 해와가 부부가 되어 하나님을 중심한 가정을 완성하는 것이다. 하나님께서 원하시는 가정이란 "남자가 부모를 떠나 그 아내와 연합하여 둘이 한 몸을 이룰지로다"(창2:24)는 말씀을 성취하는 것이다. 재림 시대의 구원은 개인의 차원을 지나 '가정구원'에 있으며 인류역사의 새로운 시온은 '가정'에 있다(렘31:1; 호2:16-20). 아담과 해와의 타락의 경로를 볼 때 아담과 해와의 생식기의 주인은 서로 상대방이 된다. 그렇지 않고서는 인류의 원죄인 간음죄를 청산할 수 없다.

제3축복은 만물세계에 대한 인간의 주관성 완성을 의미한다. 그런데 아담과 해와가 어떻게 타락하였는가? 주님께서 말씀하시기를 "사람마다 이 말을 받지 못하고 오직 타고난 자라야 할지니라"고 전제시며 "어미의 태로부터 된 고자도 있고 사람이 만든 고자도 있고 천국을 위하여 스스로 된 고자도 있도다 이 말을 받을 만한 자는 받을지어다"(마19:11,12)라고 하셨다.

이 말씀은 선택된 자가 깨닫는 것이라고 전제 하신 후에 '고자'라는 비유를 통하여 '인간의 원죄'와 깊은 관계가 있다는 말씀이다. 그러나 예수님께서는 이 말씀의 뜻을 알아들을 자가 없음을 한탄하셨으며 하나님도 인간 지으심을 한탄하셨다(창6:6).

해와를 꾀어서 죄를 범한 것은 뱀이다(창3:4,5). 뱀은 영물로 천사를 비유한 것이다(벧후2:4). 자기 처소를 떠난 천사들이 '간음'을 행하다가 큰 날의 심판까지 영원한 결박으로 흑암에 가두어졌다(유1:6,7). 인간의 시조는 천사와의 행음으로 마귀의 자식(요8:44), 독사의 자식(마3:7; 23:33)이 됐다.

그러나 다시 찾아오시는 주님은 하나님의 씨인 말씀(눅8:11; 벧전1:23)을 가지시고 하나님의 '3대 축복의 열매'를 베푸시는 분으로 판단해야 한다(마7:13-22). 3대 축복의 열매를 맺게 하는 씨는 하나님의 혈통으로 그 자녀가 된다(요1:12,13).

2천 년 전의 유대인들은 하나님의 씨를 가져오신 예수님을 알아보지 못하고 죽이고 말았다. 그 때문에 '영적 씨'만 땅에 뿌려져 2천 년 동안 기독교는 영적 이스라엘이 됐다.

예수님은 가이사랴 빌립보 지방에 이르렀을 때 제자들에게 '사람들이 인자를 누구라 하느냐'고 물으셨다. 그때에 제자들은 세례 요한, 더러는 엘리야, 어떤 이는 예레미야 등의 선지자 중에 하나라고 대답을 했다.

또 다시 예수님은 '너희는 나를 누구라고 하느냐'라고 물으셨다. 이에 시몬 베드로가 대답하여 가로되 '주는 그리스도요 살아계신 하나님의 아들이시이다'라고 대답을 했을 때 예수님께서는 베드로에게 천국문의 열쇠를 맡기셨다(마16:13-19).

이때에 예수님은 "이를 네게 알게 한 이는 혈육이 아니라 하늘에 계신 내 아버지이시니라"(마16:17)고 하셨다. 그러나 베드로에게 성령이 떠났을 때 십자가의 형틀로 떠나시는 주님을 향해 예수님이 말씀하신 대로 닭이 울기 전에 3번이나 부인했다(마26:70-75).

그러나 그는 깊은 회개를 하고 로마에서 활동하게 됐다. 어느 날 그는 핍박을 피해 언덕을 넘을 때 주님이 로마로 들어가시는 환상을 보고 회개하고 로마로 다시 돌아왔다. 그는 "이는 우리 주 예수 그리스도께서 내게 지시하신 것 같이 나도 이 장막을 벗어날 것이 임박한 줄을 앎이라"(벧후1:14)고 하며 네로 치하에서 순교를 당했다(서기 64~67). 그는 스스로 주님처럼 바로 매달릴 수 없다고 하여 십자가에 거꾸로 매달렸다고 전해진다.

결론적으로 하나님의 씨를 뿌려야 하는 곳은 지상이기 때문에 참부모님은 다시 이 땅에 새말씀의 씨를 가지고 오신다. 이제 그 씨를 뿌리신 후 '3대 축복'이란 열매를 추수하신 것이다(10:11; 19:9; 마16:19; 18:18; 창1:28).

그러므로 주님처럼 완성한 인간은 하나님의 신부와도 같으시며(사54:5; 호2:16-20; 렘31:1) 어린양 혼인잔치에 청함을 받지 못하면 생명책에 당연히 녹명될 수 없다(19:9; 20:15; 21:27; 3:5).

3) 참하나님 보좌 할렐루야(19:4, 5)

4·또 이십사 장로와 네 생물이 엎드려 보좌에 앉으신 하나님께 경배하여 가로되 아멘 할렐루야 하니 5·보좌에서 음성이 나서 가로되 하나님의 종 들 곧 그를 경외하는 너희들아 무론대소하고 다 우리 하나님께 찬송하 라 하더라

4절에서의 세 번째의 할렐루야는 하나님의 보좌에 앉으심으로 유일하 신 '참하나님'(the only true God, 요17:3; 요일5:20; 렘10:10)의 모습을 찬 송하는 할렐루야이다. 지상에서 참부모님의 승리로 6천 년 만에 하나님 께서는 '참하나님의 보좌'에 앉으실 수 있게 되셨다(마18:18).

지금까지의 보좌와는 전혀 차원이 다른 하나님의 참보좌이시다. 왜냐 하면 일곱 천사의 일곱 재앙이 마침으로 신천신지의 '참장막'이기 때문이 다(15:8; 히8:2). 하나님께서 인간을 비롯한 모든 피조물의 참주인이 되시 는 참보좌에 앉으시는 일은 인류의 최대 최고의 경사이다. 이러한 참하나 님을 경외하는 것이 지식의 근본이다(잠1:7).

5절에서의 이러하신 하나님에게 찬양을 드리기 위해 우주만물을 대표 하는 이십사 장로와 네 생물이 엎드려 할렐루야로 찬양을 드린다. 이것 으로 하나님과 우리들과의 관계는 '믿음의 관계'를 지나 '한 핏줄의 혈통 의 관계'로 '가족의 하나님'이 되신다(렘31:1; 요1:13).

4) 참하나님 통치 할렐루야(19:6)

6·또 내가 들으니 허다한 무리의 음성도 같고 많은 물소리도 같고 큰 뇌 성도 같아서 가로되 할렐루야 주 우리 하나님 곧 전능하신 이가 통치하 도다

6절에서의 '주 우리 하나님 곧 전능하신 이가 통치하시도다'라는 것은 참보좌에 즉위하신 참하나님께서는 인류의 영원하신 통치자이시다. 이때의 할렐루야는 하나님의 나라에 대한 「참하나님 통치 할렐루야」이다.

주님께서도 "먼저 그의 나라와 그의 의를 구하라"(마6:33)고 하셨다. 시편 2:8은 궁극적으로 메시아(그리스도)의 완전한 통치(히2:5-9)를 가리키면서 종말에 유효함을 암시한다(조지 H. 거쓰리 외, 2012: 72). 여기서 '통치'라는 것은 참하나님께서 지상과 천상에서 사탄의 세력을 완전히 물리치시고 직접 세상의 만사를 치리하심을 뜻한다. 이제 완전하신 참하나님을 중심한 '인류 대가족주의'(One Family Under God)로 인종차별 · 종교차별 · 인류의 전쟁도 종식되는 세계를 뜻한다.

그러나 아직 라오디게아 교회로 상징되는 일곱째 머리의 짐승이 반드시 잠깐 동안 계속된다(17:10; 22:11). 복음서에 의하면 예수님은 '교회'라는 단어를 사용한 적이 거의 없다. 예수님이 선택된 자들의 공동체인 교회를 건립할 것을 공개적으로 요청한 기록도 없다. 성서학자들은 예수님이 교회와 자기 자신을 선포한 것이 아니라 대신 하나님의 왕국을 선포했다는 사실에 동의한다(한스 큉, 2013: 25).

복음서에 나타난 예수님의 하나님 나라는 사랑의 이중 계명의 요구로 온다. 그 가르침의 본질은 하나님 사랑과 이웃 사랑이다. 하나님 나라는 겨자씨와 누룩같이 점진적 · 필연적으로 오는데 하나님의 백성이 하나님의 통치를 받는 것이 전제됐다(김세윤 외, 2013: 217~272).

이러한 하나님 나라는 '거룩한 성 새 예루살렘'이다(21:2). 통치 할렐루야의 찬송은 그 절정에 이른다. 천국天國이란 천天은 '두 사람'이 참사랑으로 '하나'가 된 나라國이며 몸과 마음이 하나로 된 두 사람으로부터 출발한다. 그것이 하나님을 중심한 이상적인 공동체이다. 참하나님의 통치 할렐루야는 시편에서의 "시온아 여호와 네 하나님은 영원히 대대로 통치하시리로다 할렐루야"(시146:10)라는 말씀이 완전히 성취됐다.

이러한 말씀의 성취에도 불구하고 땅의 인간들은 메시아를 알아볼 능력이 없다. 주님을 '안다'고 하는 것은 보통 인간의 눈으로는 불가능할지도 모른다. 12사도들도 주님이 십자가에 돌아가신 후에야 비로소 깨닫고 주님을 알았던 것과 같다.

이상에서 4번의 할렐루야 찬양의 가장 큰 의미는 사탄에게 침범을 당한 창조본연의 에덴동산을 완전히 회복하셨다는 말씀이다. 그러므로 참 하나님을 중심한 아담과 해와의 축복가정을 뜻하는 어린양 혼인잔치가 열리게 된다(창1:28).

ㄹ. 어린양 혼인잔치 (19:7 - 10)

7.우리가 즐거워하고 크게 기뻐하여 그에게 영광을 돌리세 어린양의 혼인 기약이 이르렀고 그 아내가 예비하였으니 8.그에게 허락하사 빛나고 깨끗한 세마포를 입게 하였은즉 이 세마포는 성도들의 옳은 행실이로다 하더라 9.천사가 내게 말하기를 기록하라 어린양의 혼인잔치에 청함을 입은 자들이 복이 있도다 하고 또 내게 말하되 이것은 하나님의 참되신 말씀이라 하기로 10.내가 그 발 앞에 엎드려 경배하여 하니 그가 나더러 말하기를 나는 너와 및 예수의 증거를 받은 네 형제들과 같이 된 종이니 삼가 그리하지 말고 오직 하나님께 경배하라 예수의 증거는 대언의 영(靈)이라 하더라

7절에서는 영광스러운 어린양 혼인잔치의 말씀이다. "주님의 혼인기약이 이르렀고 그 아내가 예비"되셨다. 이 날은 하나님께서 6천 년간 기

다리고 오셨던 날이다(호2:16-20; 요10:34; 시82:6; 요일3:9; 고전3:16; 요14:20; 마5:48).

왜냐하면 지금까지 전지전능하신 하나님께서도 "내 마음에 찾아도 아직 얻지 못한 것이 이것이라 일천 남자 중에서 하나를 얻었거니와 일천 여인 중에서는 하나를 얻지 못하였느니라"(전7:28; 요2:1-4)는 말씀이 있기 때문이다(창2:17).

이제 일천 여인 중에서 어린양의 신부를 찾으심으로 "덕행있는 여자가 많으나 그대는 여러 여자보다 뛰어난다 하느니라"(잠31:29)는 말씀처럼 후아담과 후해와의 참으로 영광스러운 어린양 혼인잔치이시다. 참하나님께서 후해와를 찾으심은 에덴동산에서 잃어버린 해와를 찾으신 뜻이 깊은 말씀이다.

그렇기 때문에 이 날은 인류 역사상에 전무후무한 기원절起元節로 선포되는 날이다. 사도 요한이 놀라서 엎드려 경배할 정도로 황홀한 이 날은 1920년부터 시작한 70년 대환난이 종료된 1989년에서부터 24년(땅 위에서의 천국완성수 12년＋하늘에서의 천국완성수 12년)이 지난 2013년 1월 13일(하늘수 12수가 지난 첫째 날의 의미)이 된다.

여기서 어린양의 혼인잔치는 2천 년 전에 예수님의 지참금을 지불하신 '정혼식定婚式'과도 같은 갈보리 산상 십자가의 보혈(엡5:22-27)의 공로가 계신다. 또한 2천 년 동안 영적 이스라엘을 지키기 위한 수많은 성도들의 순교의 노정이 있었다. 이런 터전 위에 참부모님의 70년 대환난에서의 피(血)는 하늘을 위해, 눈물은 인류를 위해, 땀은 땅을 위해 흘리신 승리적 기반에서 가능하신 것이다.

참부모님의 어린양 혼인잔치로 지상에서는 참하나님의 '참가정 안착'을 뜻한다(요17:3; 요일5:20; 렘31:1). 이미 참가정의 탄생은 두 번째의 '3대 축복 할렐루야'에서 예고된 것이었는데 참가정에는 인류의 '참부모님'이 되시는 '참아버님'과 '참어머님'이시라는 양위분이 계신다(22:17).

참부모님과 함께 대환난을 통과한 14만 4천 무리는 그 증거가 되며 부르심을 입고 빼내심을 얻고 진실한 자들로 그 잔치에 청함을 받았으므로 진정으로 '이긴 자'요, 참열매로 접붙임을 받은 자들이다(9절; 17:14).

이들은 시온의 영광으로 영원한 제사장의 언약을 받는다. 어린양 혼인잔치는 신랑(주님, 참아버님)이 사모를 쓰시며 신부(성신, 참어머님)가 자기 보물로 단장을 하신다는 말씀이 성취됐다(사61:1-11).

8절에서의 하나님 나라의 백성은 옳은 행실로써 빛나고 깨끗한 세마포를 입는다. 세마포는 3대 축복 중에 제1의 축복인 개성의 완성을 의미한다(창1:28). 잠언서 20:1-6에는 의인의 행실에 대해 6가지로 말씀되어 있다. 즉, ① 취하도록 술을 마시지 아니함, ② 윗사람을 진노케 아니함, ③ 다툼을 멀리함, ④ 계절에 맞추어 부지런히 밭을 갈고 씨를 뿌림, ⑤ 깊이 생각하고 묵상하여 인간의 지식을 하나님의 말씀에 비추어 봄, ⑥ 자비에 베푼 사랑을 자랑하지 아니하고 하나님께 충성한 것을 만족함 등이다.

옳은 행실을 하는 성도들이 세마포를 입고 주님을 영접하여(마25:1-10) 후손에게 복이 되고 축복을 받게 된다(잠20:7-13). 즉, 어린양 혼인잔치에 참예하여 축복을 받을 때 가정완성으로 제2의 축복과 제3의 축복을 이룰 수 있다(창1:28).

9절에서의 '어린양의 혼인잔치'는 열 등을 가진 처녀 중에 기름을 준비한 자가 준비된 혼인잔치에 들어갈 수 있다(마25:10). 또한 예비되었으나 청한 사람들은 합당치 않게 여기니 악한 자나 선한 자나 모두 데려오게 하니 혼인 자리에 손님이 가득하였다(마22:1-14). 즉 정작 준비된 성도들은 그 자리를 몰라 볼 수 있다는 말씀이니 깨어 기도해야 할 것이다.

어린양 혼인잔치에 청함을 입은 복은 계시록의 칠복七福 중에 넷째 복이 된다. 성도들이 바라보고 가야 할 것은 참부모님을 영접하고 어린양 혼인잔치에 청함을 입어야 한다. 참부모님을 영접한 성도들은 어린양의 혼인잔치에 참예하고 복을 받음으로써 그 말씀이 그대로 성취될 것이다.

10절에서의 요한은 이러한 네 번의 할렐루야의 축복과 함께 영광스러운 어린양 혼인잔치에 대한 복의 기록을 명령받고 너무도 장엄하고 황홀한 광경에 압도되어 자신도 모르게 천사에게 경배까지 하려 했다. 요한은 생명수 강의 생명나무의 황홀함에도 천사에게 경배하려 했다(22:8).

그러나 그때마다 천사는 부리는 영으로 지음을 받았으므로 경배를 받을 수 없으므로 천사 스스로 만류했다(히1:4-14). 그것은 하나님에게 올리는 경배는 아무도 대신 받지 못하기 때문이다.

구약 시대에 유대인들은 하나님이 너무 거룩하여 접근할 수 없으므로 천사를 중보자로 세웠으므로 자연스럽게 천사숭배사상이 있었다. 사도 요한은 개종하여 이러한 것을 철저하게 경계했다. 즉 헬라인들은 기독교로 개종한 이후에도 제우스, 헤라, 아폴로, 아프로디테 등의 여러 헬라 신들을 천사로 생각하여 숭배의 대상으로 삼아왔다. 그 뿐만이 아니라 헬라인들은 하나님이 이 세상을 직접 관여하시지 않고 천사 등의 중간자들을 통해 역사하신다고 생각했다.

사실 구약에의 하나님은 "그 날에 네가 나를 남편이라······ 내가 네게 장가들어 영원히 살되"(호2:16-20)처럼, 하나님은 자신이 창조하신 인간 스스로가 하나님의 신부와 같은 사랑스러운 자녀가 되고 성전이 되길 원하셨다(사54:5; 고전3:16). 이것이 새 하늘과 새 땅에서의 가족의 하나님이시며 성도들을 하나님의 백성으로 삼아주신다(렘31:1).

3. 재림주님의 철장권세 (19:11 - 16)

^{11.}또 내가 하늘이 열리는 것을 보니 보라 백마와 탄 자가 있으니 그 이름은 충신과 진실이라 그가 공의로 심판하며 싸우더라 ^{12.}그 눈이 불꽃같고 그 머리에 많은 면류관이 있고 또 이름 쓴 것이 하나가 있으니 자기밖에 아는 자가 없고 ^{13.}또 그가 피 뿌린 옷을 입었는데 그 이름은 하나님의 말씀이라 칭하더라 ^{14.}하늘에 있는 군대들이 희고 깨끗한 세마포를 입고 백마를 타고 그를 따르더라 ^{15.}그의 입에서 이(利)한 검이 나오니 그것으로 만국을 치겠고 친히 저희를 철장으로 다스리며 또 친히 하나님 곧 전능하신 이의 맹렬한 진노의 포도주 틀을 밟겠고 ^{16.}그 옷과 그 다리에 이름 쓴 것이 있으니 만왕의 왕이요 만주의 주라 하였더라

계시록 19:11 - 16은 성경에서 승리하신 재림주님의 모습을 가장 자세하게 묘사된 곳이다. 한국에서는 일제 해방을 전후하여 성주교단, 복중교, 김백문 등과 이후 다미선교회 이장림 목사가 1992년 10월 28일 자정에 휴거를 선언하기도 했다.

11절에서의 사도 요한은 4:1에서처럼 하늘의 문이 열린 정도가 아니라 하늘이 통째로 열린 것을 보았다. 이것은 어린양 혼인잔치 이후의 하나님의 완전한 나라를 뜻한다. 사도 요한은 6:2에서도 흰 말을 타고 영광의 승리자로 오시는 주님의 모습을 보았다. 흰 말은 승리의 장군이 타는 승마이며 주님의 이름은 '충신과 진실'로 만왕의 왕이시며 만주의 주가 되셨다.

12절에 주님의 눈은 속까지 통찰하시는 불꽃같은 눈은 온 천하를 감찰하신다는 혜안으로 두아디라 교회에서도 보이셨다(2:18). 그의 머리는 많은 면류관이 있는데 '이기고 또 이기려고 하드라'(6:2)는 말씀은 네 번의 할렐루야 찬양과 어린양 혼인잔치로 말미암아 완전히 성취됐다.

계시록엔 두 종류의 면류관이 나온다. 왕이 쓰는 면류관(diadem)과 승리자가 쓰는 면류관(stephanos)이다. 여기서의 면류관은 왕관(diadem)으로 온 천하를 다스리는 왕이다. 그러나 '자기밖에 아는 자가 없고'는 칠사부활 팔단완성으로 세계 인류구원의 큰 명에를 지셨기에 그 사정은 오직 참부모님 그 자신 외에는 알 자가 없다는 뜻이다.

13절의 '피 뿌린 옷'(언약의 피, 1:5; 5:9; 7:14; 12:11; 히9:11-22; 요6:53-58)은 하나님의 혈통으로 참부모님의 승리를 표징하는 말씀이기 때문에 '인간의 모든 죄를 벗게 해주시는 능력'(벧전1:3, 요3:3), '생명의 피'(레17:11), '주님의 피로 죄를 씻음'(요일1:7)과 일치한다. 주님의 피(보혈)는 영원하신 생명의 말씀이며 진리로(1:5; 7:14) 세계 모든 인류를 구원해 주실 새언약이다(22:17; 약1:18).

14절에서의 백마를 탄 하늘 군대는 17:14에서처럼 '부르심을 입고 빼내심을 얻은 진실한 자들' 곧 하나님의 백성을 가리킨다(6:2).

15절에서의 참부모님은 하나님의 입장으로서는 이한 검과 같은 새말씀을 가지셨다. 그 말씀은 세계적 이념 갈등과 종교적 분쟁을 종식시키신다. 검劍은 참부모님의 새복음의 말씀으로 다스림(2:27; 12:5; 히4:12, 13; 사11:4)이며 철장 권세도 말씀(진리)의 철장(12:5; 시2:9)으로 죄악에 대한 대심판주이심을 나타낸다.

또한 친히 전능하신 하나님께서 맹렬한 진노의 포도주 틀을 밟으시어 사탄을 완전히 멸망케 하신다(14:19,20; 마25:31; 요5:22; 행17:31; 사63:1-6). 즉 맹렬한 진노의 포도주 틀은 사탄의 독을 내는 포도나무로(신32:32,33) 이 틀을 밟음은 사탄권세를 이 땅 위에서 완전히 척결하심을 뜻한다.

16절에서의 이와 같으신 일을 하실 분은 그 다리에 이름을 쓴 것이 있으니 만왕의 왕이요 만주의 주이신 참부모님이다.

ㄴ. 아마겟돈 대전쟁 (19:17-21)

17.또 내가 보니 한 천사가 해에 서서 공중에 나는 모든 새를 향하여 큰 음성으로 외쳐 가로되 와서 하나님의 큰 잔치에 모여 18.왕들의 고기와 장군들의 고기와 말들과 그 탄 자들의 고기와 자유한 자들이나 종들이나 무론대소하고 모든 자의 고기를 먹어라 하더라 19.또 내가 보매 그 짐 승과 땅의 임금들과 그 군대들이 모여 그 말 탄 자와 그의 군대로 더불어 전쟁을 일으키다가 20.짐승이 잡히고 그 앞에서 이적을 행하던 거짓 선 지자도 함께 잡혔으니 이는 짐승의 표를 받고 그의 우상에게 경배하던 자들을 이적으로 미혹하던 자라 이 둘이 산채로 유황 불 붙는 못에 던지 우고 21.그 나머지는 말 탄 자의 입으로 나오는 검에 죽으매 모든 새가 그 고기로 배불리우더라

아마겟돈 대접전은 하나님을 끝까지 대적하는 사탄에 대하여 16:16 에 예고된 대심판을 실행하신 것이다. 주님은 타락한 인간을 뱀과 독사의 새끼들이라고 하시고 어떻게 지옥의 판결을 피하겠느냐고 하셨다(마23: 33; 요8:44). 마귀가 조종하는 육적인 싸움은 끝이 없으므로 본문의 전쟁 은 결국 참부모님의 새말씀에 의한 영적인 싸움으로 가라지를 심은 원수 마귀에 대해 추수 때는 세상의 끝으로 사탄 마귀에 대한 말씀의 심판이 다(마13:39).

17절에서의 해는 하나님의 은혜(시84:11, 말4:2)이므로 천사가 해에 섰 다는 것은 선한 천사를 뜻한다. 구약에서 새는 정결한 것과 부정한 것을 구분한다(레20:2; 11:13-19; 신14:11-20; 계18:2). 여기서 공중에 나는 새는 성령이며 하나님의 잔치에 고기를 먹는 것은 악을 멸함이다(마13: 32; 시104:12). 고대로부터 유대인들은 사람의 시체가 새 등의 동물들에 게 먹히는 것을 가장 큰 저주로 생각했다(왕상21:23; 왕하9:7,30-37).

18절에는 새가 먹을 수 있는 여섯 가지 고기의 종류가 나오는데 그 의미는 다음과 같다.

① 왕들의 고기: 세상 권세와 권력욕에 사로잡힌 자,

② 장군들의 고기: 싸움과 다툼으로 권세를 잡은 자,

③ 상인들의 고기: 세상의 이익에 사로잡힌 치부들,

④ 말 탄 자의 고기: 지식을 파는 세속적인 사상가(네 말들),

⑤ 자유자의 고기: 세속에 물든 방탕한 자들,

⑥ 종들의 고기: 세상권세를 추종하는 자들이다. 이들은 하나님의 나라로 갈 수 없다.

19절에서 다수의 교파와 학자들은 주님께서 아마겟돈 전쟁을 위해 지상재림을 하시는 모습이라고 한다. 이것은 주님께서 대환난을 통과하지 않는다고 보기 때문이다. 이러한 관점은 성경을 전체적으로 보지 못한 오류이다. 이미 참부모님은 지상에서 70년 동안 참하나님의 나라를 위해 이기고 또 이겨오신 것이다(6:2; 17:14; 19:11).

그러나 짐승은 최후까지도 참하나님의 존전에 회개하지 않고 대적하려고 한다(16:11). 그러므로 하나님께서는 새말씀인 영적 심판(요5:22; 12:47,48; 롬9:1; 벧전3:21; 행23:1)인 아마겟돈 전쟁으로 끝날에는 짐승, 거짓 선지자, 그리고 우상에 경배하는 자들을 유황으로 타는 불못 속으로 스스로 뛰어드는 것이다. 아마겟돈 전쟁으로 땅의 적그리스도들에게 임할 참혹한 죽음을 보여 주셨다.

20절에서의 아마겟돈 전쟁의 결과로 짐승과 거짓 선지자는 산 채로 유황불에 던져지고 그밖에 주님의 입에서 나온 칼에 죽은 자들은 '큰 잔치'에 초청된 새들(성령)의 먹이가 됐다.

무저갱은 악인의 영혼이 일시적인 감금 장소를 의미하는 것인데 '불못'은 영원한 형벌의 장소로 유대교의 '게헨나Gehenna'나 헬라의 지옥 개념과 비슷한 곳이다. '지옥'은 구약에서는 토펫Tophet이란 말로도 표현했다.
게헨나란 본래 예루살렘 밖에 있는 힌놈Hinnom의 골짜기를 말한다. 이곳
은 일찍이 이방의 신神인 몰록Moloch에게 어린 아이들을 불로 태워 바치
는 곳이다. 이곳은 평소에도 죽은 짐승의 시체를 불에 태우는 장소로 사
용해 여우와 늑대들이 서로 싸우며 송장들을 파먹는 곳이었다.

예수님도 지옥을 게헨나로 표현하신 것은 유대인들이 너무나도 생생하
게 기억하고 있기 때문이다. 지옥은 신약의 244장 가운데 234번이나 직·
간접적으로 언급할 정도로 성경에는 천국보다 지옥을 더 많이 언급된다.

21절에서의 '말 탄 자'는 6:2의 주님의 모습으로 그 입에서 나오는 검
(새말씀)으로 악인들을 죽이신다. '모든 새가 그 고기로 배불리우더라'는
것은 성령의 역사가 악령을 멸한다는 것이다. 그러나 회개하고 돌아온다
면 참하나님께서는 상한 갈대를 꺾지 아니하시며 꺼져가는 등불을 끄지
아니하시고 진리로 공의를 베푸실 것이다(사42:3). 이 시간에도 천지창
조의 주되신 참하나님께서는 "배역한 자식들아 돌아오라 내가 너희의
배역함을 고치리라"(렘3:22)고 영·육계에 대해 말씀하시고 계신다.

| 제20장 |

천상의 하나님 나라

20장은 천상의 하나님 나라에 대한 말씀으로 일곱째 대접 재앙
과 연결돼 있다(16:17-21). 하늘의 전쟁에서 내쫓긴 천사장과
그 사자들(12:9)의 완전한 굴복과 구원을 묘사했다. 땅뿐만이
아니라 하늘을 창조하신 하나님이시므로 하늘의 정화淨化를 위
해 무저갱의 사탄을 풀어주셨다(3절). 이에 말세에는 재림이 일
어나고(말4:5; 마17:13; 11:14; 눅1:17) '곡과 마곡의 전쟁'처럼
악영惡靈에게도 회개의 기회가 된다(1:18; 행2:24-27; 벧전3:
19). 또한 20장에는 죽은 자들도 무론대소하고 우리 모두는 영
계에 입성할 때에 「흰보좌 심판대」를 피해갈 수 없다. 이러한
과정을 거치지 않고는 그 누구도 영원한 '천상 하나님의 나라'
에 입성할 수 없다.

1. 사탄의 무저갱(20:1-3)

¹·또 내가 보매 천사가 무저갱 열쇠와 큰 쇠사슬을 그 손에 가지고 하늘
로서 내려와서 ²·용을 잡으니 곧 옛 뱀이요 마귀요 사단이라 잡아 일천 년

동안 결박하여 ^{3.}무저갱에 던져 잠그고 그 위에 인봉하여 천 년이 차도록
다시는 만국을 미혹하지 못하게 했다가 그 후에는 반드시 잠깐 놓이리라

1절에서의 천사가 사탄을 때가 차기까지 묶어두기 위해 무저갱의 열
쇠와 큰 쇠사슬을 가지고 하늘에서 내려왔다. 이 말씀은 "하나님께서 범
죄한 천사를 용서치 않으시고 지옥에 던져 어두운 구덩이에 두어 심판
때까지 지키게 하셨다"(벧후2:4)는 말씀이다.

여기서 범죄한 천사는 옛 뱀이요, 큰 붉은 용으로 천사장 계명성 루시
엘이다(12:3; 사14:12). 천사장과 인간의 타락은 간음죄였다(17:5; 유1:6,7;
창3:7; 2:25; 욥31:33; 요8:44; 마3:7).

2절에서의 지금까지 영계의 공중 권세를 잡고 호령했던 악령의 두목
인 사탄 마귀의 정체를 분명히 밝히고 있다. 그 정체는 태초에 죄를 범한
천사로서 땅에 내쫓겼던 그 옛 뱀, 곧 마귀 사탄으로 온 천하를 꾄 자이다
(12:9). 또한 마지막 날에 아이를 낳은 여자(재림주님의 나라 한국)를 핍
박하던 바로 그 용이다(12:13). 여기서 일천 년은 대환난 때에 주님이 오
실 때까지의 상징수로 보아야 한다.

본 절에 대해 다수의 성서학자들은 재림 이후에 용을 잡아 일천 년 동
안 무저갱에 가두게 되면 천년왕국의 시대가 열리게 되고 일천 년이 지난
후에 다시 한 번 심판을 한 뒤에 비로소 신천신지가 열린다고 주장한다.

만약 이렇게 되면 지금까지의 하나님의 아마겟돈 최후 승리가 다시 물
거품이 되고 만다. 그렇기 때문에 본 장에서의 '곡과 마곡의 전쟁'이나 '흰
보좌 심판'은 주님이 오신 이후 천 년이 지나서 일어나는 것이 아니다.

하나님의 신천신지를 위해 19장에서 지상의 아마겟돈 전쟁으로 섭리
한 바와 같이 20장은 천상 하나님의 나라의 정화를 위해 곡과 마곡의 전
쟁이라는 섭리를 하신다. 그리고 흰보좌 심판은 하나님의 나라가 열린 후

에도 누구나 영계에 입성할 때에 반드시 받는 심판이다.

본 장에서 '천 년'(millennium)이란 표현은 요한계시록 20:1-7절에 6번 언급되고 있는 특수하면서도 범위가 국한된 주제로써 앞뒤 문맥에서 그 의미를 찾는 것이 가장 안전한 해석 방법이다.

특별히 계시록 19장과 20장은 서로 연결되어 있는 내용임이 확실하기 때문에 본문을 그대로 읽어보면 그 윤곽을 쉽사리 알 수 있다. 즉 4절과 6절의 천 년은 하나님 나라의 영원한 천 년이다. 그러나 그 외의 4번(2, 3, 5, 7절)의 '천 년 동안 사탄이 무저갱에 결박됐다'는 의미는 2천 년간의 기독교 교회 시대 동안 죄악의 왕으로 활동했다는 것이다.

3절에서의 무저갱에 결박당한 이 용은 '그 이후에 반드시 잠깐 놓이리라'(20:7)는 말씀은 14만 4천의 인침이 완료된 후 42달 동안 권세를 받는다는 뜻이다(11:2; 13:5). 그래서 중지된 바람이 다시 분다고 했다(7:3). 더욱이 이 용은 공중(영계) 권세(엡2:2)를 잡고 있기 때문에 인류는 자신들이 원치 않는 투쟁과 1·2차 세계전쟁을 하면서도 그 이유를 알지 못하고 살아왔다. 그 용의 마지막 실체는 무신론적 적그리스도들로 나타났으며 주님은 세계적 차원의 아마겟돈 대혈투에서 진리의 새말씀으로 승리하시는 것이다(15:3; 17:14; 19:11).

그렇기 때문에 사탄은 여자(주님의 나라 한국)가 해산을 하면 자신의 정체가 만천하에 드러나므로 두려워한 나머지 그 아이를 삼키고자 하였다(12:4,5). 뿐만 아니라 잉태한 여인(주님의 나라)마저도 그 어린양을 알아보지 못함으로 어린양은 먼저 이 세대에게 버림받고 고난을 받으신다(눅 17:25).

주님께서는 '재림의 약속'으로 알려진 요한복음 14:1-3에서 천상의 하나님을 '내 아버지집'이라고 밝히셨고 "내가 너희를 위하여 처소를 예비하러 가노니 가서 너희를 위하여 처소를 예비하면 나 있는 곳에 너희도 있게 하리라"고 분명히 말씀하셨다. 땅은 영원한 것이므로 파괴치 않으신다(전1:4; 시78:69). 다만 성도들이 육신을 쓰고 속사람을 키우고 이 세상에서 책임을 다 하고 육신을 벗으면 천상의 하나님 나라에서 영원히 살게 된다(마18:18).

또한 무저갱에 있던 사탄마저 풀린다는 것은 지옥까지 구원을 전제로 한다(1:18; 벧전3:18-22). 그렇다고 아무런 조건도 없이 무조건 구원을 받을 수는 없다. 즉 참하나님께서는 하늘 편이 아닌 나무를 베고 멸하시지만 그 뿌리의 그루터기는 남겨두었다가 '일곱 때'가 지나면 소성케 하신다는 말씀을 하셨다(단4:23).

또한 유다서 14절에서도 말세에 주님과 함께 수만萬의 성도가 임하리라고 묘사됐다. 즉 이미 지상의 육신생활肉身生活에서 완성하지 못하고 타계해 버린 수많은 영인들이 존재한다. 그렇기 때문에 말세에는 "하나님이 가라사대 말세에 내가 내 영으로 모든 육체에 부어 주리니 너희의 자녀들은 예언을 할 것이요 너희의 젊은이들은 환상을 보고 너희의 늙은이들은 꿈을 꾸리라"(행2:17)는 말씀이다. 즉 영인들은 지상인에게 협조함으로써 구원받을 길이 열리는 것이다.

이러한 말씀을 볼 때에 주님이 활동을 하시고 승리하실 때에는 사망과 음부의 열쇠를 가지고 영계의 옥문도 열게 하심을 알 수 있다(1:18; 벧전 3:18-22). 그러나 그들이 회개치 않고 하나님의 큰 사랑과 자비를 외면한다면 세세토록 밤낮 괴로움을 받는다(20:10).

우리들 배후에는 항상 악령이 유혹할 수 있음을 알아야 한다. 그러므로 "내 형제들아 만일 사람이 믿음이 있노라 하고 행함이 없으면 무슨 이익이 있으리요 그 믿음이 능히 자기를 구원하겠느냐"(약2:14)라고 말씀하셨다.

2절이나 3절에서 나오는 일천 년은 문자 그대로의 연수를 가리키는 것이 아니라고 했다(전7:28). 천 년이란 상징적으로 만 수를 의미한다(시50:10; 84:10; 사30:17; 60:20; 암5:3; 역상16:15). Boettner, 신성종 교수 등도 천 년을 상징적 수로 생각하며 예수님 이후 재림 전의 2천 년간의 기간을 기독교 왕국으로 보는 견해이다. 이러한 맥락과 같은 입장으로 플로이드 하밀톤Floyed E. Hamilton도 초림과 재림 사이의 전체 기간을 천년 왕국이라고 부른다.

역사적으로 볼 때 기독교는 초대교회 400년 정도까지 박해를 받았으나 이후 지속적으로 기독교는 사실상 왕 노릇(20:4,6)을 한 셈이다. 즉 이 기간 동안 기독교 문명이 중세 역사를 지배해 왔다. 교황이 가장 오랜 기간 동안 가장 막강한 영향을 행사했던 시기는 중세 천 년이었다. 교황제도가 확립된 시기 또한 중세였다(호르스트 푸어만, 2013: 21). 그러나 루터의 종교개혁이 발생할 당시에도 교황은 정의를 가지고 맞서는 성직자를 죽이는 사건들이 많이 일어났다(3:4).

2. 천 년 왕 노릇(20:4-6)

[4]또 내가 보좌들을 보니 거기 앉은 자들이 있어 심판하는 권세를 받았더라 또 내가 보니 예수의 증거와 하나님의 말씀을 인하여 목베임을 받은 자의 영혼들과 또 짐승과 그의 우상에게 경배하지도 아니하고 이마와 손에 그의 표를 받지도 아니한 자들이 살아서 그리스도로 더불어 천 년 동안 왕노릇을 하니 [5](그 나머지 죽은 자들은 그 천 년이 차기까지 살지 못하더라) 이는 첫째 부활이라 [6]이 첫째 부활에 참예하는 자는 복이 있고 거룩하도다 둘째 사망이 그들을 다스리는 권세가 없고 도리어 그들이 하나님과 그리스도의 제사장이 되어 천 년 동안 그리스도로 더불어 왕노릇하리라

4절에서의 '그리스도로 더불어 천 년 동안 왕노릇'이라는 의미는 지난 2천 년 동안 교회의 영적인 왕 노릇은 물론 신천신지에서도 왕 노릇을 할 수 있다. 왕 노릇을 한 이들은 첫 번째의 부활을 한 복이 있는 자들이다(20:6). 첫 번째의 부활이란 주님의 십자가 이후의 부활에 참예한 자들로 천 년 동안(대환난의 때가 차기까지) 왕 노릇에 참여할 수 있는 영광을 가졌다. 본 절에서 2가지로 그 영광을 얻을 수 있는 자들을 말씀했다.

첫째, 하늘의 말씀을 전하다가 목베임을 당한 자로 순교자들의 영혼이다. 이들은 단지 하늘의 말씀을 증거했다는 이유로 가장 잔인하고 난폭한 죽임을 당했다(1:9; 6:9; 12:11). 여기서 6:9와 같이 영혼이라고 한 것은 육체적인 생명은 잃었으나 하늘나라에서는 살아 있다는 뜻이다.

둘째, 짐승과 그 우상에게 경배하지 않은 자로 적그리스도들에 뜻을 같이 하지 않은 자들이다. 이들은 비록 순교는 당하지 않았으나 배척과 투옥, 재산손실, 인간적인 관계의 단절을 경험한 사람들이다(2:11,26,27).

5절에서의 괄호 안의 '그 나머지 죽은 자들은 그 천 년이 차기까지 살지 못하더라'는 말씀은 첫째 부활에 참예하지 못한 자들이다. 본 절에서의 '첫째 부활'에 대하여 두 가지 견해로 나뉘고 있는데, ① 영적 부활이라는 학설과, ② 성도들의 육적인 부활이라는 설이다.

첫째, 무천년설을 주장하는 학자들은 첫째 부활이 개인의 영혼이 거듭난다는 것이다. 그리고 둘째 부활 때에 성도들과 짐승을 경배한 모든 자들이 육적으로 부활한다고 한다(Augustine, Plummer, Lange).

둘째, 전천년설을 주장하는 학자들은 첫째 부활은 성도들이 천년왕국 이전의 육적 부활을 하고 모든 사람의 부활은 천년왕국 이후에 있다고 한다(Irenaeus, Justine, Walvoord, Alford). 그러나 악인은 영원한 불못의 지옥으로 떨어진다고 한다. 한국 기독교는 대체적으로 초기 이레니우스의 견해대로 첫째 부활은 주님을 위해 죽은 모든 성도들이 육적으로 살아닌다고 본다. 그들은 이와 같은 부활은 '생명의 부활'(요5:29)이기 때문에 결코 둘째 사망이 범치 못한다고 믿는다.

주님의 재림 때에 무덤 속의 성도들이 과연 부활을 할까? 부활이란 사탄주관권내에 떨어진 죽은 자(창2:17; 롬6:23)가 다시 산자가 되는 것이다(요5:24). 성경적으로 볼 때에 한 번 죽는 것은 정하신 것이니(히9:27) 예수님의 부활이란 육적 부활이 아니라 육신의 생명이 다할 때 영적으로 천상의 영원한 하나님 나라로 올라가는 것을 뜻한다(3:1; 눅9:60; 17:33; 요11:25).

성경의 문자대로 육적으로 살아난 사람은 한 사람도 없다. 예수님도 육적 부활을 하셨다면 제자들이 예수님과 함께 25리 엠마오 길을 함께 걸어주신 주님을 못 알아볼 리가 없었다(눅14:13-17; 요20:11-16).

이렇게 하신 이유에 대해 예수님께서는 성경에 기록되지 않은 표적을 많이 하셨다는 것을 전제하신 후에 이것은 하나님의 아들 그리스도이심을 믿게 하기 위해서였다고 직접 말씀하셨다(요20:30,31). 그러므로 "나는 부활이요 생명이니 나를 믿는 자는 죽어도 살겠고 무릇 살아서 나를 믿는 자는 영원히 죽지 아니하리니 이것을 네가 믿느냐"(요11:25,26)고 하셨다. 즉 누구나 어린양 혼인잔치에 청함을 입으며 칠복七福을 얻는 자는 비록 육적인 수명은 있지만 영적으로는 영생을 뜻하신 말씀이다(19:9; 22:5; 히9:27).

이 외에도 성경에서 영인들에 대한 부활섭리를 보면 엘리야가 세례 요한에게 재림한 사실(마17:3-12), 구약 시대의 영인들이 신약성도에게 재림하여 협조하여 영적으로 생명체급(낙원)이 된다(마27:52; 눅23:43). 한 차원 더 높여 재림주님이 오실 때에는 완성재림부활로 생령체급이 되어 천국에 갈 수 있다(마18:18; 16:19; 고전15:21).

그러므로 히브리서 11:39, 40에서 "이 사람들(구약 시대 성현)이 다 믿음으로 말미암아 증거를 받았으나 약속(천국 들어가는 허락)을 받지 못하였으니 이는 하나님이 우리(지상인)를 위하여 더 좋은 것(천국)을 예비하였은즉 우리(지상인)가 아니면 저희(영인들)로 온전함(천국인)을 이루지 못하게 하려 하심이니라"고 말씀하셨다.

첫째 부활에 참여치 못하여 천 년 동안 왕 노릇을 하지 못하는 자들은 21:8에서 두려워하는 자들, 믿지 않는 자들, 흉악한 자들, 행음한 자들, 술객들, 우상숭배자들, 모든 거짓말하는 자들 등은 불못에 참예하여 둘째 사망을 맞는다.

6절에서의 다시 한 번 그리스도와 더불어 왕 노릇의 뜻을 새긴다. 본 절에서의 제사장이란 '천년'을 상징하는 영원한 하나님의 나라에서도 하나님과 인간 사이의 매개자로 하나님의 존전에 직접 나아갈 수 있는 권리를 가진 자들이다(1:6; 5:10). 제사장의 권한은 두 가지로 자신을 위하여 하나님 앞에 직접 나아갈 수 있는 권리와 다른 사람을 위한 봉사자로서 하나님 앞에 나아갈 수 있다.

영원한 천년왕국에 속한 특권은 세 가지로 요약할 수 있다.

① 더 이상 둘째 사망이 그들을 다스릴 수 있는 권세가 없다(19:1,2).

② 하나님의 제사장으로 영생을 할 수 있다.

③ 주님을 영접함으로써 주님과 함께 영원히 왕 노릇을 한다.

3. 곡과 마곡의 전쟁(20:7-10)

7.천년이 차매 사탄이 그 옥에서 놓여 8.나와서 땅의 사방 백성 곧 곡과 마곡을 미혹하고 모아 싸움을 붙이리니 그 수가 바다 모래와 같으리라 9.저희가 지면에 널리 퍼져 성도들의 진과 사랑하시는 성을 두드리매 하늘

에서 불이 내려와 저희를 소멸하며 ^{10.}또 저희를 미혹하는 마귀가 불과
유황 못에 던지우니 그기는 그 짐승과 거짓 선지자도 있어 세세토록 밤
낮 괴로움을 받으리라

7절에서의 종말에 무저갱에서 천 년 동안 묶여 있던 옛 뱀이요 마귀
사탄을 잠깐 놓이는 것은 42달 동안 권세를 얻는 것이지만 회개의 장이
기도 하다. 성경에서 기록된 바 사탄의 활동은 지상인을 통해야 한다. 즉
가룟 유다에게 들어간 사탄(눅22:3), 베드로에게 들어간 사탄(마16:23),
마귀의 사자(마25:41) 등이다. 이제 심판의 때가 이르렀으니 세상의 임금
은 쫓겨나게 된다(요12:31; 고후4:4).

지옥은 하나님이 창조하신 것이 아니다. 아담과 해와의 타락으로 말미
암아 사탄 마귀의 뿌리를 둔 인간이 만든 쓰레기통과 같은 것이다. 그래
서 메시아는 이러한 쓰레기장을 청산하시기 위해 영계에서도 대혁명이
반드시 일어난다.

그러므로 성경에서도 "죽은 자(惡靈)들에게도 복음이 전파되었으니 이
는 육체로는 사람처럼 심판을 받으나 영으로는 하나님처럼 살게 하려 함
이니라"(벧전4:5)라고 한 것은, 종말에 있어서 영계의 구원을 말씀한 것
이다.

시편에서는 하나님의 무소부재하심을 말씀하셨다. 즉 "내가 하늘에
올라갈지라도 거기 계시며 음부에 내 자리를 펼지라도 거기 계시나이
다"(시139:8), "여호와는 선하시고 정직하시니 그러므로 그 도로 죄인을
교훈敎訓하시리로다"(시25:8), "하나님은 나를 영접하시리니 내 영혼을 음
부의 권세에서 구속하시리로다"(시48:15)라는 말씀 등을 상고해 볼 때
주님의 혼인잔치 이후에는 하나님의 법도에 따라 구원의 말씀이 분명히
전파됨을 뜻한다. 따라서 영계에서는 이 기회를 놓치면 세세토록 밤낮 괴

로움을 받는다는 말씀이다(20:10). 즉 풀무불에 던져 넣으리니 울며 이를 갈음이 있을 것이다(마13:42).

8절에서의 약속된 천 년이 찼기에 천상의 하나님 나라를 훼방하기 위해 사탄(붉은 용)이 '곡과 마곡'의 전쟁에서 최후의 대접전을 하는데 그 수가 바다 모래와 같다. 본래 '곡과 마곡'은 구약 시대 마지막 시련인 수리아의 왕인 안티오커스 에피파네스의 공격을 상징한다. 에스겔38:2, 38:14-16에 마곡은 이스라엘을 침공한 곡의 고국으로 끝내 하나님께 패배했다.

19장에서 이미 아마겟돈 전쟁(19:17-19)이 있었다. 본 절에서의 곡과 마곡의 전쟁은 19장에 나온 것과는 그 의미가 다르다. 그렇다고 해서 주님이 오신 후 천 년이 지나서 내리는 심판은 아니다. 19장의 지상에서 하나님의 나라가 창건되었기 때문에 20장에서는 사탄(惡靈)이 있는 영계에 대해서도 구원의 손을 뻗쳐 완전한 하나님의 나라가 열린다(마18:18; 벧전3:18-22).

그러나 영인들 모두 순간적으로 하나님의 나라 백성으로 삼는 것은 아니기 때문에 19장에서처럼 지상의 영적 아마겟돈의 전쟁과 같이 영계에 있어서도 곡과 마곡의 대심판이 일어난다. 그러나 성령을 거역하는 적그리스도들은 최후까지 패배를 인정치 않는다(16:11). 영계의 영인들은 인류의 유구한 역사를 생각해 볼 때 그 숫자가 수천억에 이르니 바다의 모래와 같이 많다고 했다.

노아의 홍수심판 때에 구원을 얻은 자가 겨우 8명이었으니(벧전3:20) 말세에 근신하여 기도해야 한다(벧전4:7). 그렇다면 누가 심판을 하는가? 하나님은 심판을 아들에게 다 맡기셨다(요5:22). 그러나 주님은 내가 한 말이 마지막 날에 그를 심판한다고 하셨다(요12:48).

9절에서 '하늘에서 불이 내려와'는 실제 불이 아니라 하나님으로부터 내려온 절대적인 진리의 새말씀을 뜻한다(15:3; 야3:6, 히12:29).

10절에서의 새 하늘과 새 땅인 하나님의 나라에서는 아담 이후 인간들을 유혹한 사탄 마귀가 이제부터는 설 자리가 없어졌기 때문에 주야를 가리지 않고 괴로운 것이다. 새 예루살렘인 하나님의 나라에서는 더 이상 악의 세력이 발붙일 틈이 없다. 하나님의 나라에서는 악을 만나면 누구보다도 자신의 양심이 먼저 허락지 않는다.

하나님께서는 인간 속에 거하시기를 원하시며(요14:20) 하나님의 씨를 인간에게 주셨다(요일3:9, 고전3:16). 그러므로 하나님을 모시고 사는 자가 복된 것이며(시66:1-4) 그 궁극적인 목적은 가족의 하나님의 모습을 닮는 것이다(렘31:1; 창1:28).

4. 흰보좌 심판 (20:11-15)

> ¹¹·또 내가 크고 흰보좌와 그 위에 앉으신 자를 보니 땅과 하늘이 그 앞에서 피하여 간 데 없더라 ¹²·또 내가 보니 죽은 자들이 무론대소하고 그 보좌 앞에 섰는데 책들이 펴 있고 또 다른 책이 펴졌으니 곧 생명책이라 죽은 자들이 자기 행위를 따라 책들에 기록된 대로 심판을 받으니 ¹³·바다가 그 가운데서 죽은 자들을 내어주고 또 사망과 음부도 그 가운데서 죽은 자들을 내어주매 각 사람이 자기의 행위대로 심판을 받고 ¹⁴·사망과 음부도 불못에 던지우니 이것은 둘째 사망 곧 불못이라 ¹⁵·누구든지 생명책에 기록되지 못한 자는 불못에 던지우더라

11절에서의 흰보좌 심판은 육신의 죽음 이후에 반드시 있을 심판이다 (히9:27; 마23:33; 20:16). 흰보좌는 계시록에 30번 이상이나 언급된 보좌와는 다르다. 지상과 천상의 하나님 나라가 완성된 후의 흰보좌 심판

임을 알 수 있다(21:14; 마19:28). 즉 대법정의 심판에 설 때 판사는 하나님, 검사는 사탄, 변호사는 주님이 담당하시는 것과 같다. 주님께서 우리를 대변해 주실 때 우리는 그에 합당한 실적을 가지고 있어야 하는데 스스로 믿음을 얻지 못하면 구원의 확신은 할 수 없다(눅16:31).

'땅과 하늘이 그 앞에서 피하여 간 데 없더라'는 것은 21:1의 처음 땅과 처음 하늘이 없어졌다는 뜻과 같다(6:12-14). 즉 우리가 살고 있는 실제의 땅은 영원함으로(전1:4; 시78:69) 적그리스도는 감히 흰보좌의 근처에도 접근하지 못한다.

12절에서 놀라운 것은 죽은 자들도 다 흰보좌 심판대 앞에 선다. 그러면 요한복음 3:18에 '저를 믿는 자는 심판을 받지 아니하는 것'은 무슨 뜻인가? 이것은 형벌의 심판을 받지 않음이지 심판대 앞에까지 서지 않는다는 말은 아니다(롬14:10; 고후5:10; 갈6:7). 누구나 '자기 행위를 따라 책들에 기록된 대로' 심판을 받는다.

13절에서도 지금까지 음녀의 거처였던 바다와 사망과 음부까지도 죽은 자들을 내어주어 '자기의 행위대로' 심판을 받는다. 즉 주님의 승리로 말미암아 악을 숨겨준 바다까지도 정화된다.

14절에서의 흰보좌 심판으로 사망과 음부는 불못에 던지우니 이것은 둘째 사망 곧 불못의 형벌이라는 경고를 깨달아야 한다.

15절에서의 생명책에 기록되지 못한 자도 불못에 던져진다. 주님의 생명록은 의인의 명부이다(3:5; 21:27; 시69:28; 단12:1). 생명록의 책은 인간의 행위에 따라 기록되고 심판받고 보응을 받는 기준이 된다(13:8; 17:8; 시139:6; 눅10:20; 빌4:3; 히12:23). 주님은 "누구든지 사람 앞에서 나를 시인하면 나도 하늘에 계신 내 아버지 앞에서 저를 시인할 것이요"(마10:32)라고 하셨다.

창세 이후로 생명책에 녹명되지 못한 자들은 '이전에 있었다가 시방 없으나 장차 나올 짐승'(17:8)인 일곱째 머리로 성령을 거역하는 무리들이다(마12:31,32). 즉 라오디게아 교회와 같은 현대의 영적 빈곤자들에게 해당되는 말씀이다(3:17). 주님을 불신하는 무리는 살았다는 이름은 가졌으나 마귀에서 난 것으로 욕망을 쫓는 거짓의 아비와 자식이 된다(요8:42-44).

V. 새 하늘과 새 땅

지금까지 19장과 20장에서 각각 지상과 천상에서 참하나님의 나라가 창건되는 모습을 묘사했다. 이러한 하나님의 나라가 창건됐기 때문에 마지막 21장과 22장은 참하나님(요17:3; 요일5:20; 렘10:10)의 신천신지의 내용에 관한 것으로 어떻게 관리되고 운영되는지에 대한 구체적인 내용이 계시됐다. 지상인으로 숨을 쉬고 생활할 때에 참하나님의 신천신지의 창건에 동참할 수 있다면 얼마나 영광스러운 일인가? 우리는 참하나님의 뜻을 깨닫고 따르기를 노력하며 '평화를 사랑하는 세계인'으로 승리해야 할 것이다.

| 제21장 |
신천신지 시대

21:5절에서 "내가 만물을 새롭게 하노라"고 하심은 지금까지의 악주권을 멸하시고 새 하늘과 새 땅인 하나님의 나라의 창건이다. 헬라어에는 새롭다는 단어로 시간적 새로움을 뜻하는 네오스Neos와, 질적으로 새로움을 뜻하는 카이노스Kainos가 있다. 여기서는 후자의 단어를 사용하여 인류역사상 처음으로 보는 하나님의 나라이다. 21장에서의 성전은 어떤 건물이 아니라 참하나님과 참부모님이시다. 즉 '거룩한 성 예루살렘'은 참하나님과 참부모님과의 심정일체(요14:20; 마5:48)를 말씀하셨다.

1. 새 하늘과 새 땅 (21:1, 2)

¹·또 내가 새 하늘과 새 땅을 보니 처음 하늘과 처음 땅이 없어졌고 바다도 다시 있지 않더라 ²·또 내가 보매 거룩한 성 새 예루살렘이 하나님께로부터 하늘에서 내려오니 그 예비한 것이 신부가 남편을 위하여 단장한 것 같더라

1절에서의 처음의 하늘과 땅은 멸하고(벤후3:10; 창6:13; 눅17:26). '새 하늘과 새 땅'을 이루신 것은 이긴 자에 대한 약속이다(3:12; 벤후3:13; 사 66:22). 신천신지는 거룩한 성 예루살렘으로 하나님의 창조목적을 완성 하신 신랑과 신부의 어린양 혼인잔치로 말미암아 이루어진다(21:22). 새 하늘과 새 땅은 문자 그대로 지금의 지구를 파괴해 버리고 새로운 별이 아니다(전1:4; 시78:69). 노아 때의 말세에도 멸하지 않으셨다(창6:13).

이것은 '보물을 하늘 곳간에 쌓아두라'(마6:20)고 하는 것과 같은 이치 이다. 예수님을 가리켜 '하늘에서 내려온 자'(요3:13)라고 하였으나 실제 로는 예수님은 동정녀 마리아 몸에서 태어나셨다. 하나님이 인간 지으심 을 한탄(창6:6) 하셨는데 주님의 어린양 혼인잔치 후의 '새 하늘과 새 땅' 은 재창조와 같다.

따라서 신천신지는 인류의 구세주로 오신 주님을 중심한 하나님의 세 계이다(사65:17-20). 하나님은 신천신지에서 매 월삭과 매 안식일에 모 든 혈육이 하나님께 경배하라고 하셨다(사66:22,23).

2절에서의 악주권이 사라지고 하나님의 새 하늘과 새 땅인 새 예루살 렘이 하늘에서 내려온다. 그 모습이 얼마나 아름답고 우아한지 요한은 '신부가 남편을 위해 단장한 것 같다'고 했다.

그런데 일부에서 '새 예루살렘이 하늘에서 내려온다'는 말씀을 가지고 문자적으로 해석하여 실제로 이 땅을 파멸시키고 새로운 땅이 하늘에서 내려온다고 믿는다. 앞에서도 언급하였듯이 땅은 영원한 것(전4:1, 시78: 69)이므로 사탄주관권 세계를 소멸시키면 그대로 하늘 편의 새 하늘과 새 땅이 되어 선과 사랑만이 지배하는 세계가 된다(13:1; 20:13; 롬8:21).

ㄹ. 새 예루살렘의 가족 (ㄹ1:3, ㄴ)

> ³·내가 들으니 보좌에서 큰 음성이 나서 가로되 보라 하나님의 장막이 사람들과 함께 있으매 하나님이 저희와 함께 거하시리니 저희는 하나님의 백성이 되고 하나님은 친히 저희와 함께 계셔서 ⁴·모든 눈물을 그 눈에서 씻기시매 다시 사망이 없고 애통하는 것이나 아픈 것이 다시 있지 아니하리니 처음 것들이 다 지나갔음이러라

3절에서의 '하나님의 장막'은 성전이신 참하나님과 주님으로 창조본연의 인간이 영원히 거하는 곳이다(22절; 13:6; 15:5; 요14:20; 히8:2). 본래 하나님의 장막(헬, 스케네)은 자기 백성들 가운데 있다는 것으로 레위기 26:11-13의 말씀이다. 이 약속은 이스라엘에게 주어졌으나 이스라엘의 불신 때문에 그 약속을 지키지 못하고 말았다(창3:16-19; 출25:8; 겔 37:26,27; 신31:29; 렘31:31-34).

그러나 하나님께서 신천신지를 다시 준비하시고 후아담(고전15:45)을 보내시고 영원한 안식을 찾아오셨다. 그렇기 때문에 구약에서도 하나님은 '이스라엘 모든 가족의 하나님이 되고 내 백성이 되리라'고 하셨다(렘31:1). 또한 '내가 말하기를 너희는 신들이며 다 지존자의 아들들'이라고 하셨다(시82:6). 예수님께서도 '내가 너희를 신'이라고 하셨다(요 10:34).

4절에서의 거룩한 성 새 예루살렘은 참하나님의 백성(9, 10절)으로 눈물, 애통, 그리고 사망이 없다. 참하나님의 참장막(히8:2)은 참하나님과 참자녀의 영원한 교제로 심정일체를 뜻한다. 이러한 하나님의 나라에는 지금까지 우리들을 괴롭게 하였던 세 가지가 없다고 했는데 그 내용은 다음과 같다.

① '사망이 없다'(계20:14; 고전15:16)라는 의미는 문자 그대로가 아닌

악주권의 영원한 파멸을 뜻한다. 하나님의 나라에서는 한 번 죽는 것은 정한 이치이지만(히9:27), 육신의 죽음은 영계로 들어가 영생을 하기 위해 일종의 의식과 같은 절차에 불과한 것이므로 성화聖化인 것이다.

② '애통과 곡이 없다'(사25:8; 35:10; 5:11)는 것은 선과 참사랑이 지배하는 것을 뜻한다. 즉 인간들이 무서워하는 죽음조차도 새로운 영계로 입성하는 하나의 의식인 것이므로 당연히 애통과 곡이 없다.

③ '아픔도 없다'(계7:16)는 것은 '이전 것들'은 다 지나가고 없다는 것으로 우리에게는 서로를 위해 주고자 하는 참사랑만이 충만한 지상과 천상의 참하나님의 나라이기 때문이다(창1:1).

3. 만물을 새롭게 하노라 (21:5 - 8)

5.보좌에 앉으신 이가 가라사대 보라 내가 만물을 새롭게 하노라 하시고 또 가라사대 이 말은 신실하고 참되니 기록하라 하시고 6.또 내게 말씀하시되 이루었도다 나는 알파요 오메가요 처음과 나중이라 내가 생명수 샘물로 목마른 자에게 값없이 주리니 7.이기는 자는 이것들을 유업으로 얻으리라 나는 저의 하나님이 되고 그는 내 아들이 되리라 8.그러나 두려워하는 자들과 믿지 아니하는 자들과 흉악한 자들과 살인자들과 행음자들과 술객들과 우상숭배자들과 모든 거짓말하는 자들은 불과 유황으로 타는 못에 참예하리니 이것이 둘째 사망이라

5절에서의 참하나님께서 직접 말씀하셨다(1:8). 즉 '내가 만물을 새롭게 하노라'고 하심은 하나님께서 신천신지의 주인이심을 보이셨다. 이러한 사실은 매우 신실하고 참이 되니 분명히 알리라고 하셨다.

6절에서 생명수의 근원은 하나님이시요(렘17:13) 생수는 곧 성령이다

(요7:39). 특히 '이루었도다 목마른 자에게 값없이 주리니'는 인류의 구세주로 오신 참부모님의 완전한 승리를 뜻하며 그 승리의 영광을 전 인류에게 값없이 주신다.

7절에서의 '이기는 자'는 하나님의 유업을 받으며 하나님의 아들이 되리라는 말씀이다. 이 말씀의 배경은 예레미야 30:22의 "너희는 내 백성이 되겠고 나는 너의 하나님이 되리라"이다. 여기서 '이기는 자'는 당연히 어린양 혼인잔치에 참예한 자녀들(19:9)로서 흰보좌 심판까지 승리한 자들이다.

인간의 창조 본연의 가치는 "너희가 하나님의 성전인 것과 하나님의 성령이 너희 안에 거하시는 것을 알지 못하느뇨"(고전3:16)라는 말씀처럼 인간은 하나님이 거하시는 성전이 돼야 한다. 그러므로 인간은 온 천하를 주고도 바꿀 수 없는 귀한 생명이다.

인간에게는 "하나님의 씨가 그 속에 거함이요 저도 범죄치 못하는 것은 하나님께로서 났음이라"(요일3:9)는 말씀처럼 하나님의 씨가 뿌려져 있다. 주님께서도 "밭은 세상이요 좋은 씨는 천국의 아들들이요 가라지는 악한 자의 아들들이요"(마13:38)라고 하셨다. 가라지를 심은 원수는 마귀이므로 추수 때에 가라지는 불에 사르는 것과 같이 세상 끝날에도 그러하다는 말씀이다(10:7,11; 14:3; 15:3; 렘31:27,31).

우리들은 이 세상에 태어남과 동시에 하나님의 씨앗이 하나가 심어졌다. 그 씨앗은 바로 각자마다 독특한 고유성을 가지고 있다. 하나님께서 흙으로 사람을 지으시고 생기를 그 코에 넣으시니 그 씨가 사람의 생령이 됐다(창2:7). 하나님께서는 그 씨앗이 자라고 스스로의 모양을 바꾸며 최대한 아름다운 모습으로 피어나길 원하신다. 그 씨앗은 그 안에 본래적이고 적극적인 에너지를 품고 있다. 우리들 인생의 과업은 그 씨앗을 키워 꽃을 피우며 일을 통해 각자만의 고유성을 표현한다.

그 아름다운 꽃과 일은 우리들의 가장 기본적 공동체인 가정마다에 하나님께서 거하시길 원하시는 '가족의 하나님'(렘31:1)의 꿈이다. 그런데 그 꿈이 약해지는 것과, 인간들이 그 꿈을 느끼지 못하고 심지어 그 존재를 의심하는 이유는 다른 어떤 힘에 굴복하기 때문이다. 욕심이 잉태하면 죄를 낳고 죄가 장성하면 사망을 낳는다(약1:15; 롬6:23; 9:1; 벧전3:21; 행23:1).

8절에서는 하나님 나라에 거하지 못하는 자들의 모습이다(요일3:14,15; 약2:14-26). 이들은 하나님을 믿음으로 야기되는 핍박이 두려워하여 세상에 속해 있는 자들(마8:26; 막4:40), 불신자들(마7:21-24), 흉악한 자들(롬2:22), 살인자들(행7:54-59), 우상숭배자들(롬1:23), 행음자들(고전5:10), 에베소 교회에 많았던 술객들(행19:19), 거짓말하는 자들(3:9) 등이다.

ㄴ. 인격완성의 책임 (21:9-13)

> [9]일곱 대접을 가지고 마지막 일곱 재앙을 담은 일곱 천사 중 하나가 나아와서 내게 말하여 가로되 이리오라 내가 신부 곧 어린양의 아내를 네게 보이리라 하고 [10]성령으로 나를 데리고 크고 높은 산으로 올라가 하나님께로부터 하늘에서 내려오는 거룩한 성 예루살렘을 보이니 [11]하나님의 영광이 있으매 그 성의 빛이 지극히 귀한 보석 같고 벽옥과 수정같이 맑더라 [12]크고 높은 성곽이 있고 열두 문이 있는데 문에 열두 천사가 있고 그 문들 위에 이름을 썼으니 이스라엘 자손 열두 지파의 이름들이라 [13]동편에 세 문, 북편에 세 문, 남편에 세 문, 서편에 세 문이니

9절에서의 '어린양 아내'는 문자 그대로가 아니고 아내가 남편을 사랑

하고 받들듯이 하나님의 나라 백성은 하나님을 섬기는 완성한 하나님의 신부와 같은 자녀이다(사54:5; 호2:16-20). 하늘에서 내려오는 거룩한 성 새 예루살렘은 지상의 도시가 아니라 하나님의 나라 백성들이 살아가는 징표로써 의로운 자녀들의 모습을 담고 있다.

10절에서의 새 예루살렘에 대한 환상은 에스겔 40-48장이 배경이 된 것이다. 즉 에스겔이 높은 산으로 인도된 것처럼(겔40:2) 사도 요한도 천사의 인도를 받아 새 예루살렘을 구경하기 위해 높은 산에 오른다.

11절에서는 하나님의 영광을 드러낸 하나님의 나라 새 예루살렘의 모습을 휘황찬란한 보석에 비유했다. 보석은 흠과 티가 없이 귀한 것이므로 하나님의 나라 백성은 티 없이 맑은 보석 같은 모습이라는 뜻이다.

12절에서 열둘 천사와 열둘 진주문과 열둘 지파는 모두 12수로 하늘 수 3수와 땅수 4수의 승수로 완전함을 뜻한다. 열둘 진주문 역시 열두 가지 형의 인격완성 실체를 상징하는데 주님은 자신을 양의 문이라고 하셨다(요10:1). 마음의 문을 열고 두드리는 자에게는 주님께서 문을 열어 주신다(마7:7,8).

따라서 하늘의 뜻이 땅에 이루어지며 만왕의 왕이신 주님의 승리에 참예한 12대상 실체가 이루어진 것으로 지상·천상천국인 완전한 하나님의 나라에 입성을 의미한다(마18:18). 즉 성도들은 자신의 인격을 완성할 책임을 지고 있다. 책임이란 인간이 참하나님의 음성에 신속하게 반응하는 것을 말한다.

참하나님이 주시는 영화도 인간 책임분담(창2:17; 6:6; 마7:7; 막5:34; 삼상15:11)을 완수할 때에 뜻이 성사되도록 예정되어 있다(롬8:29,30; 9:10-21; 사46:11). 높은 성곽은 하나님 나라의 고귀함과 그 백성이 하나님의 각별한 보호를 받는다는 뜻이다. 진주는 '완전성'을 상징하는 보석으로 천국의 진리를 표현할 때에 쓰인다(마7:7; 13:45,46; 딤전2:9).

13절의 동서남북 각각 세 문을 둠으로써 하늘수 3수와 땅수 4수의 승수로, 완전을 의미하는 만수인 12수를 만들어 동서남북 지구 땅 끝까지 참하나님의 완전하심을 드러내시며 축복을 주시려는 무한한 사랑과 자비를 뜻한다.

5. 참하나님의 통치방식 (21:14 - 21)

14·그 성에 성곽은 열두 기초석이 있고 그 위에 어린양의 십이 사도의 열두 이름이 있더라 15·내게 말하는 자가 그 성과 그 문들과 성곽을 척량하려고 금 갈대를 가졌더라 16·그 성은 네모가 반듯하여 장광이 같은지라 그 갈대로 그 성을 척량하니 일만 이천 스다디온이요 장과 광과 고가 같더라 17·그 성곽을 척량하매 일백사십사 규빗이니 사람의 척량 곧 천사의 척량이라 18·그 성곽은 벽옥으로 쌓았고 그 성은 정금인데 맑은 유리 같더라 19·그 성곽의 기초석은 각색 보석으로 꾸몄는데 첫째 기초석은 벽옥이요 둘째는 남보석이요 셋째는 옥수요 넷째는 녹보석이요 20·다섯째는 홍마노요 여섯째는 홍보석이요 일곱째는 황옥이요 여덟째는 녹옥이요 아홉째는 담황옥이요 열째는 비취옥이요 열한째는 청옥이요 열둘째는 자정이라 21·그 열두 문은 진주니 문마다 한 진주요 성의 길은 맑은 유리같은 정금이더라

14절에서는 19장에서 있었던 네 번째 할렐루야인 하나님 나라의 통치에 대한 찬양을 보다 구체적으로 묘사됐다. 참하나님의 통치는 열두 기초석과 열두 사도와 같은 튼튼하고 안정된 기반 위에 세워져야 한다. 또한 어린양의 12사도라고 함은 하나님 나라의 백성으로부터 존경받는 덕망과 능력이 있는 인재를 뜻한다.

역사적으로 지도자의 덕목으로 능력을 꼽는 경우가 많은데 가장 중요

한 것은 도덕성이라고 본다. 그 위에 전문적인 능력이 있는 사람이면 금상첨화라고 할 수 있다. 앞으로 하나님의 나라를 위해 이러한 인재가 많이 배출되기를 교육에도 많은 힘을 기울여야 할 것이다(정시구 외, 2006: 111~122). 아무리 능력이 뛰어난 인재라고 하드래도 참하나님에 대한 무지와 도덕성이 결여된 인물은 언젠가 큰 문제를 터뜨리기 마련이다(잠 1:7).

15절에서의 천사가 금 갈대로 새 예루살렘을 척량하는 광경은 에스겔 43:10-17이 배경이 됐다. 척량을 하는 행위는 바로 죄악이나 영적인 타락으로부터 거룩하고 깨끗한 것을 보존하며 동시에 축복을 의미한다. 그뿐만이 아니라 천사가 금 갈대를 가지고 새 예루살렘을 척량한다는 것은 선택된 참하나님의 백성을 구하시려는 뜻이 완전히 성취되었음을 보여 주셨다.

16절에서의 새 예루살렘 성의 크기가 정입방체로 각각 12,000스다디온(약 2,200km, 두란노서원 비전성경사전)의 길이의 의미를 보면 이 역시 12수의 완전한 천국수를 뜻한다. 12수는 하나님의 섭리의 성취를 나타내며 1,000이라는 숫자도 완전수로 무한히 크고 넓다는 의미를 가지고 있다(22:2, 창49:28). 실제로 12,000스다디온은 그 크기를 볼 때 사방이 약 2,200km정도로 영국 런던의 약 530만 배가 된다.

그러나 여기서 무엇보다도 중요한 것은 그 상징적 의미가 중요하다. 다시 말해서 정입방체로 묘사한 것은 하나님 나라의 균형과 안정을 상징한다. 구약에서의 정입방체는 중요한 의미를 갖는데 예루살렘 성전의 번제단이나 향단, 대제사장의 흉패가 모두 정방형이며 특히 성전의 지성소는 장, 광, 고가 모두 같은 완전한 정입방체이다(출27:1, 28:16, 30:2, 왕상6:20, 겔41:21).

따라서 12,000스다디온의 정입방체는 하나님의 나라가 '세계대가족주의'(One Family Under God)를 상징한다. 12라는 숫자를 가진 새 예루살 렘은 참하나님의 완전성을 상징한다. 이것은 구약의 지성소에 하나님께 서 항상 임재해 계시는 것처럼 참하나님의 영광이 항상 임재해 계신다는 것과 그 통치의 완전성을 나타낸다.

17절에서의 하나님의 나라 성곽의 척수가 144규빗은 12수의 승수로 완 전수를 뜻하면서도 144는 14만 4천의 천분의 일로 축소한 수로 14만 4천 (하나님의 백성)을 보호한다는 의미이다.

18-20절에서의 성곽의 기초석과 열두 문을 꾸민 보석의 재료를 묘사 하고 있는데 주님을 '보배로운 산 돌'(벧전2:4,5)로 표현한 것처럼 열두 보석은 하나님의 나라의 이념과 완전한 인간상을 상징적으로 표현했다. 각각 그 의미는 아래의 <표 21-1> 12보석의 상징적 의미에서 보는 것 과 같다.

21절에 성의 길은 유리 같은 정금으로 되어 있는데 모든 문은 길로 연 결되어 있고 진리를 상징하는 정금正金의 길로 됐다. 여기서 문과 길은 참 하나님의 뜻을 따르는 도道이다(요14:8).

<표 21-1> 12보석의 상징적 의미

월	보석명	상징적 의미
1	가네트(석류석)	정조 · 우애
2	아매지스트(자수정)	성실 · 평화
3	브랏스톤(산호)	총명 · 침착
4	다이아몬드(금강석)	청정무구
5	에메랄드(초록색 녹주석)	행복한 아내
6	펄(진주)	건강 · 장수
7	루비(적색 강옥)	깊은 애정

8	사르도닉스(홍마노)	부부의 행복
9	사파이어(청옥, 금강석)	성실 · 덕망
10	오팔(단백석)	안락
11	토파즈(황옥)	우애
12	타코이즈(터키석)	성공

6. 천국의 생활 (21:22 - 27)

> ^{22.}성 안에 성전을 내가 보지 못하였으니 이는 주 하나님 곧 전능하신 이 와 및 어린양이 그 성전이심이라 ^{23.}그 성은 해와 달의 비침이 쓸데없으 니 이는 하나님의 영광이 비취고 어린양이 그 등이 되심이라 ^{24.}만국이 그 빛 가운데로 다니고 땅의 왕들이 자기 영광을 가지고 그리로 들어오 리라 ^{25.}성문들을 낮에 도무지 닫지 아니하리니 거기는 밤이 없음이라 ^{26.}사람들이 만국의 영광과 존귀를 가지고 그리로 들어오겠고 ^{27.}무엇이 든지 속된 것이나 가증한 일 또는 거짓말하는 자는 결코 그리로 들어오 지 못하되 오직 어린양의 생명책에 기록된 자들 뿐이라

22-27절의 말씀은 하나님의 나라의 영광과 가치를 묘사한 것으로 다 섯 가지로 요약된다. 그리고 하나님 나라의 백성이 될 수 없는 세 가지를 첨부하고 있다.

첫째로, 참하나님과 주님 자신이 성전(22절): 신천신지의 성 안에는 성전이 없다. 참하나님의 나라에서는 어떤 건축물이 성전이 될 수 없다. 참하나 님을 중심하고 어린양 혼인잔치로 주님께서 인류의 참부모님이 되셨다. 참부모님께서 바로 성전이시며 참장막이 되신다(22:17; 요17:3; 요일5: 20; 히8:2). 믿고 안 믿고는 독자의 판단에 맡길 뿐이다. 요한계시록의 결

론은 한마디로 말하자면 '참부모님'께서 이 땅에 현현하심과 안착으로 값없이 축복을 베푸시는 모습이시다(22:17; 창1:28).

예수님께서도 "너희가 이 성전을 헐라 내가 사흘 동안에 일으키리라"고 하셨는데 주님 자신이 바로 성전이시라는 말씀이셨다(요2:13−22; 10:30; 고전3:16; 3:9; 엡2:22; 마12:6; 히10:21; 눅17:21). 당시의 유대인들이 주님이 하신 이 말씀의 뜻을 알아들을 리가 없었다. 결국 이 말씀이 원인이 돼 당시의 대제사장 가야바의 종교재판은 예수님에게 신성모독이라는 '종교적 죄목'으로 사형선고를 내렸다(마26:61−68; 27:40).

이들은 간교하게도 빌라도에게는 예수님을 민중선동 · 납세거부 등 주로 '정치적 죄목'으로 고소했다(눅23:2). 오늘날에도 성전을 허물고 참하나님께서 보내신 참부모님이 성전이라고 한다면 알아듣는 사람들이 있을까? 예수님에게는 염병이 들리고 천하를 소요케 하는 이단의 괴수라고 했다(행24:5).

둘째로, 해와 달의 비췸이 불필요한 곳이다(23절): 언제나 성전이 되신 참부모님의 영광과 등불로 빛나시기 때문이다.

셋째로, 만국에서 온 끝이 없는 조공의 행렬(24절, 사60:3): 세계 만국이 성전이 되신 참부모님의 나라로 몰려들어 그 조공하는 행렬의 끝이 보이지 않을 정도이다.

넷째로, 땅의 왕들이 자기 영광을 가지고 하나님의 나라로 들어온다(24절): 땅의 왕들도 회개하며 하나님 나라의 지고한 격위를 보여준다. 세계 각계각층의 높고 낮음을 가리지 않고 하나님의 나라로 들어온다.

다섯째로, 성문들은 항상 닫지 않고 열어 둔다(25절): 그 이유는, ① 밤이 없다는 것과, ② 만국의 영광과 존귀를 가지고 오기 때문이다(26절). ①의 밤이 없음은 안전성을 나타낸 지상과 천상의 천국이다. ②의 의미는 하나님의 나라 백성들이 밤낮을 가리지 않고 자유롭게 활동하기 위함이다.

아울러서 하나님 나라의 백성이 될 수 없는 자는 세 가지로 기록된다 (27절).

① 속된 것으로 세상에 속한 사람은 들어가지 못한다.

② 가증한 일, 즉 우상숭배를 하는 자들로서 참하나님의 존재를 거부하는 자들은 하나님의 나라에 들어가지 못한다.

③ 거짓말을 하는 자는 하나님의 나라 새 예루살렘에 들어갈 수 없다. 거짓말은 에덴동산에서 사탄이 해와를 유혹한 불신과 부덕의 결론으로 마귀에 속한 근성이기 때문이다.

제22장

결론-증거와 제시

하나님의 나라는 모든 인류가 소원하는 자유와 평화의 나라이다. 과거의 에덴동산(창2:8-13)과는 차원이 완전히 다르다.

첫째로, 잃어버린 에덴동산에서는 죄의 뿌리가 나왔으나 하나님의 나라는 생명나무의 뿌리로 참사랑의 세계이다.

둘째로, 잃어버린 에덴동산에는 선악과가 존재하였으나 하나님의 나라에는 선만이 있는 자유와 평화의 신천신지이다.

셋째로, 잃어버린 에덴동산은 사탄이 주인 행세를 했으나 하나님의 나라에는 참하나님과 함께 한 가족이다(렘31:1).

22장은 결론으로 1장과 조화를 이루면서 예언과 증거, 참삼위일체로 "내가 속히 오리라"(22:7,12,20)고 약속하셨다.

1. 8가지 축복의 약속(22:1-5)

^{1.}또 저가 수정같이 맑은 생명수를 내게 보이니 하나님과 및 어린양의 보좌로부터 나서 ^{2.}길 가운데로 흐르더라 강 좌우에 생명나무가 있어 열두 가지 실과를 맺히되 달마다 그 실과를 맺히고 그 나무 잎사귀들은 만국

을 소성하기 위하여 있더라 [3]다시 저주가 없으며 하나님과 그 어린양의 보좌가 그 가운데 있으리니 그의 종들이 그를 섬기며 [4]그의 얼굴을 볼 터이요 그의 이름도 저의 이마에 있으리라 [5]다시 밤이 없겠고 등불과 햇빛이 쓸데없으니 이는 주 하나님이 저희에게 비취심이라 저희가 세세토록 왕노릇 하리로다

마지막 22장은 계시록의 결론을 맺으면서 에스겔 47:1−12의 '성전에서 흐르는 물'을 연상하는 말씀으로 시작됐다. 즉, 성전 문지방에서부터 시작된 극히 작은 물길이 나중에는 큰 강을 이루어 지금까지 사탄권에 있었던 바다와 모든 생물을 소성시킨다. 그리고 강의 좌우 가에는 각종 먹을 실과가 끊이지 않고 달마다 새 실과를 맺는다는 말씀이다. 이러한 말씀은 신천신지에서 성취되는데 거룩하신 참하나님과 참부모님의 보좌로부터 8가지 축복의 약속을 주셨다.

첫째, 생명수 강(22:1): 옛날 에덴동산에는 네 개의 강이 있어 동산을 윤택케 했다(창2:10−15). 강은 하나님의 은혜를 상징하며(요4:14; 7:38) 생수의 근원이다(렘2:13). 따라서 생명수 강은 영생과 참하나님의 은혜를 상징하며 참자녀들이 지켜야 할 네 가지의 창조본성이기도 하다.

① 참하나님을 닮은 참자녀의 성품으로 서로 위하여 존재한다.

② 자기의 위치를 알고 온유와 겸손한 성품으로 서로 존중하고 이해한다.

③ 질서를 지키며 순종하는 성품으로 겸손과 겸양의 마음을 지닌다.

④ 선을 추구하고 선을 창조하는 성품으로 선의 번식으로 참된 자녀가 되어야 한다.

둘째, 강 좌우의 생명나무(22:2): 에덴동산에서 잃어버린 생명나무(창2:9)는 의인의 열매로(잠11:30) 장차 완성할 인간을 뜻한다(잠13:12). 생명나

무가 비유이듯이 함께 서 있는 선악나무도 문자 그대로가 아니라 생명의 가치 이상의 그 무엇임을 알 수 있다. 하나님은 해와를 지으시기 전에 아담에게 선악과를 따먹지 말라는 계명을 왜 먼저 주셨을까(창2:17)? 그것은 해와를 잘 보호하고 가정을 잘 지키라는 뜻이었다(벧전3:7)

생명나무는 창세기(3장)에서 인간이 범죄를 한 후에 에덴동산에서 추방됐으나 하나님의 나라가 창건되었으므로 다시 나타나게 됐다. 즉 죄와 악에서 승리한 자에게는 생명나무로 나아가 그 영생의 열매를 먹을 수 있다. 그러므로 생명나무는 인간의 소망을 나타낸 완성한 인격체이다(2:7; 22:14).

완성된 인간을 뜻하는 생명나무는 열두 실과를 맺게 된다. 마치 천국의 열두 진주문이 열두 가지의 인간형을 상징하듯이 하나의 완성된 인간에게는 열두 형의 인격체의 모습이 체현됨을 의미한다. 생명나무의 성격은 2절에서 세 가지로 나타나 있다.

① 생명나무의 열두 가지 과실은 참하나님의 식구를 뜻한다.

② 그것도 달마다 열매를 맺히니 그 식구가 가히 기하급수적으로 증가한다.

③ '생명나무의 잎사귀들'은 만국을 소성蘇醒하기 위해 있다. 생명나무의 잎사귀는 참하나님의 사랑을 받는 참자녀들의 손(능력)으로 그 손이 닿는 곳마다 모든 것을 창조·발전시키며 병을 고치는 힘이 있다는 말씀이다(막16:18). 구약에서의 잎사귀는 약재로 쓰인다고 묘사되었다(겔47:12). 이와 같이 참하나님을 모신 삼위일체의 나라가 얼마나 풍요롭고 여유로운 삶인가?

셋째, 다시 저주가 없는 곳(22:3): 성도들은 하나님 나라의 백성이 됨으로서 "사람이 그 가운데 거하며 다시는 저주가 있지 아니하리니 예루살렘이 안연히 서리로다"(슥14:11)의 예언의 말씀이 성취된다. 인간이 완성된 이

후에 다시는 불순종이 없다. 하나의 인격 속에 열두 인간형이 구현되어 있으니 인간에 대해 죄를 지을 수 없다. 그러므로 새 예루살렘 하나님의 나라에는 형벌이나 저주도 있을 이유가 없다.

넷째, 참하나님의 보좌(22:3): 참하나님의 보좌란 주권을 상징하는 것으로 순종할 때 기쁨을 준다. 영광스러운 하나님의 나라의 선포로 참하나님의 영원하신 보좌는 찬란한 황금빛으로 그 영원성을 드러내시며 참하나님과 참자녀는 한 핏줄의 가족이다(7:14; 렘31:1).

다섯째, 그의 종들이 그를 섬김(22:3): 하나님께서 천사를 창조하신 목적은 어디까지나 부리는 영으로 쓰시고자 만드셨다(히1:1-14). 시편 103:21에 "여호와를 봉사하여 그 뜻을 행하는 너희 모든 천군이여 여호와를 송축하라"고 하신 말씀이 이를 잘 설명해준다. 그러므로 사도 요한이 자신에게 계시를 보여준 천사에게 경배하려고 할 때 그 천사는 한사코 경배받기를 거부하며 오직 하나님께 경배를 드리라고 했다(19:10; 22:8,9).

여섯째, 그의 얼굴을 봄(22:4): 참하나님은 너무 거룩하셔서 구약 시대에는 감히 쳐다볼 수 없었다(출33:20). 그러나 하나님의 나라에서는 참하나님의 참자녀이므로 서로 친견할 수 있다(마5:8; 히12:14; 요일3:2).

일곱째, 하나님의 이름이 성도들의 이마에 기록됨(22:4): 사탄권세에 속한 사람은 짐승의 이름을 그 이마와 손에 받았다(13:16). 그러나 하나님 나라의 백성은 참하나님의 인침을 받았으므로 참하나님에 속했다는 것과 구원과 보호를 받는다는 징표이다.

여덟째, 다시는 밤이 없으며 세세토록 왕 노릇함(22:5): 21:23의 반복으로 '밤'이란 죄악(롬13:12), 환난(사21:12), 고통(마25:30), 죽음(요9:4) 등의 불행의 상징으로 쓰였다. 하나님의 나라는 육적인 죽음조차 영생으로 가는 의식의 절차로써 두려움이 전혀 없다. 신천신지에는 창조본연으로 만물을 주관하면서 세세토록 왕 노릇을 한다(창1:28).

2. 예언과 증거 (22:6 - 16)

1) 천사의 예언 증거 (22:6 - 11)

[6] 또 그가 내게 말하기를 이 말은 신실하고 참된지라 주 곧 선지자들의 영의 하나님이 그의 종들에게 결코 속히 될 일을 보이시려고 그의 천사를 보내셨도다 [7] 보라 내가 속히 오리니 이 책의 예언의 말씀을 지키는 자가 복이 있으리라 하더라 [8] 이것들을 보고 들은 자는 나 요한이니 내가 듣고 볼 때에 이 일을 내게 보이던 천사의 발 앞에 경배하려고 엎드렸더니 [9] 저가 내게 말하기를 나는 너와 내 형제 선지자들과 또 이 책의 말을 지키는 자들과 함께 된 종이니 그리하지 말고 오직 하나님께 경배하라 하더라 [10] 또 내게 말하되 이 책의 예언의 말씀을 인봉하지 말라 때가 가까우니라 [11] 불의를 하는 자는 그대로 불의를 하고 더러운 자는 그대로 더럽고 의로운 자는 그대로 의를 행하고 거룩한 자는 그대로 거룩하게 하라

요한계시록에서 22:6-21은 계시록의 마지막 부분으로써 서론의 1장과 조화를 이루면서 천사의 증거, 주님의 증거, 참삼위일체의 초청, 마지막 인사 등으로 구분할 수 있다.

6절에서의 계시록의 진실성과 참됨을 강조하였는데 이것은 그 말씀이 거짓이 없으며 반드시 성취된다는 것을 강조했다. 또한 속히 될 일을 보이시려고 천사를 보내셨는데 본서의 초두에 약속한 것을 반복하는 말씀이다.

7절에서 '보라 내가 속히 오리니'(22:7)는 본 장에서만 3번씩(7,12,20)이나 반복되며 '속히 될 일을 보이시려고'(22:6)나 '인봉하지 말라 때가 가까우니라'(22:10)를 더하면 5번이나 된다. 기독교 박해를 고려해 볼 때에 강한 소망을 주기 위함이다.

'속히'라는 말과 '온다'는 말로 한글 성경의 번역에는 미래형으로 되어 있으나 원문에는 현재형이므로 '벌써 오고 있다'는 뜻이다. 또한 요한계시록의 말씀을 간직하고 순종하는 사람이 복이 있다. 계시가 반드시 속히 될 일이므로 이 말씀을 지키는 자들이 복이 있다는 말씀은 계시록 서론에서도 말씀하셨다(1:1-3).

8절에서의 사도 요한은 주님께서 속히 오고 계시며 생명수 강에 생명나무가 되고 세세토록 영원히 왕 노릇을 할 수 있다는 말씀에 놀랐다.

9절에서의 말씀은 8절의 말씀과 연속적이다. 즉 요한이 주님께서 속히 오시고 계시며 이 말씀을 지키는 자가 복이 있다고 함에 너무도 신비하여 천사에게 경배하려 하자 천사는 전과 동일하게 경배는 하나님에게만 하는 것이라고 권면한다(19:10). 이 천사는 주님을 대행하여 요한에게 이 모든 계시를 보여준 천사라고 해도 좋다(1:1). 천사는 요한에 비해 월등한 존재가 아니라 하나님의 종으로 다만 다른 위치에서 하늘의 일을 돕는다(히1:4-14).

10절에서의 증거는 이 예언의 말씀을 인봉하지 말라는 것이다. 다니엘서를 보면 구약의 선지자 다니엘은 말세의 계시를 받고 '마지막까지 봉합하라'(10:4; 단12:9)는 명령을 받았다. 그러나 요한에게는 '인봉하지 말라'는 정반대의 명령이 내려졌다.

이것은 계시의 뜻을 해석하며 전파하라는 의미이다. 즉 다니엘에게는 그 계시가 '여러 날 후의 일'(단8:26)이므로 봉합하라고 하셨다. 그러나 요한에게는 '때가 가까웠음'(10절)으로 인봉하지 말라고 하셨다. 말세인 이 때에 계시록을 봉해 버린다면 하나님의 뜻을 알 길이 없다.

하나님께서 노아에게 주신 홍수 심판에 대한 계시와 소돔성이 불붙는 아침까지 롯에게 알려지지 않았다면 그 계시가 무슨 필요가 있겠는가? 그러므로 때가 가까운 말세에 요한의 계시를 인봉하지 말고 증거하며 구원 얻을 자로 구원을 얻게 하는 일은 성도가 마땅히 해야 할 일이다.

11절에서의 계시를 증거하는 목적은 모든 사람을 다 의롭게 하고 모든 사람을 다 거룩하게 되면 얼마나 좋은 일인가? 이미 의롭고 거룩하여지기로 예정된 사람은 복음이 전파될 때 회개하여 의롭고 거룩하게 된다. 그러나 이미 불의하고 더럽기로 작정된 자는 복음이 전파되지만 회개하지 않고 도리어 강퍅해 진다(16:11). 이것은 '사로잡는 자는 사로잡히리라'(13:10)는 말씀과 같은 맥락이다. 멸망을 하고자 하는 자는 하나님을 택하는 것이 미련한 짓으로 보인다(고전1:18).

그러나 기본적으로 하나님 나라의 백성들의 인격과 신앙의 자세는 타인의 허물을 먼저 보지 말아야 한다. 영·육간의 천국인 하나님의 나라가 창건이 됐다고 하여도 아직 인간에게는 타락성의 근성이 남아 있기 때문에 공의롭지 못한 경우를 볼 경우도 있다. 주님께서는 기도하고 낙망치 말아야 될 것을 과부의 원망이라는 비유로 말씀하셨다. 즉, 일단은 "불의한 재판관의 말을 들으라"고 전제하신 후에 "하나님께서 그 밤낮 부르짖는 택한 자들의 원한을 풀어 주시 아니하시겠느냐"고 말씀하셨다(눅 18:1-8; 마7:1-6; 18:22; 잠19:11).

2) 재림에 대한 증거(22:12-16)

12.보라 내가 속히 오리니 내가 줄 상이 내게 있어 각 사람에게 그의 일한 대로 갚아주리라 13.나는 알파요 오메가요 처음과 나중이요 시작과 끝이라 14.그 두루마기를 빠는 자는 복이 있으니 이는 저희가 생명나무에 나아가며 문들을 통하여 성에 들어갈 권세를 얻으려 함이로다 15.개와 술객과 행음자들과 살인자들과 우상숭배자들과 거짓말을 좋아하며 지어내는 자마다 성 밖에 있으리라 16.나 예수는 교회들을 위하여 내 사자를 보내어 이것들을 너희에게 증거하게 하였노라 나는 다윗의 뿌리요 자손이

니 곧 광명한 새벽별이라 하시더라

12절에서의 주님께서 속히 오리라는 말씀은 1:1에서부터 말씀하신 것으로 이것은 2천 년 전의 당시의 입장에서 보면 주의 재림이 변동할 수 없는 것임을 다짐하시는 말씀이다.

그리고 주님이 오실 때 각 사람에게 줄 상이 있어 갚아 주겠다고 하셨다. '상'(헬, 미스도스)이라는 말씀은 흔히 '상을 받는다'라는 뜻보다 보응하는 의미로 쓰인다. 우리는 끝날에 주님이 인류의 구세주로 오실 때 먼저 고난을 받으시고 이 세대에 버림바 받으리라(눅17:25)는 것을 상기해야 한다. 인내하고 이기는 자는 큰 상을 받으리라는 말씀이다.

13절에서의 주님께서 알파요 오메가라고 네 번째로 반복을 하셨다 (1:8,11; 2:6; 22:13). 하나님의 나라에서 인류의 구세주로 오시는 주님께서 만왕의 왕이시라는 것이다. 이는 주님 자신이 하나님과 일체이심을 의미하는 것이요, 일을 시작하시고 반드시 성취하시는 분이심을 보여주시는 말씀이다.

14절에서의 생명나무는 에덴동산에서 잃어버린 생명나무(창2:9)가 복귀되어진 나무로써 창조이상을 완성한 후아담을 뜻한다(고전15:21,45; 딤전2:5; 롬5:19; 행17:31; 눅17:26). 본 절은 계시록의 칠복 가운데 마지막으로 주님으로 말미암아 원죄를 청산하고 생명나무로 나아가 완성한 인격체가 된다.

두루마기(헬, 스톨레)는 제사장들이 입는 긴 예복이다. 제사장들은 하나님 앞에 자기들의 몸이 드러나지 않기 위해 발에 끌리는 옷을 입고 봉사한다. 그 두루마기를 빤다는 것은 새말씀으로 거듭난다는 뜻이다(요3:3−5). 또한 중생하기 위해선 회개하여 주님의 고난에 동참하는 것으로 큰 환난 중에도 참고 이겨나가라는 말씀이다(1:3; 7:14; 14:13). 그러므로 두루마기를 빠는 자는 주님과 함께 신천신지에 들어가게 된다(3:4; 19:7-9).

15절은 하나님의 자녀로 되지 못할 자들로 21:8, 27에 언급된 사람들이 다시 나온다. 그런데 여기서는 한 가지의 특징은 '개들'이 나온다. 개는 거룩함이 없는 배도자로 비유되므로 개들을 삼가야 된다(마7:6; 빌3:2; 벧후2:22). 또한 개는 탐욕이 심하여 족한 줄을 알지 못하는 자요, 그들은 몰각한 목자들로 어디 있는 자이든지 자기 이익만 도모하는 자이다(사56:11).

그러므로 몰각한 목자란 자신의 이익을 위해 성도를 섬길 줄 모르고 섬김을 받으려고만 하는 가인과 같은 목자이다. 진정으로 '강한 아벨'은 강한 힘을 보유하면서도 전체목적을 중심하고 가인의 입장을 이해하고 설득하며 포용하는 입장이다(마20:28; 막10:45; 요12:24,25).

가인의 협력을 받지 못하는 아벨은 무의미한 존재일 뿐이다. 복귀의 길에서 가인-아벨은 일시적일뿐 복귀된 가정에서는 제2의 타락성을 의미하는 '가인'과 '아벨'이라는 이름은 사라진다. 왜냐하면 에덴동산에서의 생명나무는 아담과 해와가 타락함으로써 금지된 나무였다(3:22-24). 그러나 참부모님의 승리하심으로써 신천신지에서의 생명나무는 완성한 인간을 뜻하는 것이기 때문에 가인과 아벨의 구분은 사라지고 서로 공생·공영·공존할 뿐이다(22:2). 그러므로 신천신지의 가정에서 영원한 주체의 자리는 부모의 심정을 가지고 가장 많이 섬기는 자녀이다.

16절에서의 주님의 신분은 '다윗의 뿌리'(그 근원은 하나님)이시며 '광명한 새벽별'이시다. 우리들은 주님께서 이 땅으로 현현하시기까지 십자가에서 산 재물이 되어 주신 참사랑에 깊은 감사와 존귀와 영광을 돌려드려야 한다.

3. 참부모님에 대한 예언 (22:17 - 21)

1) 참삼위일체 (22:17 - 19)

> [17.]성령과 신부가 말씀하시기를 오라 하시는도다 듣는 자도 오라 할 것
> 이요 목마른 자도 올 것이요 또 원하는 자는 값없이 생명수를 받으라 하
> 시더라 [18.]내가 이 책의 예언의 말씀을 듣는 각인에게 증거하노니 만일
> 누구든지 이것들 외에 더하면 하나님이 이 책에 기록된 재앙들을 그에
> 게 더 하실 터이요 [19.]만일 누구든지 이 책의 말씀에서 제하여 버리면 하
> 나님이 이 책에 기록된 생명나무와 및 거룩한 성에 참예함을 제하여 버
> 리시리라

17절에서의 '성령과 신부'를 이해하기 위해서는 먼저 지금까지 우리들
이 알고 있는 삼위일체三位一體 하나님에 대하여 살펴보고자 한다. 역사
상 가장 중요한 기독교 공의회였던 니케아(325년) 공의회와 칼케톤(451
년) 공의회에서 주님은 참하나님이시며 참사람이심을 명백히 선언하여
아리우스파[23)]와 같은 이단들의 오류에 낙인을 찍었다. 즉 두 공의회를
통하여 하나님은 삼위三位로 계신다는 것을 명확히 선언했는데 삼위는
아버지 하나님(성부), 아들 하나님(성자), 성령(사32:15; 과거에는 성신
이라 함) 하나님으로 계신다.

이 세 위격位格은 하나님을 중심하고 일체가 되는 것이니 삼위일체이시
다. 그러므로 메시아로 강림하셨던 예수님은 하나님의 뜻을 중심삼고 타
락한 인간을 완전복귀구원을 하시어 창조본연의 에덴동산과 같은 지상
천국을 성취하시는 것이다(마5:48; 6:10; 4:17).

---

23) 아리우스파는 예수가 창조된 존재(피조물)이며, '성부'에게 종속적인 개념이라는
반(反)삼위일체 성격의 주장을 했다. 지금의 여호와의 증인과 비슷한 신학적 관점
을 갖고 있다.

그러나 예수님께서는 때 아닌 때에 십자가의 죽으심으로써 '잘 믿는 성도'도 하나님의 심정체휼과 신성의 일체불가분의 생활을 못한다(롬 7:18-25). 또한 '잘 믿는 부모'도 원죄 없는 자녀를 낳지 못하고 있다(원죄는 유전). 그러나 십자가의 희생은 결코 무위는 아니다(요3:16).

그러면 예수님은 하나님 자신인가? 성경에는 하나님 자신이라는 말씀도 있고 아니라는 말씀도 있다. 전자에는 '나를 본 자 아버지를 보았거늘'(요14:9,10), '세상이 예수님으로 말미암아 지은 바'(요1:10), '아브라함이 나기 전부터 계셨다'(요8:58) 등의 말씀이 있다. 후자에는 '영계에서 하나님에게 기도하심'(롬8:34), '하나님을 아버지라 부르심'(마27:46; 요17:1), '나의 하나님 어찌하여 나를 버리셨나이까'(마27:46) 등의 말씀이 있다.

따라서 예수님의 본질적 가치는 하나님과 심정일체를 이루시고 원죄가 없으시며 창조목적을 완성하신 가치로 피조세계를 주관하실 수 있다. 그러므로 예수님으로 말미암아 중생하면 참자녀, 지체(고전12:27), 분성전, 포도가지, 돌감람나무에서 참감람나무로, 다음 익은 열매(고전16:23) 등으로 될 수 있다.

실제로 우리가 신앙을 하는데 있어서 하나님 자신이 곧 성령님이요, 주님 자신을 성령님으로 여기는 것이 유익하다(요일5:8). 그럼에도 엄밀한 의미에서 성부, 성자, 성령은 다른 위격으로 계신 독립된 인격을 가지신 분이시다(2:7,11,17,29; 3:6,13,22).

그런데 일반적으로 성령은 교회 안에서와 선지자들의 마음속에서 역사하시는 영이시며 신부는 장차 어린양의 아내가 될 교회라고 못을 박고 있다(엡5:23). 그러나 예수님이 지니신 가치는 완성한 남성이 가지는 가치로 창조목적을 완성한 인간으로 오셨다(딤전2:5). 즉 예수님을 신성으로는 하나님이라고 할 수 있으나 하나님 자신은 될 수 없다(요14:9,10).

앞에서도 언급한 바와 같이 예수님은 타락한 자녀들을 원죄가 없는 선의 자녀로 다시 낳아 주시기 위해 참아버지로 오신 분(벧전1:3; 사9:6; 마16:27)이라면, 성신(성령)은 참어머니로 오신 분이다(요3:2−5; 고전 12:3). 예수님과 성신은 하나님을 중심한 영적 삼위일체를 이룸으로써 영적 참부모의 사명만을 하셨다. 지금까지 예수님은 하늘에서, 성신은 땅에서 역사하신 것이다.

다시 오시는 주님은 참아버지(후아담, 고전15:45)로 재림하시며 참어머니(22:17)와 함께 실체적으로 참삼위일체가 이루신 후에 타락인간을 영육 아울러 중생케 하시어 원죄를 청산해 주신다.

본래 성경에서의 '신부'는 생명나무(22:2)와 같은 '완성한 인간'을 상징하고 있다(창1:28; 호2:16−20). 하나님께서는 인간을 당신의 신부처럼 맞이하여 영원히 세세토록 새 예루살렘 하나님의 나라에서 신부인 완성한 인간과 함께 거하시길 원하시고 계신다(사54:5).

또한 주님께서도 인간은 하나님과 같은 신으로 지음을 받았다고 하셨다(요10:34). 인간은 신들이며 지존자의 아들들이므로(시82:6) 완성한 인간은 하나님과 한 핏줄로서 한 가족이 된다(렘31:1).

이러한 참하나님의 뜻으로 볼 때 참부모님의 어린양 혼인잔치(19:9; 창1:28)는 지금까지의 '성령과 신부'나 '성자와 성신'에서 '참아버님와 참어머님', 즉 참부모님으로 참하나님의 실체이시며 인류의 영원한 진성덕 황제이시다(요17:3; 2:4; 요일5:20; 렘10:10).

이와 같이 참하나님과 참부모님의 승리로 말미암아 6천 년간의 인류 구원사는 종결됐다. 우리들은 수고로운 노정을 걸어오시는 참하나님과 참부모님에게 할렐루야 찬양과 감사를 드려야 한다. 본 절에서 이제 영광스럽게도 참부모님의 이름으로 된 값없이 생명수를 받으라는 축복의 말씀으로 호출해 주신다.

참하나님을 중심한 참부모님의 실체적인 '참삼위일체'의 '참가정'을 모델로 하여 모든 인류역사는 새로운 출발을 해야 한다(창1:28; 렘31:1). 참하나님과 참부모님의 신천신지 새복음을 누구나 믿고 따르기만 한다면 참하나님의 나라로 초대해 주신다(2:7; 3:6,13; 21:6; 사55:1; 딤후4:2; 롬 1:14; 13:8; 3:24; 요6:35).

이와 같이 요한계시록의 결론은 어린양 혼인을 하심으로써 참하나님과 일체를 이루시는 인류의 참부모님께서 현현하심과 안착이다. 인류의 참부모님께서 현현하시고 안착하시는 나라는 7장 이후부터 대한민국이라고 밝혀왔다. 처음에는 생사의 길을 넘나드시며 모진 핍박을 받으시며 '종의 종의 몸'을 쓰시고 지극히 작은 자로 출발하셨으나 지금은 천을 이루셨다. 또한 때가 되면 여호와 참하나님께서 "속히 강국으로 이루시리라"(사60:22)고 약속하셨다.

그 뿐만이 아니라 세계 모든 열방과 열왕이 참부모님의 시온의 영광을 본 후에 새이름을 얻는다(사62:1,2)라는 말씀이 현실로 나타나고 있다. 이제 값없이 영원한 생명수와 같은 참가정의 축복을 주시는 크신 은혜를 만방에 선언하면서 대단원의 막을 내리고자 한다. 참부모님의 새말씀으로 열방의 족속을 심판하시는데 칼을 쳐서 보습을 만들고 창을 쳐서 낫을 만들게 하시며 전쟁을 연습지 않게 하실 것이다(사2:4; 미4:3).

18절에서의 요한계시록은 참하나님과 참부모님의 참삼위일체의 절대적 가치를 천명한 것이다. 즉 참하나님과 참부모님께서는 6천 년간의 복귀와 재창조 섭리를 완성 · 완전 · 완결을 지으셨다. 그러므로 참하나님은 인류의 영원하신 '하늘부모님'이 되시며 존귀하신 참부모님으로 현현하심으로써 영 · 육계의 모든 가인과 아벨이 하나가 되는 '천일국'의 대축복을 주셨다. 이러한 예언의 말씀 외에 더하는 자에게는 이 책에 기록된 재앙들을 그에게 더하게 된다.

19절에서도 누구든지 이러한 말씀을 제하면 이 책에 기록된 생명나무와 거룩한 성에 참예함을 제하여 버린다는 말씀이다.

2) 작별인사 (22:20, 21)

> 20.이것들을 증거하신 이가 가라사대 내가 진실로 속히 오리라 하시거늘 아멘 주 예수여 오시옵소서 21.주 예수의 은혜가 모든 자들에게 있을지어다 아멘

사도 요한은 밧모섬에서 주님을 만났다(1:9). 그리고 주님으로부터 장차 주님의 재림에 관한 모든 일에 대해 계시를 받았다. 본 절은 주님과 요한이 떠나시면서 교환한 작별인사이다.

20절에서의 다시 한 번 "내가 진실로 속히 오리라"는 약속은 임박하신 주님의 재림에 대한 세 번째 확증을 하신다(7, 12, 20절). 이것은 지금 주의 복음을 위하여 밧모섬에서 고생하고 있는 사도 요한에게 하신 약속이다. 또한 당시에 환난 중에 있는 소아시아 일곱 교회를 비롯한 모든 교회는 물론 열방의 하늘백성들에게 하신 약속이다.

그 뿐만이 아니라 말세 환난 중에 있는 우리들에게 하신 위대한 축복의 말씀이며 세상을 향하신 경고의 말씀이기도 하다. 한편으로는 17절에서의 참하나님과 참부모님의 요청하신 말씀에 대하여 다시 한 번 확증하신 말씀이다. 특히 본문의 말씀은 초대교회 예배의식의 한 부분으로 채택된 기도로써 성찬식이 끝날 때 사용됐다. 초대교회 성도들은 이 같은 기원에서 발견할 수 있듯이 임박하신 주님에 대한 간절한 소망을 통해 환난과 핍박을 이겨 나갈 수 있었다.

이와 같은 간절한 소망은 사도 요한 당시에 초대교회의 신앙일 뿐만이

아니라 세상의 끝날까지 주님께서 함께 해 주시리라는 것이다(마28:20). 오늘날 우리들의 마음 가운데서도 2천 년 전 사도 요한이 황량한 밧모섬에서 '주여 어서 오시옵소서'라고 절규하던 기도의 소리를 잊지 말아야 한다.

21절을 끝으로 주님의 은혜가 모든 자들에게 임하시길 바라는 인사로 전체 계시록의 말씀을 마치게 된다.

2천 년 전 사도 요한은 죽을 수밖에 없는 환경에서도 한 가닥의 소망을 잃지 않고 속히 오실 주님을 간절히 기다리고 있었다.

오늘날 우리들은 일찍이 인류 역사상에서 찾아볼 수 없는 평화 속에서 과분한 번영을 누리고 있다. 이러한 평화는 예수님의 십자가의 보혈 이후, 2천 년 만에 만왕의 왕이시며 인류의 구세주로 찾아오신 참부모님께서 형언할 수 없는 고난과 핍박에서 승리하셨기 때문이다.

다시 말해서 참부모님께서 역사적 · 종적으로 일곱 머리와 열 뿔로 상징되는 사탄 마귀의 종從의 노정에서부터 출발하신 칠사부활 팔단완성으로 승리하셨기 때문에 가능했던 것이다. 참부모님은 평화의 왕이시며 인류의 참부모님으로 승리를 하셨지만 만신창이가 되시도록 세계 인류를 위해 하늘부모님의 심정으로 인류의 십자가를 대신 지셨다.

지구상의 모든 종교인은 현실적 쾌락, 아집, 그리고 편견에서 벗어나 6천 년 만에 찾아오신 참부모님을 영접할 수 있도록 간절하고도 심각한 기도를 해보아야 할 것이다. 지금 이 순간에도 살아 역사하시는 참하나님 · 참부모님께서는 구하고 두드리는 자에게는 분명히 명확하게 가르쳐 주실 것이라고 믿어 의심치 않는 바이다. =The end=

∴ 후기

요한계시록에서의 주님은 참하나님의 말씀을 성취시키시며(신18:22) 십자가에 달리신 예수님처럼 목숨까지 받칠 각오로 적그리스도를 회개시켜 하나님의 자녀로 회복시키시는 분이다.

천로역정과도 같은 인류사가 20세기 초두에서부터 세계를 피로 물들게 한 구소련 공산주의가 70여 년 만에 붕괴되었음에도 불구하고, 다시 21세기 문턱에서 세계 최강국 미국에서까지 9·11 테러사건(뉴욕 맨해튼, 2001년)과 같은 살인적 만행이 일어났다. 이러한 세계적 문제를 해결하기 위해서는 인간의 능력만으로는 불가능하다.

그 누구도 하나님의 권능을 가지신 주님이 언제 오실지 확신하지 못한다고 할지라도 우리들은 그 하시는 열매를 보고 판단해야 한다(마7:13-27). 오늘날 종교는 대체로 이상세계를 사후에서 찾으려 했지만 실제 주님을 비롯한 모든 성현들은 생전에 이 땅에서 평화 정착을 위해 온 힘을 쏟으셨다.

우리들은 이 땅 위에 속히 하나님의 나라가 건설될 수 있도록 간구를 한하면 반드시 주님께서 함께 해 주실 것이다(22:7,12,20). 종교인들이 먼저 협력할 때 모든 인류가 꿈꾸는 평화세계를 앞당길 수 있다. 이 책을 접하시는 모든 분들에게 참하나님과 참부모님의 크신 은총이 함께 하시길 기원하는 바이다.

∴ 참고문헌

강병도(1987a), 『성경연구시리즈: 요한계시록』, 기독지혜사.

_____(1987b), 『성경연구시리즈: 다니엘』, 기독지혜사.

고원용(2011), 『계시록 난해의 창의적 재해석』, 한국장로교출판사.

그레고리 스미스사이먼 · 권민정 역(2013), 『9 · 12』, 글항아리.

김기협(2011), 『해방일기 1권: 해방은 도둑처럼』, 너머북스.

김병섭 외(2008), 『휴먼조직론』, 도서출판 대영문화사.

김상근(2007), 『기독교의 역사』, 평단문화사.

김세윤 외(2013), 『하나님 나라 복음』, 새물결플러스.

김승곤(1979), 『요한계시록강해』, 정음서림.

김일환(2004), 『요한계시록으로 본 재림시대』, 생각하는백성.

김홍전(2012a), 『요한계시록강해 Ⅰ』, 성약.

_____(2012b), 『요한계시록강해 Ⅱ』, 성약.

김희보(1985), 『舊約 이스라엘史』, 총신대학출판부.

뉴셀프성경 편(1997), 『뉴셀프성경』, 도서출판 (주)아가페서원.

대니얼 액스트 · 구계원 역(2013), 『자기절제사회』, 민음사.

래리 허타도 · 박규태 역(2010), 『주 예수 그리스도』, 새물결플러스.

루스 베네딕트 · 김윤식 외 역(2010), 『국화와 칼』, 봄풀출판.

리처드 C. 부시 · 김규태 역(2013), 『위험한 이웃, 중국과 일본』, 에코리브르.

리처드 오버리 · 류한수 역(2003), 『스탈린과 히틀러의 전쟁』, 지식의 풍경.

_____ · 조행복 역(2008), 『독재자들, 히틀러 대 스탈린』, 교양인.

마이클 샬러 · 유강은 역(2004), 『더글러스 맥아더』, 이매진.

미하일 고르바초프 · 이기동 역(2013), 『선택』, 프리뷰.

민경배(1985), 『더글라스 맥아더』, 대한기독교출판사.

박태균(2013), 『사건으로 읽는 대한민국』, 역사비평사.

_____(2005), 『한국전쟁』, 책과 함께.

세르주 브롱베르제 편 · 정진국 역(2012), 『한국전쟁통신』, 눈빛.

송태근(2013), 『요한계시록 Ⅰ』, 지혜의 샘.

신성종(1992), 『요한계시록강해』, 도서출판 엠마오.

염돈재(2010), 『독일통일의 과정과 교훈』, 평화문제연구소.

올랜도 파이지스 · 김남섭 역(2013), 『속삭이는 사회 Ⅰ』, 교양인.

왕수쩡(2013), 『한국전쟁』, 글항아리.

울리히 벡 · 김희상 역(2013), 『경제 위기의 정치학』, 돌베개.

유광호 외(2007), 『관료제론』, 도서출판 대영문화사.

이강영(2011), 『LHC, 현대 물리학의 최전선』, 사이언스북스.

이종필(2008), 『신의 입자를 찾아서』, 마티.

이태호(2013), 『판문점과 비무장지대』, 눈빛.

임현백(2010), 『한반도는 통일독일이 될 수 있을까?』, 송정문화사.

정시구(2002), 「경계연결활동에서의 조직구성원 불신에 관한 실증적 연구」
       (박사학위논문), 단국대학교대학원.

_____(2006), 『국회인사청문회제도 시스템의 개선방안』, 단국대학교/한국공
       공관리학회.

조병호(2011), 『성경과 5대제국』, 국제성경통독원.

조용기(2003), 『요한계시록강해』, 서울말씀사.

조지 H. 거쓰리 외 3인 · 김주원 외 역(2012), 『일반서신 · 요한계시록주석 시
       리즈 5』, CLC(기독교문서선교회).

존 맥아더 · 김미연 역(2010), 『재림, 다시 오실 주님의 약속』, 넥서스CROSS.

참부모님(2009), 『평화를 사랑하는 세계인으로』, 김영사.

케네스 헤이건 · 김성칠 역(2013), 『의도하지 않은 결과－미국과 전쟁 1775～
       2007』, 삼화.

클라우스 베스터만 · 방석종 역(1984), 『구약신약 성서개설』, 종로서적.

토니 클리프 · 이수현 역(2009), 『레닌 평전 2』, 책갈피.

한스 큉 · 배국원 역(2013), 『가톨릭의 역사』, 을유문화사.

한창덕(2012),『사이비 이단과 신천지 11권』, 바른말씀.

호르스트 푸어만 · 차용구 역(2013),『교황의 역사』, 길.

홍혁기(2012),『기독교 바로알기』, 북치는마을.

『매일경제신문』(2013.8.28), '마루타 송몽규', A29면.

『세계일보』(2013.10.9), '올 노벨물리학상 신의 입자…', 1면.

_____, '이휘소 박사 1972년 명명 우주생성 비밀 풀 열쇠',
    2면.

『세계일보』(2013.10.15), '일제, 9살 여아까지 끌고가 강제노역'

『연합공보』(2007.1.24, 202호), 5면. '욕단 · 한국인 동일 DNA 밝혀'

『연합뉴스』(2013.10.11), '뉴욕 유엔본부 유엔총회 제3위원회 조윤선 여성가
    족부장관 연설'

『조선일보』(2013.8.17), '이집트 수만 명 분노행진 또 다시 피의 폭풍'

『중앙일보』(2013.8.20), 'EU 외무장관, 21일 긴급회의'

『한국일보』(2013.7.23), '동학농민 학살한 일본군 병사 진중 일기 공개'

『TIME』紙(1991.8 Special Report), 'THE RUSSIAN REVOLUTION'

daum.net/qna/openknowledge: 검색어, '오니아스3세'

http://cafe.daum.net/kic3629: 검색어, '6 · 25전쟁'

tadream.tistory.com/5913: 검색어, '코 무덤'

저자 _ 정시구

1957년 경산에서 태어났으며 1986년 총신대학대학원 재학 중에 일본을 직접 체험하기 위해 동년 11월에 도일渡日했다. 하나님의 인간구원섭리에서 신학은 미시적 차원의 학문이라면 정치학은 거시적 차원의 학문이라고 생각하고 와세다대학정치대학원에 지원했다. 일찍이 대철학자 플라톤은 '정치가가 소피스트가 되든가 소피스트가 정치가가 되든가 해야 나라가 바로 선다'고 했다. 오늘날 이 말을 적용하면 신학과 정치학은 불가분의 관계라는 것이다. 동 대학원에서 정치학 석사 학위를 취득한 후 동 대학원 박사연구과정 3년을 수료했다. 1995년에 귀국해 단국대학교대학원에서 하나님은 모든 인간이 만든 조직의 경계를 허물고 '평화'를 추구하시는 분이라는 차원에서 '경계조직연결자'에 대한 연구로 박사학위를 취득했다. 동 대학에서 강의하면서 하나님의 무한하신 은총으로 본서의 집필을 준비해 왔다.

주요 저서 · 논문

『한국, 일본, 미국의 정부행정 수뇌조직제도 비교연구』
『境界連結活動에서의 組織構成員 不信에 관한 實證的 硏究』
『국회 인사청문회제도 시스템의 개선방안』
『행정학개론』(공저),『논산시 정치행정과 산업경제』(공저)
「조선총독부 시대의 정치적 상황과 중추원의 기능적 변화에 대한 고찰」
「일본 의원내각제 창설과 내각총리대신 리더십 연구」
「자원의존이론에서 본 중앙정부와 지방정부간 전략 연구」
「우리나라 NGO 활동 방향에 대한 연구」
「'국회인사청문 한 · 미제도 연구」
「국가주도형 국가재난관리에 관한 혁신」
「삼국지에서의 제갈공명의 조직혁신 리더십 연구」
「박정희 대통령의 수출주도 경제정책에 관한 연구」
「교회성장전략에 대한 3중 조직 전략」 등 다수

요한계시록의 놀라운 비밀

초판 1쇄 인쇄일	2013년 12월 11일
초판 1쇄 발행일	2013년 12월 12일

지은이	정시구
펴낸이	정구형
책임편집	이가람
편집/디자인	심소영 신수빈 윤지영
마케팅	정찬용 권준기
영업관리	김소연 차용원
컨텐츠 사업팀	진병도 김지은 박성훈
인쇄처	월드문화사
펴낸곳	**국학자료원**

등록일 2006 11 02 제2007-12호
서울시 강동구 성내동 447-11 현영빌딩 2층
Tel 442-4623 Fax 442-4625
www.kookhak.co.kr
kookhak2001@hanmail.net

ISBN	978-89-279-0372-7 *03200
가격	18,000원